O LAPIDADOR DE DIAMANTES

*Estratégias de Buddha para
gerenciar seus negócios e sua vida*

GUESHE MICHAEL ROACH

O LAPIDADOR DE DIAMANTES

*Estratégias de Buddha para
gerenciar seus negócios e sua vida*

© Gueshe Michael Roach, 2000

3ª Edição, Editora Gaia, São Paulo 2007
2ª Reimpressão, 2014

Título no Original
The diamond cutter

Copyright © 2000 by Gueshe Michael Roach
Published by arrangement with Broadway Books, a division
of the Doubleday Broadway Publishing Group, a division
of Random House, Inc.

Diretor Editorial
Jefferson L. Alves

Diretor de Marketing
Richard A. Alves

Gerente de Produção
Flávio Samuel

Assistente Editorial
Ana Cristina Teixeira

Tradução
Emma Stedile

Capa
Eduardo Okuno

Revisão
Alexandra Resende
Ana Cristina Teixeira
Saulo Krieger

Editoração Eletrônica
Antonio Silvio Lopes

Dados Internacionais de Catalogação na Publicação (CIP)
(Câmara Brasileira do Livro, SP, Brasil)

Roach, Gueshe Michael, 1952–
   O lapidador de diamantes : Estratégias de Buddha para gerenciar seus negócios e sua vida / Gueshe Michael Roach ; tradução Emma Stedile. – 3. ed. São Paulo : Gaia, 2007.

   Título original: The diamond cutter : the Buddha on managing your business and your life.
   ISBN 978-98-85-85351-92-2

   1. Diamantes – Indústria da lapidação – Nova York – História 2. Lamas – Estados Unidos – Biografia 3. O lapidador de diamantes – Crítica e interpretação 4. Negócios – Aspectos religiosos – Budismo 6. Sucesso em negócios I. Título. II. Título: Buddha e as estratégias de como cuidar de seus negócios e da sua vida.

01-6038   CDD-294.3444

Índices para catálogo sistemático:

1. Budismo : Prática religiosa 294.3444
2. Prática religiosa : Budismo 294.3444

Direitos Reservados

Editora Gaia Ltda.
(pertence ao grupo Global Editora
e Distribuidora Ltda.)

Rua Pirapitingui, 111-A – Liberdade
CEP 01508-020 – São Paulo – SP
Tel.: (11) 3277-7999 – Fax: (11) 3277-8141
e-mail: gaia@editoragaia.com.br
www.globaleditora.com.br

Obra atualizada conforme o
Novo Acordo Ortográfico da Língua Portuguesa

Colabore com a produção científica e cultural.
Proibida a reprodução total ou parcial desta obra
sem a autorização do editor.

Nº de catálogo: **2225**

Sumário

Prefácio 9

Primeiro Objetivo: *Ganhar dinheiro*

Capítulo 1: De onde vem a sabedoria 17
Capítulo 2: O significado do nome do livro 21
Capítulo 3: Como surgiu *O lapidador de diamantes* .. 29
Capítulo 4: O potencial oculto em todas as coisas .. 41
Capítulo 5: Princípios para usar o potencial 51
Capítulo 6: Como usar o potencial você mesmo 67
Capítulo 7: As correlações ou problemas comuns nos negócios e suas soluções 85
Capítulo 8: Um ato da verdade 131

Segundo Objetivo: *Aproveitando o dinheiro ou tomando conta do corpo e da mente*

Capítulo 9: Criando uma boa energia para o dia com a prática do silêncio 147

Capítulo 10: Com a mente clara e cada vez
mais saudável 157

Capítulo 11: O círculo ou trabalhando a
longo prazo 169

Capítulo 12: A vacuidade dos problemas 183

TERCEIRO OBJETIVO: *Poder olhar para trás
e saber que valeu a pena*

Capítulo 13: Shirley 189

Capítulo 14: O melhor instrumento para
administrar empresas 203

Capítulo 15: A verdadeira fonte de riqueza ou a
economia infinita 217

O próximo passo 225

O lapidador de diamantes

Prefácio

Buddha e negócios

Durante 17 anos, entre 1981 e 1998, tive a honra de trabalhar com Ofer e Aya Azrielant, idealizadores e donos da Andin International Diamond Corporation, uma das maiores empresas de joias e diamantes do mundo. O negócio começou com um empréstimo de 50 mil dólares e com três ou quatro funcionários, contando comigo.

Quando deixei a empresa para me dedicar exclusivamente ao instituto de ensinamentos que fundara em Nova Yorque, nossas vendas já superavam os 100 milhões de dólares anuais e contávamos com mais de 500 empregados nos diversos escritórios espalhados pelo mundo.

Durante o tempo em que estive envolvido no comércio de diamantes, levei uma vida dupla. Antes de começar a trabalhar com diamantes, formei-me com mérito pela Universidade Princeton, tendo recebido a medalha presidencial de altos estudos das mãos do presidente dos Estados Unidos na Casa Branca. A bolsa de estudos McConnel veio da Escola de Relações Exteriores Woodrow Wilson, da Universidade Princeton.

Essa bolsa me deu a oportunidade de viajar para a Ásia e estudar com Lamas tibetanos ao lado de Sua Santidade, o Dalai-Lama. Desse modo iniciei meus estudos sobre a antiga sabedoria tibetana. Em 1995, tornei-me o primeiro americano a completar os 20 anos de estudos e exames rigorosos exigidos para obter o antigo título de *gueshe*, ou melhor, mestre de ensinamento budista.

Desde que me formei em Princeton, passei a morar em monastérios budistas na Ásia e nos Estados Unidos, e em 1983 recebi os votos de monge.

Quando adquiri conhecimentos suficientes na minha formação de monge budista, meu mestre, Khen Rimpoche, ou o Abade Precioso, incentivou-me a entrar no mundo dos negócios, argumentando que, embora o monastério fosse o melhor lugar para aprender os grandes ensinamentos da sabedoria budista, um escritório americano seria o laboratório perfeito para testar esses mesmos ensinamentos na vida prática.

No início tal proposta me deixou em dúvida. Primeiro, porque eu não tinha certeza sobre se abandonar a paz do nosso monastério seria uma boa ideia, e segundo, pela imagem que tinha dos homens de negócios americanos – ambiciosos, cruéis e sem consideração. Mas um dia, depois de ouvir meu mestre ministrar uma palestra muito inspirada para alguns estudantes universitários, finalmente lhe disse que estava disposto a seguir seu conselho e que procuraria trabalho numa empresa.

Alguns anos antes, durante minhas meditações diárias no monastério, eu tivera uma espécie de visão com relação ao trabalho que deveria escolher: haveria de ser com diamantes! Eu não tinha o menor conhecimento dessa pedra preciosa. E, para ser sincero, não sentia a menor atração por joias, nem minha família jamais tinha se envolvido nesse tipo de negócio. Então, com a inocência de um cândido, fui de escritório em escritório solicitar um estágio.

Tentar entrar no negócio de diamantes é algo como tentar entrar na máfia: o comércio de diamante bruto é uma sociedade altamente secreta e fechada, tradicionalmente restrita aos familiares. Naquele tempo os belgas controlavam os diamantes grandes, de um quilate ou mais, e os israelenses, as pedras menores. Os judeus hasidianos do distrito dos diamantes, na rua 47, encarregavam-se da maioria do comércio doméstico americano de vendas no atacado.

É importante ressaltar que o inventário de até mesmo uma grande casa comercial de diamantes pode caber inteiro num recipiente do tamanho de uma caixa de sapatos. Como não existe um detector que, como no caso dos metais, possa detectar um roubo, qualquer pessoa pode pegar um punhado de diamantes, enfiar no bolso e sair pela porta afora, levando milhões de dólares em diamantes. Por isso, para evitar furtos, a maioria das empresas só contrata filhos, sobrinhos ou primos e jamais um estranho, especialmente em se tratando de um moleque irlandês querendo se divertir com diamantes.

Lembro-me de ter ido a mais de 15 escritórios diferentes pedir emprego, sendo sumariamente recusado em todos. Um antigo relojoeiro de uma cidade próxima me aconselhou a tentar fazer um curso de classificação de diamantes no Instituto Americano de Gemologia em Nova York, pois com um diploma na mão eu teria mais chances de conseguir um emprego, e talvez até conhecesse alguém que pudesse me ajudar.

Foi no instituto que conheci Ofer Azrielant. Ele também fazia o curso de classificação de diamantes de alta qualidade, mais conhecido como pedras de "investimento" ou "certificadas". Distinguir um diamante certificado muito valioso de um falsificado ou de uma pedra tratada significa ser capaz de achar pequenos buracos ou outras imperfeições do tamanho da ponta de uma agulha, antes que as partículas de poeira cubram a superfície do diamante ou que a lente do microscópio confunda tudo. Não podíamos falhar.

Logo fiquei impressionado pelas perguntas que Ofer fazia ao professor, pela maneira como ele analisava ou questionava cada conceito apresentado. Decidi que faria tudo para que ele me ajudasse a encontrar um trabalho ou, quem sabe, até mesmo me contratasse; foi assim que o conheci. Algumas semanas depois, precisamente no dia em que terminei meus exames finais nos laboratórios do IAG de Nova York, inventei uma desculpa para ir ao seu escritório e pedir um emprego.

Por uma sorte incrível ele estava abrindo aqui nos Estados Unidos uma sucursal de sua empresa em Israel, seu país de origem. Consegui chegar até sua sala e lhe implorei para me empregar: "Me dê uma chance, faço qualquer coisa. Arrumo o escritório, limpo as janelas, o que você pedir eu faço!". Aí ele disse: "Não tenho dinheiro para contratá-lo! Mas sabe de uma coisa, vou falar com o dono deste escritório, seu nome é Alex Rosenthal, e talvez ele possa dividir seu salário comigo. Aí você pode trabalhar para nós dois".

Comecei o trabalho como auxiliar de escritório, por US$ 7 a hora. Eu, formado em Princeton, andando a pé, arrastando-me pelas ruas de Nova York até o distrito dos diamantes, sob o calor escaldante no verão ou sob as tempestades de neve no inverno, carregando discretos sacos de lona repletos de ouro e diamantes para serem fundidos e colocados em anéis. Ofer, sua mulher Aya e um jovem brilhante do Iêmen chamado Alex Gal sentavam comigo numa única mesa alugada, separando diamantes por quilates, criando novas peças e telefonando para possíveis clientes.

Enquanto Ofer tentava conseguir mais empréstimo com seus amigos em Londres, os pagamentos eram escassos e em geral chegavam atrasados. Enfim, depois de um tempo, tive dinheiro suficiente para comprar meu primeiro terno, que passei a vestir diariamente. Muitas vezes passávamos da meia-noite trabalhando, e eu ainda tinha uma longa viagem de volta para o meu quarto, num pequeno monastério da comunidade asiática budista em Howell, Nova Jersey. Poucas horas depois de chegar lá, tinha de me levantar de novo e pegar o ônibus de volta para Manhattan.

Quando nosso negócio cresceu um pouco, mudamos para mais perto do distrito, e corajosamente contratamos um joalheiro, que ficava sozinho numa sala imensa, que costumávamos chamar de "nossa fábrica", para fazer nossos primeiros anéis de brilhante. Logo depois, quando passei a inspirar confiança, consegui assumir o trabalho que eu queria: sentar-me com um pacote de diamantes soltos e começar a separá-los de acordo com o valor. Ofer e Aya pediram-me que assumisse o departamento de compras de diamantes, recentemente instaurado (que então era constituído por mim mais outra pessoa). Fiquei animado com a oportunidade e mergulhei de cabeça no projeto.

A ordem que recebi do meu Lama tibetano era trabalhar numa empresa sem mencionar que era budista. Eu deveria usar cabelo no comprimento normal em vez da cabeça raspada, e vestir-me com roupa comum. Qualquer princípio budista que usasse no trabalho deveria ser aplicado discretamente, sem grande estardalhaço. Eu deveria ser um sábio por dentro e um homem de negócios por fora.

Foi assim que tentei dirigir o departamento, seguindo princípios budistas, sem que ninguém soubesse. No meu acordo com os Azrielants, eu ficaria responsável pelo setor dos diamantes, tendo de obter uma boa margem de lucro com as pedras; em troca eu teria total poder para contratar e despedir pessoas, estipular salários e aumentos, estabelecer horários de trabalho e delegar responsabilidades quando e para quem. Tudo o que eu tinha de fazer era ser pontual na entrega do produto e ter um bom lucro.

Este livro é a história de como criei o setor de diamantes da Andin International, começando do nada até gerar negócios de milhões de dólares anuais, usando princípios extraídos da antiga sabedoria budista. Não o realizei sozinho, nem minhas ideias foram as únicas a ser seguidas, e no entanto posso dizer que a maioria dos planos realizados e decisões tomadas no nosso departamento, durante minha gestão como vice-presidente, foram feitos segundo princípios que você encontrará neste livro.

E quais são esses princípios? Podemos dividi-los em três.

O primeiro princípio é que o negócio deve ser bem-sucedido, quero dizer, deve fazer dinheiro. Existe uma crença nos Estados Unidos e em outros países ocidentais de que é errado fazer sucesso e ter dinheiro quando se está tentando levar uma vida espiritual. No Budismo, no entanto, o dinheiro em si não é um problema. Na verdade, segundo essa tradição, uma pessoa com mais condições pode ajudar mais do que uma com menos. A questão está mais em *como* fazer dinheiro, saber de onde ele vem e como *fazer para ele continuar a vir*, e, por último, *manter uma atitude saudável com relação ao dinheiro*.

O cerne da questão é fazer dinheiro de maneira limpa e honesta, sabendo claramente de onde ele vem (para que não deixe de vir) e manter uma atitude saudável com relação a ele. Enquanto nós estivermos nessa direção, o fazer dinheiro será compatível com uma vida espiritual. Ou melhor, o dinheiro passará a fazer parte dessa vida espiritual.

O segundo princípio é que devemos saber aproveitar o dinheiro. Isso quer dizer que devemos aprender a manter nossa mente e nosso corpo saudáveis enquanto trabalhamos. O trabalho não deve esgotar física e mentalmente uma pessoa a tal ponto que a impeça de usufruir seus bens. Um empresário que arruína sua saúde no trabalho está indo contra a própria razão de ser de seus negócios.

O terceiro princípio é a capacidade de, no fim, ao rever seus negócios, dizer honestamente que seus anos de trabalho tiveram um bom significado. O fim de uma atividade, assim como o fim de nossas vidas, chega para qualquer pessoa que faz negócios. No final, o mais importante é quando, ao revermos tudo o que realizamos, chegamos à conclusão de que demos um sentido mais profundo à vida e aos negócios, e que causamos uma boa impressão no mundo em que vivemos.

Resumindo, a meta de um negócio, como a meta da antiga sabedoria tibetana, e na verdade de qualquer empreendimento, é nos enriquecer, prosperar interna e externamente. Só podemos usufruir essa prosperidade se mantivermos um alto nível de saúde física e mental. Com o passar dos anos precisamos dar um sentido mais profundo à vida.

Essa é a lição extraída do que realizamos no setor de diamantes da Andin International. É uma lição que pode ser aprendida e aplicada por qualquer pessoa, qualquer que seja sua formação ou crença.

Primeiro Objetivo

Ganhar dinheiro

Capítulo 1

De onde vem a sabedoria

Na antiga língua clássica da Índia, este ensinamento é chamado Arya Vajra Chedaka Nama Prajnya Paramita Mahayana Sutra.

Na língua tibetana, é chamado de Papka Sherab Kyi Paroltu Tchinpa Dordje Tchöpa Shetchawa Tekpa Tchenpö Do.

Em nossa língua, é chamado *O lapidador de diamantes*, um livro sublime da Antiguidade sobre o caminho da compaixão, um livro que ensina a sabedoria perfeita.

Por que este livro sobre negócios é tão diferente de outros livros que você já leu? Porque a fonte de que falamos aqui é um antigo livro da sabedoria budista chamado *O lapidador de diamantes*, e ele começa exatamente com as linhas destacadas acima.

Foi a antiga sabedoria que está oculta no livro *O lapidador de diamantes* que nos ajudou a fazer da Andin International uma companhia com faturamento anual superior a US$ 100 milhões. No entanto, seria bom que, antes de tudo, soubéssemos um pouco sobre esse livro tão importante, para compreender o papel que ele desempenhou na história da porção oriental do mundo.

Como *O lapidador de diamantes* não foi escrito à mão, ele é o mais antigo de todos os livros impressos. O Museu Britânico tem uma cópia datada do ano 868 d.C. isto é, 600 anos antes da publicação da Bíblia por Gutenberg.

O lapidador de diamantes é um registro escrito dos ensinamentos dados por Buddha há mais de 2.500 anos. No início foi passado oralmente e depois, com o surgimento da escrita, foi inscrito em folhas de palmeira. E nessas folhagens duráveis de palmeiras é que as palavras desse livro foram pela primeira vez gravadas com agulhas, e então passado pó de carvão nos riscos feitos pelas agulhas. Ainda são encontrados livros feitos dessa forma no sul da Ásia – por sinal bem legíveis.

Havia duas maneiras de manter unidas essas folhas de palmeiras. Algumas vezes um cordão era passado através de um furo feito com uma furadeira no meio das páginas, e o cordão os mantinha unidos. Outras, os livros eram mantidos envoltos em tecidos.

O lapidador de diamantes foi ensinado por Buddha em sânscrito, a antiga língua clássica da Índia, que se imagina ter 4 mil anos. Quando o livro chegou ao Tibete, há cerca de mil anos, foi traduzido para o tibetano. Por séculos esse livro tem sido feito em xilografia, isto é, impresso manualmente em longas tiras de papel, primeiro passando-se uma camada de tinta numa prancha de madeira gravada, e depois pressionando o papel sobre a prancha com um rolo. Essas longas tiras de papel são guardadas em tecidos brilhantes da cor de açafrão ou marrom, uma reminiscência dos tempos das folhas de palmeiras.

O lapidador de diamantes se difundiu em outros países da Ásia, como China, Japão, Coreia e Mongólia. Nos últimos 2.500 anos, o livro foi reeditado milhares de vezes nesses países, em suas respectivas línguas, e sua sabedoria foi passada através de uma linhagem ininterrupta, dos lábios de professores de uma geração para os ouvidos de estudantes da geração seguinte. Na Mongólia, por exemplo, o livro era considerado tão importante, que cada família mantinha uma cópia, tratada com zelo, no altar da casa. Uma ou duas vezes por ano, um monge budista da região era convidado a ler o texto em voz alta para a família, e assim transmitir a abençoada sabedoria do livro.

A sabedoria do livro *O lapidador de diamantes* não é tão fácil de entender. O ensinamento original, como muitos ensinamentos de Buddha, está envolto numa linguagem tão mística, que só pode ser revelado por um mestre vivo, com a ajuda de importantes explicações que foram escritas no decorrer dos séculos. Em tibetano, temos três dessas antigas explicações, feitas aproximadamente entre os séculos IV e IX.

Mais importante ainda, localizamos há pouco outro comentário desse ensinamento, e por sorte se tem aí um trabalho muito mais recente e bem mais fácil de entender. Nos últimos 12 anos, eu e mais um grupo de colegas estivemos engajados no Projeto Input de Clássicos Asiáticos, dedicado à preservação de antigos livros da sabedoria tibetana. Por mais de mil anos esses livros foram mantidos nos grandes monastérios e bibliotecas do Tibete, que era protegido de guerras e invasões pela muralha natural das montanhas nevadas do Himalaia. Tudo mudou, entretanto, com a invenção do avião e, mais tarde, em 1950, com a invasão da China comunista.

Em decorrência dessa invasão e da subsequente ocupação, que continua até hoje, mais de 5 mil bibliotecas e faculdades monásticas, onde esses livros tão importantes eram mantidos, foram destruídas. Apenas uma pequena porção foi salva, levada por refugiados enfrentando perigosas viagens a pé no Himalaia, nas proximidades do Monte Everest. Para se ter uma ideia do tamanho da destruição, imagine uma poderosa nação atacando os Estados Unidos, queimando quase todas as faculdades e universidades, e com elas quase todos os livros. Imagine que os únicos livros salvos fossem aqueles levados para fora do país, nas mãos de refugiados que, viajando a pé por muitas semanas ou até meses, conseguissem alcançar o México.

O Projeto Input está treinando tibetanos, nos campos de refugiados na Índia, para inserir o conteúdo desses livros ameaçados em disquetes e depois organizá-los em CD-ROM ou na Internet, e distribuí-los de graça para milhares de estudiosos no mundo inteiro. Até agora já conseguimos salvar, dessa maneira, cerca de 150 mil páginas de manuscritos em xilografia, localizando nos lugares mais remotos do globo livros que conseguiram sair do Tibete.

No meio de uma coleção, toda empoeirada de manuscritos em São Petersburgo, na Rússia, tivemos a sorte de encontrar uma cópia de uma explicação maravilhosa de *O lapidador de diamantes* levado para a Rússia por exploradores pioneiros que visitaram o Tibete. Esse comentário, que se chama *Raios de Sol no caminho da libertação*, foi escrito pelo lama tibetano Kioni Trakpa Shedrup, que viveu entre 1675 e 1748. Por coincidência, esse lama viveu no mesmo monastério onde eu concluí meus estudos: Sera Me. Seu apelido, com o passar dos séculos, tornou-se "Kioni Lama" ou o "Lama de Kioni", uma região no leste do Tibete.

Ao longo do livro estaremos usando passagens originais de *O lapidador de diamantes*, como também trechos de *Raios de sol no caminho da libertação*. É a primeira vez que explicações tão importantes como essas são traduzidas para o inglês. Além de trechos escolhidos dessas duas memoráveis obras, incluímos outras explicações que têm sido transmitidas oralmente nos últimos 2.500 anos e que me foram passadas pelos meus próprios lamas. Finalmente, conto algumas experiências pessoais que tive quando ainda fazia parte do misterioso mundo do comércio de diamantes, para mostrar como os segredos dessa antiga sabedoria podem fazer seu trabalho e sua vida terem um sucesso garantido.

Capítulo 2

O significado do nome do livro

O significado do título de *O lapidador de diamantes* por si só contém um alto grau de sabedoria secreta. Porém, antes de iniciar o assunto sobre como chegar ao êxito com essa sabedoria, seria melhor discutir primeiro o significado do nome. Vejamos a explicação que o próprio Lama Choney dá a esse título tão longo:

O texto-fonte aqui começa com as palavras: "Na antiga língua clássica da Índia, esse ensinamento é chamado de Arya Vajra...". O equivalente em sânscrito para cada palavra do título é o seguinte: **Arya** significa "Sublime" e **Vajra** significa "diamante". **Chedaka** significa "'lapidário", enquanto **prajnya** significa "sabedoria".

Param significa "do outro lado", enquanto **ita** significa "ido" – os dois juntos significando "perfeição". **Nama** significa "chamado". **Maha** quer dizer "grande" no sentido de "compaixão" e **yana** significa "caminho". **Sutra** se traduz "antigo livro".

A palavra fundamental aqui, para explicar como ter sucesso na vida e nos negócios, é "diamante". O diamante, segundo a sabedoria tibetana, representa o potencial oculto que existe em todas as coisas, geralmente chamado "vacuidade". Uma pessoa de negócios que tem total consciência desse potencial sabe que isso é crucial para obter sucesso financeiro e pessoal. Vamos explicá-lo mais detalhadamente no capítulo seguinte. Por enquanto só precisamos saber que esse potencial, que existe em todas as coisas, se parece com um diamante.

Um diamante puro é, antes de tudo, a coisa mais próxima de uma substância completamente cristalina. Imagine, por exemplo, uma lâmina de vidro do tipo que usamos em portas de correr. Se olhadas de frente, o vidro parece transparente – tão transparente que é comum ouvir histórias de visitas que quebraram o vidro por não ter se dado conta de que a porta era de vidro. Porém, vista de cima, essa lâmina de vidro, assim como a maioria dos vidros, tem uma cor verde-escura. Essa cor é resultado do efeito acumulado de impurezas do ferro, espalhadas pelo vidro inteiro, e fica mais evidente quando se olha através de um pedaço espesso de vidro.

O diamante puro é diferente. No comércio de diamantes, uma pedra é avaliada antes de tudo pela *ausência* de cor – as pedras incolores são as mais valiosas. Um diamante completamente incolor recebe o grau "D", uma espécie de erro histórico. Quando o sistema moderno de classificação estava sendo criado, outros sistemas diferentes já existiam. A letra "A" era amplamente usada para classificar os diamantes mais puros e incolores, a letra "B" era dada para os que vinham a seguir na classificação, e assim por diante, usando-se o alfabeto.

Infelizmente, a ideia que cada empresa tinha dos graus "A", "B" e outros era tão diferente que, é claro, causava muitos problemas para os clientes. Um diamante quase incolor poderia ser classificado de "B" numa empresa, enquanto em outra um amarelo médio poderia ser classificado de "B". Então, o criador do novo sistema decidiu usar o alfabeto a partir da letra "D", classificando o melhor diamante ou o mais incolor por essa letra.

Se você olhar para uma vidraça feita de diamante "D" (se é que é possível um diamante desse tamanho), vai vê-la totalmente cristalina. O mesmo acontece caso olhe *de cima*. Isso se dá porque a essência do diamante é totalmente pura e cristalina. Se uma parede de diamante com um metro de espessura estiver lhe apartando de outra pessoa, e nenhuma luz estiver refletindo na sua superfície, jamais se conseguirá ver o diamante.

O potencial oculto para o êxito em *O lapidador de diamantes* é como essa vidraça. Esse potencial está em tudo o que existe à nossa volta o tempo todo, e qualquer objeto ou qualquer pessoa tem esse potencial. É justamente esse potencial, se compreendido, que nos conduzirá a um êxito pessoal e de negócios garantido. Por ironia, apesar de todos nós e de tudo estar imbuído desse potencial, ele é invisível aos nossos olhos: simplesmente não conseguimos vê-lo. O objetivo de *O lapidador de diamantes* é nos ensinar a ver esse potencial.

O diamante tem outro significado importante: é a coisa mais dura que existe no universo. Nada pode arranhá-lo a não ser outro diamante. Segundo a escala de Knoop, procedimento usado para medir o grau de dureza, o diamante é três vezes mais resistente que o segundo mineral natural mais pesado, o rubi. Mais importante ainda, um diamante só pode ser riscado por outro nas direções de menor dureza da pedra.

Esta é, na verdade, a maneira como o diamante é "cortado". Embora um diamante não possa ser riscado, ele pode ser clivado ou partido ao meio, usando-se uma cunha de aço, da mesma forma que um pedaço de madeira é cortado ao meio com uma machadada. Para se lapidar um diamante, as sobras da lapidação de outro diamante – ou então uma peça de diamante bruto que não é pura o suficiente para se transformar numa pedra preciosa – são partidas e moídas até virar pó.

Esse pó de diamante é passado cuidadosamente por uma bateria de peneiras bem finas ou malhas de ferro, até ficar bem refinado, e então é guardado em garrafas de vidro. Em seguida, uma chapa de aço ultra-resistente é preparada: estreitas linhas são riscadas na sua superfície formando uma rede fina de sulcos ou frisos. Um óleo bem fino é passado no disco de lapidação. Esse óleo é, na maioria das vezes, azeite de oliva, embora todo lapidário tenha o próprio segredo para a mistura certa.

O disco de lapidação está preso num eixo, por sua vez ligado num motor sobre uma mesa pesada, reforçada com suportes de aço. Isso para se evitar qualquer vibração quando o disco começar a girar a cerca de cem rotações por minuto. O pó de diamante é espalhado então no óleo até formar uma pasta cinza.

Um diamante bruto geralmente tem um aspecto tão feio quanto um seixo lamacento – um pedaço de cristal de gelo cristalino envolto numa pele salpicada de manchas marrons ou verde-oliva. É possível que essa pele, se seu dono não estiver num dia de sorte, se estenda pela pedra inteira. Isso significa que a pedra será desgastada até a metade do caminho para se descobrir que, embora tenha custado uma fortuna, nada vale.

A pedra fica presa num pequeno copo chamado "dope", preso a um cabo semelhante braço suspenso de uma vitrola antiga. A pedra é grudada nesse "dope" com uma cola especial, que não amolecerá durante a lapidação.

No meu primeiro aprendizado com um mestre lapidário, Sam Shmuelof, a pedra era grudada numa pasta feita de amianto e água. Assim que a pedra esquentava, o amianto secava e contraía, deixando o diamante preso no "dope". Fazíamos a pasta mastigando o amianto, isso muito antes de saber que um pedaço mínimo de amianto poderia provocar o câncer. Eu me lembro de um lapidário que teve um tumor perto da garganta por causa disso.

O motor *então* é ligado, e o disco precisa estar levantado e girando sem o menor sinal de vibração. Um alinhamento do disco, feito com as máquinas antigas de lapidação, pode levar horas. O lapidário senta-se num banco alto, muito semelhante a uma cadeira de bebê e se debruça sobre o disco, segura o braço que prende a pedra, tocando bem de leve no disco girador.

A pedra de diamante é infinitamente mais dura que o aço e, por isso, se o lapidário pressionar com muita força uma pedra bruta pontuda no disco, a pedra acabará cortando o próprio disco. O lapidário pressiona a pedra de leve e em seguida traz o braço para perto do seu olho. Na outra mão ele tem uma lupa. Um lapidário com experiência repete várias vezes por minuto o movimento de, suavemente, trazer a pedra para bem perto do rosto, checar o "corte" (na verdade o desgaste) e voltar a pedra para o disco. Lembra um pouco um líder de uma banda de música movimentando o bastão num desfile.

Ao trazer a pedra para perto do olho, a fim de checar, ele usa uma toalha que fica no seu ombro para remover o óleo e a poeira acumulados na superfície da pedra. Depois de alguns instantes o disco consegue desgastar o diamante fazendo um buraco bem pequeno e chato, que será a "janela" da pedra. Essa janela permite ao lapidário examinar com uma lupa o interior da pedra à procura de manchas ou fraturas. Porque, caso existam, será necessário deixar essas falhas de fora ou o mais próximo possível da extremidade da pedra. Uma mancha preta no topo do diamante se refletirá nas facetas da base da pedra, parecendo existir uma família inteira de manchas em vez de uma só – assim, a pedra não vale quase nada.

Esse processo de olhar através da janela e tentar imaginar exatamente como a pedra será finalizada é como estudar um bloco de mármore para uma obra de escultura, explorando da melhor forma possível os tons naturais e a textura do mármore. Estudar uma pedra grande para ser clivada e lapidada significa desgastar uma série de janelas na pele e passar a estudá-la por semanas ou até meses, elaborando desenhos geométricos que possam aproveitar o máximo da pedra bruta.

As pequenas manchas negras que se veem algumas vezes num diamante são geralmente outros pequenos cristais de diamante que ficaram presos no cristal maior quando este estava crescendo. O diamante é o carbono comum derretido pelo intenso calor de um conduto vulcânico e depois mantido sob pressão extremamente alta no interior da Terra, o que altera a estrutura atômica do carbono bruto e o transforma em diamante. Aliás, minúsculos diamantes podem ser gerados de outra maneira, isto é, eles podem se formar no ponto de impacto de um meteorito, contendo carbono, com a Terra. Esse impacto provoca uma cratera de tamanho razoável, com pedras minúsculas em seu centro.

Esses pequenos e graciosos "diamantes dentro do diamante" podem parecer manchas pretas ou, caso alinhadas no eixo certo, podem formar uma bolsa invisível dentro da pedra bruta. Em ambos os casos são um problema complicado para o lapidário, ao criar pequenas áreas de tensão no interior da pedra. Quando a peça começa a ser trabalhada no disco e o lapidário começa a facetar a pedra, o diamante parece resistir ao processo.

Apesar do óleo, a pedra passa a ranger no contato com o aço, como um som de Fúrias. As lojas de lapidação de diamantes na área dos diamantes, na rua 47, em Nova York, em geral são espaços amplos, escuros e mal iluminados nos andares mais altos dos edifícios, que despejam milhões de dólares em diamantes nos Estados Unidos e nos fabricantes de joias. Imagine fileiras e mais fileiras de lapidários, todos debruçados sobre a mesa, pressionando as superfícies chatas do diamante no disco de lapidação, cada pedra rangendo como um freio de automóvel em mau estado. No meio de todo esse ruído, os lapidários, sentados, habituados ao caos, têm o olhar sereno: estão em profunda meditação.

A fricção da pedra no disco causa um aquecimento tão grande que o diamante bruto logo se torna incandescente, podendo causar uma queimadura tão grave quanto a de uma brasa. O calor, ao atingir a bolsa de tensão em volta da inclusão interna, pode causar a explosão da pedra e fazê-la saltar do disco em alta velocidade, acabando por espatifar-se pela sala inteira. Caso seja uma pedra grande, milhares de dólares virarão pó de diamante.

Por que é tão significativo o fato de o diamante ser a matéria mais dura do universo? Imagine algo que seja *o mais* em tudo: o mais alto, o menor, o mais longo ou o maior. O pensamento luta para entender esse conceito, porque de fato não existe nada tão alto que não se possa adicionar um centímetro a mais ou nada tão pequeno que não se possa diminuir ainda mais.

O potencial oculto de que estamos falando tem uma qualidade realmente absoluta, de uma maneira que nenhum elemento físico pode ter. É a natureza mais elevada que um elemento pode ter, é a verdade absoluta de todo ser e de todo objeto. A dureza do diamante é a coisa mais próxima do absoluto a que um objeto do universo pode chegar: é a maior dureza que existe. O diamante, então, tem uma segunda importância significativa – ser a metáfora dessa coisa que é realmente absoluta.

Voltemos agora a pensar naqueles pequenos pedaços de diamante espalhados pelo chão da oficina de lapidação, depois que a pedra explodiu de dentro do diamante. Esses fragmentos nos remetem à terceira importância do diamante. A estrutura atômica do diamante é muito simples: puro carbono. O carbono que existe no grafite de um lápis e o carbono do diamante são, na verdade, exatamente a mesma substância.

Os átomos de carbono do grafite de um lápis se ligam em camadas planas, como blocos de xisto ou como as camadas de uma massa folheada. O ato de mover a ponta do lápis num pedaço de papel faz com que essas camadas se desprendam, uma de cada vez, na superfície do papel. Chamamos isso de escrever com lápis.

Os átomos de carbono puro no diamante ligam-se de maneira bem diferente. Eles são perfeitamente distribuídos, formando uma simetria perfeita em todas as direções, o que impede qualquer material de se soltar, fazendo do diamante a coisa mais dura de que temos conhecimento. O interessante, então, é que todo diamante, em qualquer lugar, é feito do mesmo carbono ligado numa mesma estrutura atômica. Isso significa que mesmo uma lasca mínima de diamante, no nível molecular, é no seu interior exatamente igual a qualquer outro pedaço de diamante.

O que isso tem que ver com o potencial oculto das coisas? Já dissemos anteriormente que todo objeto no universo – coisas inanimadas como seixos ou planetas e coisas animadas como formigas ou seres humanos – tem seu próprio potencial oculto, sua própria natureza última. O importante aqui é que todo exemplo de potencial, cada instância de natureza última será exatamente igual à outra. Nesse sentido, então, o potencial oculto das coisas – essa qualidade que existe nas coisas e que pode trazer tanto sucesso interior como exterior – é como um diamante.

Essa é a razão pela qual o nome do livro tem a palavra "diamante". Os diamantes têm uma limpidez perfeita, quase invisível, e o potencial oculto de tudo à nossa volta é igualmente difícil de ver. Eles estão bem próximos de ser algo absoluto – a coisa mais dura que existe –, e o potencial escondido que existe nas coisas é a sua mais pura e absoluta verdade. Cada lasca de diamante que existe no universo é exatamente igual a qualquer outro diamante 100% puro, e o mesmo ocorre com o potencial oculto das coisas, pois cada exemplo de potencial é uma realidade tão pura e absoluta como qualquer outro exemplo de potencial.

Mas por que o livro é chamado de *O lapidador de diamantes*? Alguns dos primeiros tradutores do livro para o inglês na verdade deixaram de lado a segunda parte do nome, porque não entenderam sua importância para o significado do livro.

Precisamos agora mencionar brevemente que existem duas maneiras de ver o potencial oculto das coisas, sua natureza última. Uma delas é "ver" essa natureza lendo explicações sobre ela, tais como as encontradas neste livro; então, sentar e pensar muito sobre as explicações até entender o potencial e poder usá-lo. A segunda maneira é entrar num estado de meditação profunda e "ver" esse potencial diretamente, através do olho da mente.

Ver o potencial dessa segunda maneira é mais poderoso, embora o potencial possa ser bem utilizado por qualquer um que compreenda seu princípio.

Qualquer pessoa que veja o potencial de maneira direta logo compreenderá que viu algo de absoluto. Ela procura em sua mente algo com que possa comparar. A coisa mais próxima, no nosso mundo normal, desse potencial absoluto é o diamante – a coisa mais dura que existe.

Embora o diamante seja a coisa mais próxima no nosso cotidiano de alguma coisa absoluta, não pode ser comparado de modo algum ao potencial oculto de que estamos falando, e do qual falaremos com mais detalhes nos capítulos seguintes, porque esse potencial é algo realmente absolutíssimo. Nesse sentido, então, o diamante é uma metáfora completamente inadequada por ser "lapidado", ou seja, superado por esse poder que é o verdadeiramente absoluto. Por isso esse antigo livro de sabedoria é chamado *O lapidador de diamantes*: porque ensina sobre uma espécie de potencial que é mais absoluto que o diamante, a mais dura das coisas, a coisa mais próxima do absoluto no corriqueiro mundo à nossa volta.

Se tudo isso soa um pouco difícil, não se preocupe. A verdadeira intenção de *O lapidador de diamantes* é nos ajudar a compreendê-lo. O segredo de como as coisas funcionam, de como atingir um verdadeiro e durável êxito em nosso cotidiano e em nossos empreendimentos, é muito profundo, só podendo ser visto com muito esforço. Porém, esse esforço com certeza vale a pena.

CAPÍTULO 3

Como surgiu O lapidador de diamantes

Estamos embarcando num território completamente novo, com ideias para dirigir seus negócios e sua vida de maneira nunca antes abordada, especialmente num livro atual como este. Talvez ajude um pouco ouvir quando e onde essa sabedoria foi ensinada.

Para começar, falaremos sobre o próprio *O lapidador de diamantes*. Há 2 mil anos havia na Índia Antiga um homem muito rico, um príncipe chamado Siddharta, que conquistou os corações do país, da mesma forma que um homem, chamado Jesus faria cinco séculos mais tarde. Ele cresceu num palácio imenso, no meio do luxo e da riqueza, mas, depois de ver pessoas sofrendo e compreender que na vida era inevitável perder as pessoas e as coisas, deixou o palácio numa busca solitária para descobrir o que nos faz sofrer e como podemos acabar com esse sofrimento.

Ele atingiu a compreensão final disso e começou a ensinar o seu caminho para as pessoas. Muitas delas deixaram seus lares para segui-lo, concordando em ter uma vida simples, uma vida de monge, libertas de qualquer posse, mas com um pensamento claro, porque seus modos de pensar estavam do peso de lembrar o que e quem eles possuíam.

Muitos anos depois, um discípulo recontou como *O lapidador de diamantes* foi primeiro falado. Referindo-se ao seu professor, Buddha, como "o Conquistador":

> **Certa vez eu ouvi Buddha proferir estas palavras:**
> **"O conquistador estava morando em Shravasti, no parque de Anata Pindada, nos jardins do Príncipe Jetavan. Ele estava reunido em assembleia com um grupo de 1.250 monges, seus discípulos de alto nível além de um imenso número de discípulos no caminho da compaixão – também estes eram grandes seres sagrados."**

"Certa vez ouvi Buddha proferir estas palavras" é um começo muito comum nos antigos livros de sabedoria, porque grande parte deles foi escrita muito tempo depois que Buddha deixou este mundo. As pessoas naquela época eram muito boas em memorizar no ato as instruções dadas por um grande mestre. A expressão "Certa vez" está cheia de significado. Primeiro ela expressa um extraordinário grau de inteligência que as pessoas tão simples da Índia possuíam – de ser capazes de, ao mesmo tempo, aprender e guardar na memória tudo o que estava sendo falado, especialmente os significados mais profundos dos ensinamentos. Essas palavras também mostram que *O lapidador de diamantes* foi ensinado só uma vez, o que significa que a sabedoria nele contida, isto é, a sabedoria que realmente faz tudo funcionar, é coisa rara e preciosa neste mundo.

Choney Lama, ao explicar *O lapidador de diamantes*, nos esclarece ainda mais sobre como e quando esse grande ensinamento ocorreu. As palavras destacadas abaixo são termos originais de *O lapidador* que ele incluiu:

Essas palavras nos mostram como o ensinamento aconteceu. A pessoa que ouvimos falar foi a que colocou em **palavras** esse ensinamento.

Primeiro ele diz que **ouviu Buddha falar**. **Certa vez** significando uma certa época, **O Conquistador estava morando em Shravasti, no parque de Anata Pindada, nos jardins do Príncipe Jetavan. Reunido em assembleia com ele** – isto é, junto com ele – **havia um grupo de 1.250 monges, seus discípulos de alto nível e também um imenso número de discípulos no caminho da compaixão – também estes eram grandes seres sagrados.**

Nessa época, na Índia, havia seis grandes cidades, incluindo a conhecida como "Shravasti". Essa cidade em questão situava-se nos domínios do Rei Prasena Ajita, que possuía um lugar extraordinariamente maravilhoso – o fascinante jardim de alguém conhecido como Príncipe Jetavan.

Mais tarde, muitos anos depois que O Conquistador atingiu a iluminação, um leigo de nome Anata Pindada resolveu construir um imenso e maravilhoso templo onde Buddha e seus seguidores pudessem viver. Com esse propósito ele procurou o Príncipe Jetavan para comprar o jardim pagando-o com milhares de moedas de ouro, o suficiente para encher o jardim inteiro. Jetavan também ofereceu ao Conquistador um pedaço de terra que fazia parte das dependências dos caseiros da propriedade. Nesse jardim, Anata Pindada, aproveitando-se das habilidades de Shariputra, mandou artesãos, tanto da terra dos deuses como dos homens, construir um parque extraordinário. Quando o parque ficou pronto, O Conquistador, percebendo o desejo de Jetavan, deu seu nome ao templo principal. Anata Pindada, aliás um ser excepcional, tinha vindo nessa vida com o propósito único de ser o patrocinador do Mestre. Ele tinha o poder de ver minas de pedras preciosas e metais no fundo da água ou sob a terra, podendo usar dessas riquezas quando quisesse.

A ideia contida nas linhas introdutórias de *O lapidador de diamantes* é significativa. Buddha estava prestes a ensinar um grupo de monges que tinham decidido, da mesma forma que Jesus, abandonar suas vidas normais para se dedicar inteiramente ao aprendizado do seu caminho. Porém, a única razão pela qual esse ensinamento aconteceu foi que pessoas poderosas e ricas apareceram naquele momento para fazê-lo possível.

A nobreza da Índia Antiga era a força dinâmica da vida política do país: o exato equivalente da comunidade de negócios nas sociedades ocidentais modernas. Quando falamos de Buddha e das ideias budistas nos dias de hoje, comumente imaginamos a figura estranha de um oriental com um coque na cabeça, e, caso já tenhamos visto algumas das estátuas chinesas, com um sorriso e uma barriga pródiga. Em vez disso, procure imaginar um príncipe alto e charmoso, viajando calmamente pelo país, falando com conhecimento, convicção e compaixão sobre coisas que ajudariam as pessoas a ter uma vida bem-sucedida e mais provida de sentido.

Imagine seus seguidores não apenas como mendigos de cabeças raspadas, sentados no chão com as pernas cruzadas, cantando *om* para a parede. Talvez os grandes mestres do Budismo, nos tempos antigos, pertencessem à realeza e tivessem força e talento para administrar um país inteiro e sua economia. Existe, por exemplo, um grande ensinamento chamado "kalachacra" ou a "roda do tempo", que nos últimos séculos tem sido transmitido em cerimônias especiais pelos dalais-lamas do Tibete.

No entanto, no início esse ensinamento foi dado pelo próprio Buddha aos antigos reis da Índia, indivíduos com inteligência e habilidade extraordinárias, que por sua vez passaram esses mesmos ensinamentos para outros reis, por muitas e muitas gerações.

A razão de mencionarmos isso aqui é a de procurar esclarecer alguns conceitos errôneos sobre a vida espiritual das pessoas em geral e do Budismo em particular. O Budismo sempre ensinou que existe o momento e o lugar certo para assumir uma vida de monge recluso, para viver separado do mundo com o objetivo único de aprender a servir esse mesmo mundo. Mas precisamos servir este mundo, e para fazê-lo precisamos estar neste mundo.

Fiquei impressionado, durante os anos que trabalhei no mundo das corporações, com o número de líderes que revelaram ter uma profunda vida espiritual. Lembro-me, em particular, de um negociante de diamantes de Bombaim (nome recentemente substituído pelo mais apropriado "Mumbai") chamado Dhiru Shah. Se você olhasse para o senhor Shah descendo de um avião no aeroporto Kennedy, em Nova York, a primeira impressão seria a de um homem de tez morena, um tanto baixo, usando óculos, com um cabelo bem fino e talvez um olhar tímido. Ele se movimentaria em meio à multidão, retiraria uma mala já bastante usada, pegaria um táxi para levá-lo a um modesto hotel de Manhattan, onde jantaria apenas algumas fatias de pão caseiro feito por sua mulher Ketki, carinhosamente colocadas na mala.

Acontece que o senhor Shah é um dos mais poderosos negociantes de diamantes do mundo, e todos os dias compra milhares de pedras para a Andin. No entanto, ele é uma das pessoas de maior profundidade espiritual que já encontrei. Calmamente, com o passar dos anos, foi me revelando sua riqueza espiritual.

O senhor Shah é um seguidor do Jainismo, uma religião muito antiga que surgiu na mesma época que o Budismo, há mais de 2 mil anos. Já nos sentamos juntos, no silêncio da noite, no chão gelado do templo do seu bairro. Uma construção simples de pedra, mas muito interessante, num lugar calmo em meio ao caos de Bombaim. Os sacerdotes passam silenciosamente diante do altar, na escuridão fria do santuário interno, suas faces refletindo o brilho suave das pequenas lamparinas vermelhas de óleo que foram acesas para seu deus.

Mulheres em esvoaçantes vestidos de seda macia entram em silêncio, tocando o chão em reverência, e depois sentam-se calmamente para rezar. Crianças cochicham ao passar pelas estátuas, olhando para o alto, em direção de milhares de seres sagrados. Homens de negócios deixam suas maletas e sapatos nos degraus do templo, e sobem em devoção para o portal, entrando e sentando-se, a fim de ter seus momentos de serena comunhão com o Maavira.

Você pode, no templo, sentar-se em paz e perder a noção do tempo, do dia da semana, da necessidade de se levantar e ir para casa, esquecer os milhares de negócios que fez durante o dia que passou e esquecer o Teatro da Ópera.

O Teatro da Ópera é a síntese do comércio de diamantes da Índia, onde meio milhão de pessoas moram em casas feitas de tijolos de barro e trabalham em escritórios multimilionários para lapidar a maior parte dos diamantes do mundo, abastecendo clientes dos Estados Unidos, da Europa, do Oriente Médio e do Japão. O Teatro da Ópera vem a ser na verdade dois antigos edifícios deteriorados, um com 16 andares e o outro com 25, assim chamados em razão de uma antiga casa de ópera da vizinhança, no centro de Bombaim. Para chegar a esses prédios é preciso deixar o carro, este já caindo aos pedaços, num estacionamento que já estará completamente lotado. Depois vai abrindo caminho no meio de uma multidão de negociantes de diamantes, que aos gritos anunciam ofertas e contra-ofertas, uns aos outros, agitando pequenos envelopes amarrotados, contendo pedras bem pequenas. Sócios do negócio ficam de costas para os compradores, fazendo sinais com os dedos nas palmas da mão do outro sócio, numa espécie de linguagem invisível para indicar o momento de fechar o negócio.

Depois de desviar dos pivetes, o visitante do trajeto luta para passar pela multidão que segue em direção ao elevador, por sinal em péssimas condições, e que hoje, por sorte, é o único em funcionamento. Existem duas opções nesse caso: pegar o elevador e se arriscar a ficar horas parado no meio por falta de energia, ou subir 20 andares a pé e chegar com a camisa novinha enxarcada de suor pelo calor e umidade de Bombaim. Depois vem a hora de abrir a combinação exótica de antigas fechaduras indianas, detectores de metais e sofisticados sensores de som até chegar ao paraíso: o seu escritório!

Aqui as coisas mudam um pouco. Os escritórios maiores estão repletos de mármore, no chão, nas paredes, no banheiro inteiro e até em verdadeiras obras de arte antigas, esculpidas delicadamente em pedestais de mármore, provavelmente enviadas pelo escritório da Bélgica. O acessório na privada talvez seja dourado, e a privada em si, uma maravilhosa criação de um assento ocidental acrescido com bordas de porcelana, para pessoas que, caso queiram, possam subir e se agachar, seguindo um antigo costume indiano.

Atrás das portas trancadas existem salas com aparelhos de ar condicionado silenciosos e longas fileiras de jovens, vestidas com os esvoaçantes saris, que as indianas usam há mais de mil anos. Elas estão serenamente sentadas sob luzes fluorescentes com uma específica intensidade, e cada uma delas tem à sua frente um monte de diamantes, no valor aproximado de US$ 100 mil. Seus braços, saindo de dentro dos saris, alcançam um par especial de pinças bem finas – elas tiram um diamante de um monte, levando-o para bem próximo da lupa que a outra mão pressiona contra o olho, e depois, virando a pedra num gracioso movimento em arco, acabam colocando a pedra num bloco de finíssimo papel branco, onde se encontra uma série de outros montículos de diamantes, representando diferentes graus e preços.

O único som que se ouve na sala é o discreto ruído do arranhar da pinça no papel e o leve tilintar das pedras ao cair nos montículos. Essa mesma cena se repete nas salas de classificação no mundo inteiro: Nova York, Bélgica, Rússia, África, Israel, Austrália, Hong Kong ou Brasil.

Fomos uma vez para o interior, a fim de ver como as pedras eram realmente cortadas. Muitos diamantes são criados nas próprias casas das pessoas, com a ajuda da família inteira. Diariamente, os seixos de diamantes brutos são levados das grandes casas de diamantes de Bombaim para o interior, por uma grande rede de mensageiros carregando pequenas sacolas e viajando por ônibus, trens, de bicicleta ou a pé. As pedras retornam diariamente da mesma forma, indo parar em alguma sala de classificação, e depois, num pequeno cofre de metal, são guardadas por um mensageiro da Brinks, num dos voos noturnos que saem diariamente para Nova York.

Navsari é uma típica cidade onde se lapidam diamantes, no estado de Gujarat, uma área ao norte de Bombaim que tem a maior concentração de fábricas de diamantes. Trabalhadores vindos de todos os cantos do país invadem Navsari, com a esperança de conseguir um dos trabalhos mais estáveis que se pode encontrar na Índia. Os contratos, digamos, são de seis meses, e costumam vigorar até um grande feriado religioso como o Divali, quando então eles coletam a bonificação de férias deixando a cidade no dia seguinte, indo ver a esposa e os filhos por algumas semanas, e talvez investir na plantação de milho de algum vizinho. Passado algum tempo, eles tornam a fazer a trouxa e voltam para a fábrica por mais um período de seis meses.

Não existe outro lugar no mundo como Navsari para se comprar diamantes. Imagine conseguir passar por uma multidão andando pela estrada de terra, com no máximo dois ou três quilômetros de extensão, que corta ao meio essa pequena cidade indiana. Cada homem que grita na multidão tem à mão um pequeno pedaço de papel dobrado contendo um ou dois diamantes um pouco maiores que o ponto final desta sentença. As pedras estão ainda cobertas com o óleo do corte, o que as reveste de cinza pouco atraente, e em plena luz do dia, só um louco – ou um negociante com muita experiência – tentaria comprar essas pedras, pois é impossível perceber se é branca pura (muito cara) ou amarela brilhante (sem valor algum).

Os carros tentam passar nos dois sentidos através da massa compacta que a multidão faz e buzinam sem parar. O sol bate forte na cabeça. A poeira da estrada, que agora cobre toda a camiseta, vira uma pasta marrom ao se misturar com o suor. Meninos de rua se colocam de joelhos, literalmente engatinhando entre as pernas dos negociantes, esperando encontrar um pedacinho de diamante que por acidente possa ter caído no chão, parecendo galinhas ciscando milho.

O ponto extremo do império de diamantes da Índia se encontra perto de Bhavnagar, na costa oeste do oceano Índico, onde começam o deserto do Rajasthan e Jaipur, a cidade de areia cor-de-rosa dos negociantes de esmeraldas. Dhiru Shah me levou para lá, num avião indiano em estado precário, e estamos agora de carro a caminho das montanhas de Palitana, o lugar sagrado do jainistas.

Paramos na última fábrica de diamantes, na verdade não mais que uma casa de campo à beira do deserto, tomamos o picante chá indiano em pequenos copos, com crianças e mulheres exóticas da casa nos espiando, escondidas atrás de paredes de ladrilhos e véus, dando risadinhas e fazendo gracejos com a primeira pessoa de pele clara que passa por aquele caminho há muito tempo. Deixar a casa e a fábrica é como deixar nossa vida para trás, passando dos negócios para o pé das montanhas, em busca de nossa vida interior.

Passamos a noite num hotel modesto no sopé da montanha, construído pelos diamantistas para que possam usar, toda vez que um sentimento de necessidade espiritual surgir. Dhiru me leva silenciosamente, antes do amanhecer, a um pátio especial, onde começa o caminho para as montanhas. Os muros de pedras estão gravados com preces de 2.500 anos, e ali nós tiramos os sapatos, porque a subida no caminho de terra tem de ser feita com os pés descalços, em respeito à santidade do lugar.

Caminhamos com milhares de peregrinos na escuridão da madrugada. Está frio, e as marcas estampadas nas pedras nos falam dos milhões de pés que, por séculos, sobem diariamente, da mesma maneira, essa montanha. A subida leva horas, mas ninguém se queixa, porque estamos cercados de pensamentos e preces que nos dão tanta firmeza quanto as pedras sob os pés.

Finalmente chegamos ao topo, adentrando um grupo de pequenos templos, capelas e altares esculpidos nas pedras, e a escuridão de seu interior é mais forte que a de fora. Vamos caminhando às cegas até parar num lugar que achamos agradável, aí nos sentamos e, sobre a frieza da pedra, permanecemos em meditação. Um cântico murmurante nos perpassa como uma corrente no meio da escuridão. Você sente a respiração e a batida do coração de milhares de pessoas à sua volta, como uma intensa vibração.

Estamos todos no topo da montanha olhando para o leste, para a planície indiana. Então, o escuro começa a se transformar sutilmente ao meditarmos de olhos fechados, logo chegando o cor-de-rosa, depois os tons de açafrão e finalmente o bronze dourado do sol indiano ao nascer. Ficamos, todos permanecemos em meditação, cada um pensando na própria vida e em como viver essa vida quando retornarmos.

Ninguém toma água ou ingere qualquer outra alimentação, pois pareceria um sacrilégio nessa montanha. No devido tempo nos levantamos, agradecemos aos templos e começamos então, saltando os degraus, nosso caminho de volta. Um ar de festa surge no ambiente, as crianças começam a rir e a correr. Pela primeira vez na vida você aprecia o santo sapato, especialmente quando o pé começa a inchar e sofrer cortes. Mas isso faz com que tudo se pareça mais a uma grande dádiva.

Só agora fico sabendo que Dhiru Shah, esse pequeno e feliz comerciante de diamantes, passou anos de sua vida aos pés de mestres espirituais nessa mesma montanha, e só muito depois fico sabendo que, em suas visitas a Nova York, nos encontros com diretores internacionais, é muito provável que ele estivesse em jejum, tendo rezado noite adentro, em seu pequeno quarto de hotel sob as luzes brilhantes da Times Square. Seu escritório em Bombaim irradia um ar familiar e caloroso, preocupando-se com cada um dos funcionários – como um filho ou uma filha – ajudando-os nas despesas de casamento ou de cremação de seus entes queridos. Milhões de dólares dos negócios passam por ele o dia inteiro, não tocando jamais num centavo sequer que não seja seu.

Ele cuida da família do mesmo jeito. Enquanto trabalhei próximo dos Shahs, eles viviam num pequeno apartamento no terceiro andar de um pequeno edifício, bastante sossegado, num lugar chamado Vileparle. A senhora Shah já era rica antes de casar, e Dhiru – com seu filho Vikram – aumentou ainda mais a riqueza, tanto que as pessoas à sua volta constantemente tentavam convencê-los a mudar para um lugar maior, argumentando que as crianças estavam crescendo e que precisavam de quartos próprios. Mas a família continuou como sempre: o avô amado e respeitado por todos, ficava com o confortável quarto perto da cozinha, enquanto o resto da família, dando risadinhas, ia para o terraço na hora de dormir e preparava as camas, uma ao lado da outra, sob a luz das estrelas, desfrutando o ar noturno e o perfume das árvores floridas ao dormir.

Mesmo quando, finalmente, arranjaram um apartamento maior numa área elegante da cidade, acabavam sempre dormindo juntos numa pequena saleta. São pessoas felizes.

O que quero dizer aqui é algo muito simples. As pessoas nos Estados Unidos, e entre elas me incluo, sempre tiveram uma ideia bem cínica desses seres que chamamos de "homens de negócios"; quando eu estava crescendo, nos anos 1960, era quase um insulto chamar alguém dessa forma. O estereótipo é o de um lobo vestido num terno empertigado, falando muito rápido, vivendo só pelo dinheiro, fazendo qualquer coisa para consegui-lo, totalmente alheio às necessidades das pessoas à sua volta. Pense um momento nisso.

O mundo dos negócios hoje em dia é, sem dúvida alguma, uma vasta rede de pessoas das mais talentosas do país. Elas têm, como ninguém, a motivação e a habilidade para fazer o que precisa ser feito. Com a precisão de um relógio, produzem mercadorias e serviços no valor de bilhões de dólares, constantemente melhorando os produtos, diminuindo o tempo e o custo que se gasta para fazê-los. Inovação e eficiência é o seu lema, como não o é nenhum outro setor da nossa sociedade.

As pessoas de negócios são cuidadosas, determinadas, minuciosas e perspicazes. As que não são, dificilmente conseguem sobreviver, porque os negócios têm suas próprias regras, seu próprio processo de seleção natural: ninguém aguentará por muito tempo, em nenhum nível da empresa, quem não produzir. O dono, o gerente e, principalmente, os companheiros de trabalho o excluirão de seu meio se você não participar e produzir. Vi esse processo acontecer repetidas vezes; é como se seu sistema rejeitasse um corpo estranho.

Os grandes homens de negócios têm uma profunda capacidade interior – têm uma avidez, como todos nós, e talvez até mais – por uma vida espiritual. Eles viram o mundo mais que muitos de nós; sabem o que podem esperar dele. Buscam uma lógica na vida espiritual, esperam que seus métodos e resultados sejam tão claros como qualquer acordo de negócios. Muitas vezes eles desistiram de uma vida espiritual ativa, não que fossem gananciosos ou preguiçosos, mas simplesmente porque nenhum caminho escolhido preencheu suas expectativas. *O lapidador de diamantes* foi escrito para essas pessoas talentosas, duronas e inteligentes.

Nunca pense que, pelo fato de ser um homem de negócios, você não terá a oportunidade, o tempo ou a qualidade pessoal requerida por uma verdadeira vida espiritual, ou que a vida espiritual está em contradição com a vida empresarial. Segundo a sabedoria de *O lapidador de diamantes*, as pessoas que se sentem atraídas pelos negócios são exatamente as mesmas dotadas de força interior para entender e realizar as práticas mais profundas da vida espiritual.

A sabedoria é boa para as pessoas e, sem dúvida alguma, boa para os negócios. Essa afirmação é condizente com a mensagem de Buddha. Nos Estados Unidos, é a comunidade de negócios que liderará uma revolução a um tempo silenciosa e certeira no modo como nos conduzimos no trabalho e na vida, usando uma sabedoria antiga para se atingir os objetivos do mundo moderno.

Concluindo, veja como Buddha levantou-se e começou a trabalhar no dia que falou sobre *O lapidador de diamantes*:

Na manhã, então, o Conquistador vestiu a roupa de monge e o xale, pegou a tigela de sábio e entrou na cidade de Shravasti, indo de casa em casa pedir algo para comer, como um monge budista. E após juntar o suficiente, voltou e dividiu o que recebeu.

Ao terminar a refeição, Buddha guardou a tigela e o xale porque tinha o costume de não comer à noite para manter a mente clara. Limpou os pés sentando-se numa almofada que tinha sido colocada ali para ele. Cruzou as pernas na postura completa de lótus, endireitou as costas e entrou em estado de contemplação.

Logo um grande número de monges se aproximou do Conquistador e, ao chegar bem perto, curvaram-se e tocaram suas cabeças nos pés dele. Deram três voltas em torno do mestre em sua deferência e se sentaram ao seu lado. O jovem monge Subhuti, que estava com esse mesmo grupo de discípulos, ali sentou-se também.

Então o jovem discípulo levantou-se de sua almofada e, deixando cair dos ombros um lado do seu xale em sinal de respeito, tocou o joelho direito no chão. Olhando para o Conquistador, juntou as palmas da mão no coração e se curvou. Então suplicou ao Conquistador:

Ó Conquistador, ó Buddha – O Que Foi Além, ó Destruidor do Inimigo de Pensamentos Ruins, o Completamente Iluminado, tem dado instruções de grande benefício para os discípulos no caminho da compaixão, para os grandes seres sagrados. Todas as instruções que o senhor, Ó Buddha, tem nos dado são de grande valia.

E O Que Foi Além, ó Destruidor do Inimigo de Pensamentos Ruins, ó Completamente Iluminado, também instruiu muito bem esses mesmos discípulos dando-lhes uma orientação clara. Todas as orientações que o senhor nos deu, ó Conquistador, têm sido algo maravilhoso. É isto mesmo, ó Conquistador, algo de maravilhosa.

E então, Subhuti fez uma pergunta:

Ó Conquistador, e aqueles que entraram no caminho da compaixão? Como devem viver? Como devem praticar? Como devem manter seus pensamentos?

Foram estas as palavras do Conquistador ao responder à pergunta de Subhuti:

Ó Subhuti, é bom, é bom. Ó Subhuti, é assim, é assim: O Que Foi Além realmente ajudou os que estão no caminho da compaixão, esses grandes seres sagrados, dando instruções benéficas. O Que Foi Além realmente deu orientações claras para esses discípulos, concedendo-lhes as instruções mais claras possíveis.

E assim será, ó Subhuti, ouça agora o que estou falando, e cuide para que isso fique bem firme no teu coração, porque eu revelarei a vocês como os que estão no caminho da compaixão devem viver, praticar e manter seus pensamentos.

"E assim será", replicou o jovem monge Subhuti, e sentou-se para ouvir, seguindo as instruções do Conquistador. Então o Conquistador começou com as seguintes palavras...

CAPÍTULO 4

O potencial oculto em todas as coisas

Agora estamos prontos para entrar no que interessa. Que tal assumir que você quer ser bom em negócios e ter uma vida bem-sucedida, mas também uma vida espiritual, pois sua intuição lhe diz que a vida não faz muito sentido se não houver um lado espiritual. Você quer fazer milhões de coisas, mas também meditar.

A verdade é que, para ter um verdadeiro sucesso nos negócios, você precisará da intuição que vem com a vida espiritual. Só então poderá desfrutar.

Neste capítulo abordaremos o potencial de todas as coisas – que os budistas chamam de "vacuidade" – mas por favor não se preocupe com essa estranha palavra agora, ou melhor: nem pense nisso. O sentido dessa palavra aqui é diferente do que ela quer dizer. No entanto, esse é simplesmente o segredo de todo tipo de sucesso.

Uma boa passagem para começar é a surpreendente troca de ideias entre Buddha e seu estudante Subhuti:

O jovem monge Subhuti falou estas palavras, respeitosamente, para o Conquistador:

Ó Conquistador, qual o nome deste específico ensinamento? Como devemos ver esse ensinamento?

E o Conquistador lhe respondeu dizendo:

Ó Subhuti, este é o ensinamento sobre a "sabedoria perfeita", e é assim que você deve vê-lo.

E por quê? Porque, ó Subhuti, a mesma sabedoria perfeita que O Que Foi Além ensina é a sabedoria perfeita que jamais poderia ter existido.

E é essa a razão pela qual a chamamos de "sabedoria perfeita".

Diga-me, Subhuti, o que você acha? Existe na verdade algum ensinamento naquilo que O Que Foi Além dá?

Subhuti respeitosamente responde:

Não, Conquistador, não existe nenhum. Não existe nenhum ensinamento naquilo que O Que Foi Além pudesse alguma vez dar.

Com essas palavras, *O lapidador de diamantes* está entrando no mundo do "nada faz sentido", pelo qual, infelizmente, o Budismo é conhecido em nossa cultura. É justamente o que o Budismo não é.

Vejamos o que está sendo dito aqui e o porquê, para então tentar ver como isso pode ser aplicado em nossa vida. Porque não há dúvida de que pode ser aplicado – as palavras acima contêm o verdadeiro segredo para uma vida repleta de êxitos.

A conversa parece se resumir nisto:

Subhuti: Como esse livro pode ser chamado?

Buddha: Chame-o de *Sabedoria perfeita*.

Subhuti: E o que devemos pensar desse livro?

Buddha: Veja esse livro como a sabedoria perfeita. E, caso você esteja pensando no porquê disso, pense que a sabedoria perfeita sobre a qual estou escrevendo não existe e, de qualquer forma, nunca poderia ter existido, sendo essa a razão pela qual chamo o livro de *Sabedoria perfeita*. Aliás, Subhuti, você por acaso pensou que este livro fosse um livro?

Subhuti: De maneira nenhuma. Sabemos que você não escreve livros.

A ideia fundamental aqui é a chave para entender o potencial oculto em todas as coisas, que se tem afirmação: "Você pode chamar um livro de livro e pode pensar num livro como um livro, porque na verdade isso não é um livro e jamais o será." Essa afirmação tem um significado muito específico e muito concreto, não é algo como uma superstição barata: nela está contido tudo o que se precisa saber para ter êxito na vida pessoal e nos negócios.

Passemos a um exemplo que é bem comum no mundo dos negócios para esclarecer melhor a ideia do potencial oculto. É sobre imóveis.

Quando começamos na Andin, alugamos umas duas salas de escritório de uma joalheria no prédio do Empire State. Ofer e Aya, os donos, ficavam numa pequena sala e, ao lado, num cubículo ligeiramente maior, Udi (o homem dos diamantes), Alex (o artista), Shirley (a senhora do computador) e eu sentávamos a uma grande mesa. Os diamantes eram colocados num dos lados, e o computador com as contas no outro lado. Enquanto isso, eu ficava no telefone num outro canto da mesa pesquisando o nome das secretárias dos grandes compradores da cidade, pois assim poderíamos nos comunicar diretamente com a pessoa que tomava as decisões.

Nossa coleção inteira se constituía de 15 anéis, fotografados numa única página que Ofer e Aya levavam para todo lado para mostrar às pessoas. Era divertido trabalhar com eles porque não tinham a mínima ideia sobre negócios nos Estados Unidos; por essa razão eram muito mais criativos, já que não estavam conscientes das coisas que teoricamente não podiam dar certo (mas que acabavam dando), ou então, coisas que de forma alguma era permitido fazer (como vestir uma camiseta de futebol americano do time Dallas Cowboys num encontro com altos executivos de uma das maiores lojas de departamento do mundo).

Algumas vezes Ofer vinha até nossa sala e fazia perguntas absurdas sobre os Estados Unidos, tal como "Está no calendário que amanhã é o dia do professor; é feriado aqui? Vocês não trabalham nesse dia? É um feriado remunerado?" É verdade que algumas vezes chegamos a responder que sim, que era um feriado *muito importante* nos Estados Unidos.

Eles também não conseguiam entender por que queríamos ir para casa às 11 da noite, uma vez que, não raro, acabávamos trabalhando até aquela hora. A viagem de volta ao monastério levava quase duas horas, e isso queria dizer que eu chegava em casa a 1 da manhã e me levantava de novo às 6 para voltar à cidade.

Os diamantes e as joias vinham da fábrica em Israel e seguiam direto para o cliente. Acho que as pessoas pensavam que nossa fábrica ficava aqui, mas a verdade é que tínhamos de sair correndo para o escritório da Brinks na Quinta Avenida com a 47, tirar todas as etiquetas das caixas que tinham acabado de chegar de Tel Aviv, trocar por nossas próprias etiquetas com o nome do cliente, e por fim carregar essas mesmas caixas para o escritório dele no andar de cima.

Eu me lembro do susto que levei, quando certa vez, ao abrir uma caixa para separar o conteúdo entre dois clientes, deparei com um monte de anéis de brilhante incrustado num ouro cobre. Voltei com a partida correndo para o escritório na altura da rua 30, desencadeando uma série de telefonemas para o Oriente Médio. O problema é que 14 quilates de ouro pode ser feito de muitas formas. No sistema de quilates para ouro (ao contrário do sistema de quilates para diamantes), 24 quilates significa ouro puro, muito frágil para ser usado em joias, e com o uso normal um anel de 24 quilates entortaria inteiro. Por isso misturamos ouro com outros metais para torná-lo mais forte.

Se a mistura tem um quarto de outros metais, o anel fica com 18 quilates e assim por diante – a regra de quilatagem nesse país é de 18 quilates, 14 quilates e dez quilates. O metal que se coloca para fazer o anel mais forte também determina a cor. Se se adiciona níquel, o ouro vai ficar com um tom amarelo-claro. Adicionando cobre, o ouro fica com um tom vermelho-queimado. Outras combinações de metais acabam resultando em outras tonalidades. Os americanos em geral gostam de tons claros, os orientais preferem tons bem dourados, enquanto muitos europeus preferem ouro num tom de cobre. Nossa mercadoria veio errada, com a cor que os europeus gostam.

Esta é uma das lembranças de que mais gosto do início da nossa empresa: nosso grupo inteiro de três ou quatro saindo a correr para uma oficina no centro da cidade – uma oficina de galvanoplastia – pedindo ao dono que colocasse às pressas uma camada de ouro branco (mais caro) em cima do ouro avermelhado. Eu, sentado com esses futuros multimilionários em volta de uma mesa com cerca de 15 moças porto-riquenhas, Ofer e Arya dando instruções aos berros um para o outro em hebraico, as moças falando alto em espanhol, ninguém entendendo por que queríamos dar banho de ouro em ouro, e logo depois sentados um do lado do outro debruçados sobre esses anéis, passando produtos químicos especiais para proteger as partes que não queríamos que ficassem amarelas.

Aí resolvemos arriscar e começar nossa própria oficina. O local era quase igual, um espaço na mesma rua em Manhattan, um pouco abaixo, com uma série de colunas de ferro e o chão de cimento bruto junto com nossa primeira caixa-forte de verdade. Lembranças gostosas aqui também: na noite em que deixamos o antigo escritório, rasgando o tapete e engatinhando pela sala inteira à procura de minúsculos diamantes que poderiam ter caído por descuido (havia mais de cem). Uma funcionária trancada, por acidente, a noite inteira na nova caixa-forte, e seu marido tentando adivinhar até que horas ficaríamos trabalhando. Eu, suando inteiro com o único terno que possuía – de lã – durante o escaldante verão de Nova York, porque meu Lama insistira que eu não me diferenciasse dos outros – tinha de vesti-lo todos os dias, e não deveria nunca tirar o paletó ou afrouxar a gravata.

Acho que depois de seis meses nessas nossas recém-nascidas instalações, tivemos de novamente tomar a decisão de nos mudar. Deveríamos nos arriscar e mudar para a área dos diamantes ou não? O que aconteceria se alugássemos um espaço maior e os pedidos começassem a diminuir? E se alugássemos um espaço menor e pedidos grandes começassem a chegar, como faríamos para dar conta do pedido?

Resolvemos então alugar a metade de um andar num edifício velho, caindo aos pedaços, bem do lado da área dos diamantes. Foi a solução encontrada que conciliava o risco de mudar para um lugar muito grande e a segurança de ter um lugar barato. Eu ficava sozinho numa cadeira no "departamento de diamantes" (um lugar pequeno), e algumas vezes trabalhava no "departamento de sistemas" (um lugar menor que servia também de sala de espera), ou então na caixa-forte (uma área muito pequena, onde cabiam apenas duas pessoas de pé, como duas múmias num sarcófago). A oficina ficava numa sala maior, com um solitário polidor no canto.

Após um ou dois anos já tínhamos dobrado as nossas vendas (por dez anos o mesmo se repetiria). E o risco e a necessidade de alugar um espaço maior se tornaram um problema crônico. Ficávamos literalmente colados um no outro, e, segundo uma piada que corria na empresa, cada dois centímetros da mesa correspondia a mil dólares do salário; isso significava que eu tinha direito a 15 centímetros. Como não podíamos trazer os vendedores de diamantes brutos para dentro, por medidas de segurança, fechávamos os negócios no corredor entre o vestíbulo (chamado "armadilha") e a sala de espera; assim, um negociante não podia ouvir os preços que dávamos para outros. Imagine-se ficando de pé num pequeno corredor, mal iluminado, com uma pequena folha de papel na mão contendo milhares de minúsculos diamantes, tendo de gritar por causa do barulho da oficina e ao mesmo tempo tentando não ser ouvido pelas pessoas sentadas à sua frente, calculando o total da negociação de cada grau diferente, taxas de juros e planos de pagamentos enquanto o outro negociante fazia a mesma coisa. É algo incômodo e difícil.

A armadilha, aliás, é uma área de segurança nas casas de diamantes por onde o visitante entra. Ao apertar o interfone, uma porta é aberta automaticamente deixando o cliente entrar, e, enquanto ele é checado por uma câmera ou através de um vidro à prova de bala, a primeira porta se fecha; quando termina a vistoria, a segunda porta se abre automaticamente, deixando o cliente finalmente entrar nas dependências da empresa. Um mecanismo elétrico impede as portas de se abrir ao mesmo tempo. Isso pode levar a situações bem engraçadas. Por exemplo, quando se é o último a sair à noite, e já tendo passado pela primeira porta, você se dá conta de que não está com a chave da segunda porta.

Logo depois tivemos de alugar a outra parte do andar. Quando o andar inteiro acabou chegando de novo na história dos 30 cm de espaço, alugamos outro, ambos ligados por uma escada. E quando, de novo, voltamos para os 30 cm e as vendas não paravam de crescer, alugamos um terceiro andar que estava disponível, mas infelizmente, dessa vez, esse terceiro andar era dois pavimentos acima.

Quando novamente precisamos de mais espaço, não havia mais jeito de convencer os funcionários a subir mais um andar. Demos uma olhada, no edifício vizinho, mas não encontramos nada. Acabamos alugando um andar no prédio seguinte, num pavimento mais alto que o edifício do meio, e fizemos uma instalação clandestina no sistema de computadores puxando os fios de um escritório para o outro por cima do prédio do meio. Mais parecia com os fios de varais das antigas pensões de imigrantes no Brooklyn, só que desta vez entre torres de aço e vidro, no coração de Manhattan.

Encontramo-nos, então, na estranha situação de ter de andar na rua, para cima e para baixo, com envelopes de partidas grandes de diamantes – também rubis, safiras, ametistas e dezenas de outras pedras preciosas – só para trabalhar nas salas de classificações que ficavam em prédios diferentes. Era perigoso, e a área dos diamantes havia começado a se expandir para nossa região, fazendo os aluguéis subir a toda hora. Tínhamos de decidir que passo tomar com relação a um novo espaço, nossos negócios a essa altura já estavam na casa dos milhões de dólares e tínhamos cerca de cem empregados. Voltemos, então, para a questão do imóvel e do potencial oculto das coisas.

Existe certo tipo de homem de negócios em Nova York que *precisa* ler *The Wall Street Journal* toda manhã. Lendo ou não (tenho a impressão de que poucos realmente o leem), o importante em muitas empresas é ser visto com uma cópia debaixo do braço enquanto você entra saltitando alegremente no escritório logo no início do dia. Melhor ainda é conseguir que o jornal seja entregue toda manhã na sua própria sala – jogado por debaixo da porta, às nove em ponto, de maneira que o nome *The Wall Street Journal* seja visível do corredor. O detalhe das 9h é importante porque ele ficará debaixo da sua porta até que você chegue de maneira bem descontraída às 9h30. Qualquer funcionário subalterno que passe pela porta antes daquela hora verá o jornal do dia, ficando evidente que você ainda não chegou no escritório – e isso os fará lembrar que você, sendo o chefe, não precisa bater o ponto às 9h05.

Nas poucas vezes em que eu li *The Wall Street Journal*, sempre tive uma experiência estranha. Na primeira página, mais para o lado direito (porque a esquerda encontra-se toda ela tomada pelo resumo das notícias nacionais e internacionais), há sempre um artigo bem favorável sobre algum investidor, alguém como George Soros, que fez investimentos de alto risco e conseguiu grandes lucros. Ele seria aclamado como o "homem de visão", cuja iniciativa estava além de todos na Bolsa, em ser alguém que teve a coragem e a autoconfiança de estabelecer com muita energia novos patamares de lucro enquanto homens de negócios menos arrojados e mais tradicionais ficaram para trás.

Depois, pela quarta página do jornal haveria um artigo sobre um negócio que estava afundando porque a gerência tinha ficado ultrapassada e por demais apegada aos métodos tradicionais, onde todos os vice-presidentes tinham sido mandados embora pela mesa diretora, e o presidente executivo, trocado por um novo. Uma semana ou um mês mais tarde eu abriria o jornal de novo (na verdade eu costumava passar a mão em um que ficava debaixo da porta de outro vice-presidente, depois colocando-o de volta). Na primeira página haveria um artigo elogiando uma empresa que tinha ficado, ano após ano, firme num método tradicional e obtido grandes lucros no trimestre. Essa era uma das grandes companhias da Bolsa, capitaneada por um líder com sabedoria para manter os princípios do passado. Mais à frente, por volta da página 43, teria um artigo criticando duramente um capitalista louco que teria arriscado de maneira imprudente as ações da companhia.

Cheguei à conclusão de que os gênios que se arriscam em determinado mês serão os loucos do mês seguinte. E os conservadores malucos do mês serão os gênios conservadores mais tarde. Ou talvez os gênios do alto risco continuem em alta, enquanto os malucos conservadores se mantêm em baixa. De qualquer forma, ninguém parece perceber que é *quase que por acaso que diferentes resultados parecem acontecer vindos de ações exatamente iguais, tomadas por um indivíduo ou pelos mesmos indivíduos e empresas.*

Como isso pode ser usado no caso do imóvel, como o "potencial oculto" é revelado nesse caso? Imagine a quantidade de perguntas que fazíamos a nós mesmos quando estávamos pensando em adquirir nosso próprio edifício, após anos de dúvidas e incertezas. Deveríamos alugar ou não? Expandir ou não? Tomar essa decisão ou não?

Quando se chega a esse ponto, as pessoas de negócios geralmente começam a fazer seus próprios cálculos, avaliações dos prós e contras. Um prédio novo causaria uma boa impressão nos clientes, dando uma ideia de vitalidade tanto para os clientes quanto para os fornecedores. Mas talvez eles pensassem que tínhamos expandido além da nossa capacidade – talvez os clientes temessem que iríamos aumentar o preço para cobrir nossas despesas, ou os fornecedores pensassem que eles tinham nos vendido as pedras a preço vil e que nosso edifício tinha sido adquirido à custa deles.

Talvez a mudança para um lugar afastado do setor dos diamantes fosse complicar mais e fosse mais arriscado para os fornecedores de pedras preciosas trazer mercadorias quando precisássemos delas. Talvez o dinheiro que poupássemos no aluguel nos permitisse pagá-los melhor e assim atrair mais negociantes e fazer mais dinheiro.

Talvez a mudança para um novo lugar complicasse a chegada dos empregados no trabalho, talvez meia hora a mais no metrô fizesse com que bons funcionários nos deixassem e procurassem um trabalho mais próximo da área dos diamantes. Talvez as pessoas gostassem da calma do novo escritório, na parte oeste do Greenwich Village – com o antigo charme das lojas e restaurantes de pratos mais bem servidos do que no centro.

Talvez o valor da propriedade subisse bastante depois que nos mudássemos para lá, e aumentasse o retorno do investimento para os donos. Ou talvez o mercado imobiliário de Nova York passasse por outro paradoxo de uma queda inesperada, deixando-nos com altos pagamentos da hipoteca.

Talvez a produção em escala, com a fabricação inteira num só lugar, nos desse condição de baixar os preços e estourar no mercado. Talvez as despesas para manter uma instalação grande, mesmo em períodos de pouco movimento, gradualmente fosse nos apertar.

Aqueles que fazem negócios há algum tempo, e que são realmente honestos consigo mesmos, sabem que as coisas, nesse exemplo, podem ir tanto para um lado como para outro. Se você compra um prédio novo e tudo vai bem, você é um gênio – fez um bom negócio. Se compra um novo escritório e as coisas vão mal, você é um idiota que gosta de se arriscar. Se não compra um novo lugar e tudo vai bem ou se você não compra e as coisas não vão bem – com certeza saberá do que as pessoas vão lhe chamar! Mas você bem sabe que permanece o mesmo, independentemente do rumo que as coisas tomaram.

Isso nos leva, com certeza, para o potencial oculto das coisas.

Um negócio imobiliário como a compra, pela Andin International, de um imenso edifício de nove andares na parte oeste de Manhattan, é um bom exemplo do potencial oculto das coisas, que os budistas chamam de "vacuidade".

O mais importante aqui é entender que entre o edifício e a aquisição do edifício existe toda uma possibilidade de se ter uma coisa boa ou uma coisa ruim, todas ao mesmo tempo.

Se comprarmos o prédio e de repente o valor dos imóveis em Nova York cair (e eu acho que foi o que aconteceu exatamente quando compramos o prédio), a compra do prédio será uma coisa ruim, para Ofer e Aya, os donos do prédio.

Se comprarmos um edifício e de repente todos os gerentes tiverem mais espaço do que tinham antes, a compra será boa – para os gerentes.

Se comprarmos um prédio e todos os funcionários de Nova Jersey tiverem de viajar meia hora a mais, será uma coisa ruim – para eles. Mas será uma coisa boa para todos que moram no Brooklyn, pois economizarão no transporte.

Se comprarmos o prédio e dermos aos nossos fornecedores a impressão de que estamos bem financeiramente, a compra será uma coisa boa – para nós. Mas se eles têm a impressão de que estamos fazendo dinheiro à custa deles, a compra será uma coisa ruim para nós.

Mas se deixamos de lado o "para nós" e o "para eles"? O que acontece se tentarmos analisar o prédio ou a compra do prédio *em si* como uma coisa boa ou ruim? A resposta óbvia, se você pensar um instante, é que a compra do prédio *em si* não é uma coisa boa ou ruim, depende apenas de quem está vendo. A compra parece boa para as pessoas que se beneficiam dela e parece ruim para as que se prejudicam com ela. Mas não existe uma qualidade *intrínseca* do bom e do ruim na compra do prédio, não existe esse tipo de qualidade em si e em si mesma: esse fato está *vazio* de tal qualidade.

Isso é exatamente o significado da vacuidade: as coisas podem ir tanto para um lado como para outro, não existe "algo" no prédio, em si e em si mesmo. Tudo depende da maneira como você vê isso. Isso é o potencial oculto.

Todas as coisas no mundo, aliás, são iguais. Uma visita ao dentista para tratamento de canal é uma coisa ruim em si e por si mesma? Se fosse, então seria ruim para qualquer um. Mas pense por um momento: independentemente de quão ruim possa parecer para nós, esse mesmo tratamento de canal pode parecer uma coisa boa para outra pessoa: um dentista sem escrúpulos pode ver esse tratamento como uma boa maneira de pagar algumas parcelas da faculdade do filho; para a secretária do dentista, talvez a entrada de dinheiro que permita a ela continuar empregada; para o fornecedor do material dentário, pode representar a oportunidade de vender mais uma caixa de seringas. Nem mesmo um tratamento doloroso como esse tem a qualidade *inata* de ser algo bom ou algo ruim. Em si mesmo e por si mesmo, independentemente de quão diferente as pessoas estão vendo, isso não tem tal natureza; é neutro ou vazio. Resumindo, esse tratamento é "vazio" e isso – segundo os profundos livros da antiga sabedoria tibetana – é o seu potencial oculto e fundamental.

Com as pessoas à nossa volta acontece o mesmo: pense nas pessoas do seu escritório que mais lhe irritam. Elas parecem do seu ponto de vista ter uma qualidade ou natureza de irritar. "Irritação" parece emanar ou fluir *delas para você*. Agora pense por um momento. *Alguém* (talvez outro funcionário do escritório, talvez alguém na família deles, uma esposa ou filha) os ache carinhosos e amáveis. Quando eles olham para esses mesmos indivíduos, quando eles os veem na sala do escritório, talvez no mesmo momento em que você os vê fazendo ou falando a mesma coisa, eles veem alguma coisa boa neles.

Não existe aparentemente nada "irritante" fluindo dessas pessoas para os outros – o que prova que isso não é uma qualidade *interior* das pessoas. Elas não têm uma qualidade interna dentro de si, pois fosse assim essa qualidade apareceria para outros; na verdade, elas são neutras, e pessoas diferentes veem diferentes coisas nelas. Essa é uma prova muito simples e inegável da vacuidade, ou do potencial oculto. E tudo no mundo é igual.

Agora, podemos voltar ao livro e compreender o que Buddha falou sobre o livro: "Você pode chamar um livro de livro, você pode pensar o livro como um livro, porque isso nunca poderia ser um livro". Com relação à compra de um prédio "Você pode dizer que comprar um prédio é uma boa coisa, e você pode ver a compra do prédio como uma coisa boa, porque comprar um prédio jamais poderia ser uma coisa boa (ou uma coisa ruim) *em si mesma*, isto é, vindo dela mesma, independentemente de como nós a vemos".

O que então tudo isso tem que ver com negócios? Como esse potencial oculto pode ser a chave para o sucesso em nossa vida pessoal ou em nossos negócios? Para isso precisamos saber como os princípios que estão por trás desse potencial são usados.

Capítulo 5

Princípios para usar o potencial

No capítulo anterior falamos sobre o potencial oculto das coisas – que o Budismo sempre chamou de "vacuidade". Já vimos claramente que nada do que acontece para nós é uma coisa boa ou ruim *vinda de si mesma*, porque se o fosse todo mundo sentiria do mesmo modo. Por exemplo, a pessoa que nos irrita no trabalho deveria então irritar todo mundo exatamente da mesma forma, porque a sua "irritação" estaria sendo irradiada de dentro dela e atingindo a todos no escritório. No entanto, a verdade é que sempre haverá *alguém* achando essa mesma pessoa boa e amável.

Esse fato traz duas implicações importantes:

1) A pessoa em questão não tem a qualidade, dentro de si, de ser irritante ou de ser boa. Ela própria, em si mesma, é "neutra" ou "vazia".

2) A razão pela qual nós, pessoalmente, nos irritamos com essa pessoa está relacionada com alguma outra coisa.

Então, de onde vem essa irritação? A resposta a essa pergunta está relacionada com certos princípios que estão por detrás da revelação do potencial oculto das coisas, princípios estes para usar o potencial com a intenção de ser bem-sucedido nos negócios e na vida pessoal. Aqui está o que Buddha tem a dizer em *O lapidador de diamantes* sobre como ter um negócio perfeito e uma vida perfeita – um mundo perfeito, ou melhor, um paraíso.

O Conquistador então disse:

Suponhamos, ó Subhuti, que algum discípulo no caminho da compaixão dissesse, "Estou trabalhando para criar um mundo perfeito". Ele não estaria falando a verdade.

O grande mestre Choney Lama explica essas linhas misteriosas da seguinte maneira:

Buddha quer mostrar que, para uma pessoa atingir o estado mais elevado de um ser, do qual falamos anteriormente, ela precisa primeiro criar um mundo perfeito, e nesse mundo perfeito, então, atingir o estado mais elevado. Portanto, **o Conquistador** falou para **Subhuti:**
Suponha que um discípulo no caminho da compaixão dissesse ou pensasse consigo **"Estou trabalhando para criar um mundo perfeito"**. Suponha que ele acreditasse, ao mesmo tempo, que mundos perfeitos pudessem existir vindos deles próprios, e que a criação desses mundos pudesse existir vindos de si próprios. Nesse caso **ele não estaria falando a verdade**.

Buddha continua então a explicar a si mesmo as próximas linhas de *O lapidador de diamantes*.

E por que isso? Porque O Que Foi Além declarou que esses mundos perfeitos, esses "mundos perfeitos" que trabalhamos para construir, jamais poderiam existir. E é por essa razão que os chamamos "mundos perfeitos".

Na passagem acima, troque "mundo perfeito" por "negócio perfeito". Primeiro, seria errado dizer que um negócio perfeito poderia existir vindo de si próprio. Um livro, a compra de um prédio ou um cara chato no trabalho – em nenhum deles, nada está sendo irradiado deles mesmos. Nenhum deles é algo ruim que acontece ou algo bom que acontece – porque se assim fosse, todo o mundo sentiria da mesma forma.

Mas com as pessoas é diferente. Todas as coisas a que nos referimos são neutras ou, como os budistas chamam, "vazias". No entanto, achamos algumas coisas como sendo boas, e achamos algumas coisas como sendo ruins. Se esse sentimento não está vindo da coisa em si, de onde virá então? Se pudéssemos resolver esse quebra-cabeça, poderíamos então *fazer as coisas acontecer do jeito que a gente quer*.

Não precisamos de muito para entender que, obviamente, o modo como vemos as coisas está *vindo de nós mesmos*. O fato de acharmos uma pessoa no trabalho irritante ou interessante só pode estar relacionado com a nossa própria percepção, pois outras pessoas no trabalho podem ter uma opinião diferente sobre essa mesma pessoa, e às vezes até completamente oposta.

Como, então, essas coisas (esses sentimentos) estão vindo de nós mesmos? E como podemos usar esse fenômeno a nosso favor?

Acho que a primeira coisa importante é entender que essas coisas *não* vêm de nós mesmos. É fácil entender que a maneira como vemos as outras pessoas e coisas está vindo da nossa própria mente, da nossa própria percepção, mas o que é óbvio, porém difícil, é que isso *não* significa que podemos controlar a maneira como vemos as coisas apenas desejando-as. Não existe nenhuma pessoa no mundo que queira cometer erros, que queira ver seu negócio falir, ver a desilusão dos empregados e fornecedores ou a decepção da esposa e dos filhos.

Talvez no fundo seja verdade que nossa percepção da falência esteja vindo de nossas próprias mentes, mas isso não quer dizer que a falência vá desaparecer pelo simples fato de desejarmos que ela desapareça. Seja o que for que nos esteja fazendo ver as coisas de uma forma ou de outra, isso está nos *forçando* a vê-las de um determinado modo, apesar de nós e do que desejamos no presente.

Para entendermos isso melhor, precisamos falar sobre a ideia budista das marcas na nossa mente, o verdadeiro sentido da palavra "karma". Mas, como existem tantos mal-entendidos sobre essa palavra, melhor é continuar a falar de "marcas mentais".

Imagine sua mente como uma câmera de vídeo. Os olhos, os ouvidos e todo o resto são as lentes por onde se vê o mundo exterior. Quase todos os botões que determinam a qualidade da gravação estão ligados à intenção – tudo o que você quer que aconteça e por quê. Então, como a gravação será feita? Como as marcas mentais para se ter êxito ou fracasso nos negócios serão impressas em nossas mentes?

Vamos primeiro falar sobre o que são as marcas mentais. Imagine a mente como um pedaço de massa de argila altamente sensível: toda vez que sua mente é exposta a qualquer coisa, esta causa uma impressão na massa. Mas a massa tem também outras qualidades que são incríveis. Primeiro de tudo, ela é totalmente clara e inefável – ela não é como nosso corpo, feito de carne, osso e sangue.

O Budismo não aceita a ideia de que o cérebro *é* a mente, embora parte da mente possa residir, de alguma forma, perto da área do cérebro. Porém a mente também se estende até a mão: você pode estar consciente de que alguém está tocando seu dedo, mas é sua mente que está consciente. Se eu lhe pergunto se tem algo saboroso em sua geladeira, o olho da mente vai até lá – a memória faz um levantamento de algumas coisas que ainda estão lá desde a manhã, e então, sua consciência, por intermédio dos meios da razão e da memória, viaja muito além dos limites físicos do lugar onde se está, do seu corpo físico, indo parar em outro lugar. E se eu lhe digo que imagine as estrelas ou mais além, onde então sua mente estará?

A mente-massa também tem outra característica interessante: imagine-a como um longo fio puxado como um espaguete desde o primeiro momento de sua vida até o último (e talvez até mais que o dobro dessa extensão, mas não entremos nisso agora). Em outras palavras, estendendo-se através do tempo. As marcas mentais feitas na mente na primeira série, marcas do seu abecedário, são transportadas até a segunda série; por isso você foi capaz de ler palavras naquela época e também agora.

Nós, no Ocidente, não falamos muito em "plantar marcas com um objetivo", mas pensando bem é por isso que mandamos nossas crianças para a escola: esperamos que a professora da primeira série tenha a técnica necessária para plantar algumas marcas mentais na mente dos nossos filhos, e esperamos que essas mesmas marcas ainda estejam lá quando eles forem para a escola de medicina, porque assim não dependeremos exclusivamente da nossa aposentadoria. Aceitamos a ideia de marcas mentais, mas pensamos muito pouco no processo inteiro – por exemplo: com tudo o que está sendo armazenado, por que nosso cérebro não aumenta ao envelhecermos?

Falemos agora sobre os tipos de marcas mentais que nos forçam a ver coisas "neutras" ou "vazias" como boas ou ruins. (Aliás, tenho certeza de que você já leu o suficiente aqui para saber que essa tal "vacuidade" não quer dizer "vazio de significado" ou "buraco negro" ou tentar pensar no nada, ou coisas desse tipo. Significa apenas que as coisas que acontecem de bom ou de ruim para nós não acontecem por elas mesmas.)

Essas marcas mentais que resultam em experiências "boas" ou "ruins" são plantadas de três diferentes maneiras: elas acontecem toda vez que fazemos alguma coisa ou falamos algo, ou até mesmo quando pensamos em alguma coisa. Nossa câmera de vídeo em funcionamento, a nossa mente, está ligada o tempo todo – um nível da mente está constantemente gravando tudo o que sentimos através das lentes de nossos olhos, nossos ouvidos e do resto, incluindo os próprios pensamentos. Quando se ajuda um empregado que está passando por um momento difícil, uma boa marca é feita na sua mente. Quando se fala uma mentira para um cliente ou um fornecedor, uma marca ruim é feita em sua mente.

O botão da intenção na câmera é o fator que decidirá quão forte a marca vai ser. Se você está ajudando um funcionário, não porque se preocupa com o bem-estar dele, mas porque o problema dele está afetando a produção e os lucros, então a marca boa é muito pequena. Se você o está ajudando por estar consciente de que o problema o faz infeliz, então a marca é muito mais forte. Se o está ajudando porque reconhece que a divisão entre "eu" e "ele" é artificial, e sabe que o que fere um fere todos – resumindo, porque você se vê lutando contra um inimigo comum, a infelicidade humana –, então a marca é a mais forte que você pode plantar.

Há outras situações que contam também. Primeiro falemos das emoções. Se, por exemplo, você diz uma mentira para um fornecedor, movido por um forte sentimento de raiva, então a marca ruim feita na sua mente é bem forte.

Outra situação é a chamada "identificação correta". Se você comete o erro de cobrar a mais de um cliente, como, por exemplo, se vê o preço errado na tela do computador, a marca ruim é mais fraca do que se você estiver consciente de que o preço está errado.

A condição ou as circunstâncias em que a pessoa está envolvida no momento que cometeu a ação também tem uma importância determinante na força da marca.

Quando eu já estava dois ou três anos no comércio de grandes partidas de diamantes lapidados, achei que gostaria mais dos diamantes se eu entendesse melhor como eles eram lapidados. Comecei então a bater de porta em porta nessas oficinas pequenas que ficam quase que escondidas nos corredores dos edifícios, muito acima dos tubarões das lojas térreas da rua 47, procurando alguém que pudesse me ensinar.

Eu estava à procura de um dos mais famosos lapidadores da área: ele estava trabalhando naquela época, se bem me lembro, num dos maiores diamantes do mundo, um "fancy" amarelo-canário com 400 quilates que tinha sido comprado pela Joalheria Zales. Ele falou que eu poderia vir de vez em quando dar uma olhada e ficou nisso. ("Fancy", aliás, é o nome para diamantes naturalmente coloridos como amarelo ou marrom-brilhante, ou o azul como o Diamante Hope.)

Depois fui me encontrar com uns cortadores da África do Sul ficando alguns dias com eles, mas o lugar era muito bagunçado. Na verdade eu tinha de encontrar alguém que estivesse disposto a me ensinar tarde da noite, já que estávamos trabalhando num horário maluco quando os negócios da Andin ainda começavam a crescer. Finalmente encontrei Sam Shmuelof.

"Shmuel", como nós o chamávamos, é outro desses verdadeiros cavalheiros do comércio de diamantes. Sua mulher Raquel foi meu braço direito na Andin, e responsável por muitos dos êxitos da nossa divisão. Ele concordou em me ensinar nas noites de domingo: uma das razões pela qual Nova York tem tantos negociantes de diamantes judeus ortodoxos é que o comércio respeita o Shabbat, e ninguém na rua 47 é pressionado a trabalhar aos sábados caso seja religioso.

A primeira vez que pus o pé numa oficina de lapidar diamantes foi como Dante sendo levado por Virgílio ao reino do inferno. Shmuel me levou pelo braço até uma porta quase invisível entre dois arranha-céus inteirinhos de mármore da "rua", 47, é óbvio, levando-me até um elevador minúsculo. O elevador subiu aos trancos por dez andares e nos deixou num corredor muito estreito, mal iluminado e com portas estreitíssimas de cada lado. Cada porta tinha uma estranha combinação de pintura se descolando e uma aparência velha, mas com trancas e maçanetas novas e brilhantes, bem diferentes. A maioria das portas tinha uma variedade de placas bem vagabundas, que mais tarde descobri serem diferentes "pseudônimos" de microempresas que os pequenos negociantes de diamantes usam, como, por exemplo, uma pessoa chamada "Bennie Ashtar" chamaria sua empresa de:

> Corporação Internacional de Diamantes Ashtar (que na verdade não seria mais que uma caixa de sapatos cheia de estranhos diamantes que o dono nos últimos meses passara cortando, junto com umas pedras horríveis, provavelmente deixadas como pagamento de uma dívida antiga e que por certo ninguém ousaria comprar).

> Instalações da Manufatura Mundial de Joias Ben-Ash (que teria uns estranhos brincos que o dono fizera havia algum tempo porque ouviu de alguém que fabricantes de joias fazem dinheiro mais fácil que negociantes de diamantes, e obviamente não conseguiu vender nada).

Fábrica Internacional de Lapidação e Conserto de Diamantes Simzev (na verdade o negócio se constituía apenas de uma mesa com um disco de lapidação – provavelmente os nomes dos filhos, Simon e Ze'eva –, mas todo o mundo acabava chamando o lugar de "oficina de lapidação" do Bennie).

Pedras Preciosas Raras e Exóticas Benjamin Limitada (esta teria dois quilos de "gelo rosa", que ele fora convencido a comprar em 93, quando foi moda por seis meses, mas que o Bennie resolveu esperar o preço subir mais, e agora o seguro está se queixando de que os sacos ocupam muito espaço no cofre e que ele deveria jogá-los todos fora).

Ao nos aproximarmos desse corredor esquisito, começamos a escutar um tom agudo de lamúria que ia ficando cada vez mais alto, como se estivéssemos chegando perto de uma imensa caverna com milhões de mosquitos presos dentro voando enlouquecidamente. A porta é simplesmente uma imensa peça de metal de cor cinza, como das armas, sem nenhum número ou placa. Bem alto, quase no teto, uma câmera de segurança aponta a lente para nós.
Shmuel aperta o interfone e ficamos esperando. Nenhuma resposta.
Ele aperta o interfone sem parar até que finalmente alguém grita:
– Quem é? (Como de costume a câmera de segurança não está funcionando e ninguém tem tempo ou vontade de consertá-la.)
– Shmuel!
– Já vai, já vai. Você ouve uma tranca após outra sendo aberta, depois é a vez das correntes, e finalmente a porta se abre.
Um barulho ensurdecedor invade-lhe a cabeça e ouvidos – como os gritos, choros das sirenes e as explosões das britadeiras ouvidas em meia hora de caminhada por Nova York condensados em poucos segundos. Shmuel vai na frente sob os olhares do dono da oficina – "Não tem problema, ele está comigo" – me empurrando através da armadilha (também quebrada) até a oficina de fato.
Uma cabeça ou outra se levanta no meio desse barulho absurdo – "não é um assalto, não é um cliente em potencial" – e as cabeças desaparecem de novo, de volta para onde estavam, tentando descobrir se um mícron de diamante fora lapidado a mais pelo disco de lapidação enquanto espiavam.
Umas cinco mesas bastante longas atravessam a sala como a costela de um animal. Cada mesa tem três ou quatro discos de metal, e de frente para cada disco há um cortador sentado numa cadeira alta, curvado sobre uma

pedra. As cadeiras estão colocadas uma perto da outra para economizar espaço, num dos metros quadrados mais caros do mundo – assim cada cortador fica a poucos centímetros de distância do outro. Durante as dez ou catorze horas que você passa por dia sentado na cadeira, a única coisa que se vê é o rosto do colega à sua frente, e a única coisa que se deseja é que pelo menos ele seja uma boa companhia. A luminosidade que existe nessas oficinas de diamante não existe em nenhum outro lugar. Enquanto o feio tom marrom do diamante bruto é desbastado, revelando uma faceta de cristal brilhante, minúsculas partículas de diamante caem em flocos, indo se misturar ao óleo na superfície do disco de lapidação. A incrível velocidade do disco joga pequenas gotas encantadas de pó de diamante e óleo no ar, fazendo aquela substância meio gosmenta flutuar pelo ar até pousar na parede ou na pessoa mais próxima.

Cada centímetro do lugar é cinza, um cinza monótono. As paredes são cinza, o chão é cinza, a lâmpada é cinza, as mãos e as faces são cinza, camisas cinza, calças e sapatos são cinza e até as janelas são cinza. Tanto faz você estar a 300 metros abaixo do solo ou no quadragésimo andar de um edifício, todo de vidro reluzente, num dos arranha-céus de Nova York (aliás, muitas das lojas estão aí), pois você nunca vai poder reparar na diferença do cinza, desse cinza triste que se arrasta até as janelas. Olhar para essas primorosas pedras preciosas que emergem desses escuros subterrâneos nunca deixou de me impressionar, como o lótus cor-de-rosa, num lago perto do nosso monastério na Índia, erguendo-se apoiado na única coisa capaz de sustentá-lo – uma pasta de lama e fragmentos. A metáfora tão estimada pelos budistas – *Podemos ser como o lótus? Podemos aceitar a dor e confusão da vida, nela florescer, e usá-la para se tornar uma daquelas joias raras do mundo* – uma pessoa com verdadeira compaixão?

Shmuel me dá algumas dicas importantes para começar e me faz sentar numa cadeira alta que range, tendo à minha frente Natan de um lado e Jorge do outro. Natan é um judeu hasidiano do Brooklyn; ele vem para o trabalho toda manhã num ônibus especial, homens sentados de um lado e mulheres do outro, separados por uma cortina, cada qual fazendo suas preces enquanto o ônibus escolar amarelo, depois de atravessar a ponte do Brooklyn, passa pelo bairro chinês até chegar à área dos diamantes. Natan é sortudo, ele tem um contrato fixo com um fabricante de joias para lapidar diamantes de um quarto de quilate (pedras com 25 pontos). O que ele faz normalmente não teria um pagamento fixo, pois só seu trabalho custaria quase o preço da pedra, ou até mais que o valor da pedra lapidada, mas eles trabalham com uma mercadoria muito fina, e ele está pedindo um preço razoável em troca de um trabalho estável. Se ele trabalhar bastante, poderá viver disso.

Jorge vem de um mundo totalmente diferente. Ele é um desses artesãos porto-riquenhos no comércio de diamantes polidos: orgulhoso e genioso, algumas vezes sai para beber e não aparece por dias, e algumas vezes desaparece indo para Porto Rico por semanas e de repente aparece de novo como se tivesse saído só para um cafezinho. Mas que toque ele tem! Ninguém tem a sua mão para diamantes. Reluzindo pelo disco como uma libélula, criando verdadeiras obras de arte de uma pedra bruta duríssima. As melhores pedras brutas do mundo são entregues a ele, tanto que neste momento suas mãos estão firmes numa pedra de 15 quilates flamejando no disco de ferro chorão. Uma vez cortada pode valer cerca de US$ 15 mil.

Shmuel pega um antigo e resistente braço de segurar diamantes da sua exótica coleção de ferramentas que sempre fica na ponta da bancada; e talvez com ela tenha aprendido uma verdadeira relíquia do começo da lapidação de diamantes. Esse braço, feito de uma madeira refinada, está preso num fio grosso de cobre com uma bola de chumbo na ponta. Nós esquentamos o topo da bola com uma pequena lamparina de álcool, que ele mantém perto do cotovelo, até que o chumbo fique macio. Então, com um movimento rápido ele cola a pedra bruta no chumbo, fixando-a com pequenos e rápidos toques com a ponta da unha.

A estrutura atômica perfeita do diamante não apenas é uma das substâncias mais cristalinas do universo, mas também um dos melhores condutores de calor e eletricidade. Um pedaço minúsculo de diamante colocado sob uma ligação elétrica ultra-sensível – como um minúsculo interruptor num satélite – impede que essa ligação superaqueça porque o diamante absorve o calor mais do que qualquer outra substância. Aliás, os diamantes estão presentes em muitas das melhores produções da Nasa. Eu me lembro de uma imensa pedra que eles encomendaram de uma empresa vizinha – não podia apresentar nenhum defeito e tinha de ter um bom tamanho de diâmetro. Foi cortada na forma de um disco e usada para cobrir a lente exterior da câmera do satélite que foi para Marte – porque o diamante é resistente a qualquer espécie de ácido ou outro tipo de corrosão. Eles, aliás, lapidaram da mesma forma uma segunda pedra, para ficar de reserva caso alguma coisa acontecesse com a primeira; não faço ideia de quanto isso deve ter custado para eles. Shmuel agora tem de ser rápido, porque, como o diamante é o melhor condutor de calor, ele, muito mais que outros metais como o ouro ou a prata, pode causar uma queimadura bastante grave, ainda que de pequenas proporções.

Como minha primeira pedra, Shmuel me confiou um bom pedaço "boart", isto é, uma das falhas de criação da natureza. Isso acontece quando a matéria do diamante não foi cristalizada de maneira correta, e, em vez de parecer com gelo, o interior da pedra se assemelha a uma nuvem gelatinosa, da cor de um tanque de guerra. A única coisa para a qual essas pedras geralmente servem é serem trituradas até virar pó, usado no disco, ou então como uma espécie de esmeril para igualar o disco de ferro "cortado" ou riscado por um diamante desgovernado por um inesperado problema de dureza. A pedra bruta pesa alguns quilates, mas vale menos de US$ 10, e isso quer dizer que não tem importância se eu cortar algum ângulo errado.

E os ângulos precisam ser perfeitos. Os diamantes têm o nível de refração mais elevado que qualquer outra substância no universo, o que – de novo – se deve à sua perfeita estrutura atômica. Refração significa a habilidade do material em permitir luz internamente, desviando-a de uma faceta ou espelho interno para outra faceta em frente, então levada de volta para o olho do observador. Se o ângulo da base ou a ponta do diamante é muito estreita, então uma luz será refratada para o fundo ou para os lados da pedra, dando ao diamante uma aparência feia, mesmo aos olhos de um inexperiente. Se a base é cortada muito chata, a luz passará de cima para baixo, do mesmo modo que passaria no fundo chato de um copo de vidro – e a pedra não terá brilho. Uma das mais difíceis técnicas para um iniciante aprender é achar o ângulo certo das facetas da base: isto é, quarenta graus e três quartos e nenhum meio grau a mais ou a menos.

Como Shmuel é um mestre excelente, vai me deixar usar o dope moderno com um calibrador automático de ângulos: terei de começar com um seixo de diamante redondo colado com chumbo na ponta do braço de cobre. Para atingir o ângulo, curvo o fio de cobre e seguro o braço no disco. Depois de desbastado alguns mícrons, tenho de trazer a pedra de volta para a lupa e checar o ângulo com uma estranha ferramenta que se parece com uma borboleta. A distância focal da lupa é de aproximadamente dois centímetros, o que significa que meu rosto tem de ficar quase que colado à palma da mão durante boa parte do dia. Tenho de usar a ponta do nariz para manter os dedos que seguram a lupa estáveis – uma mão humana sem suporte jamais terá estabilidade suficiente para fazer uma inclusão microscópica sem se mexer, enquanto você checa o interior da pedra por manchas carbônicas; algo como se trancar num pequeno armário com um microscópio à procura de pulgas enquanto está havendo um terremoto.

Levou quase meia hora para eu perceber que não estava olhando para as inclusões na pedra, mas sim para os poros da pele do meu dedo através da pedra. Segurar o calibrador de graus, a lupa e o dope com a pedra, tentando manter os dedos sem tremer, olhando na luz o ângulo certo, segurando minha respiração e tentando não ouvir o arranhar dos discos cortando à minha volta é um pouco demais. Com o canto dos olhos vejo o relógio, cujos ponteiros andam cada vez mais devagar em direção à hora de acabar.

Começa uma movimentação e eu vejo Jorge, ou melhor, seu traseiro (ele é um pouco gordo), engatinhando com o nariz colado no chão. Isso, aprendi mais tarde, é uma postura muito comum no comércio de diamantes quando alguém derruba uma pedra. É inacreditável: uma sala inteira de adultos, muitos deles milionários da moda, engatinhando em volta da sala, pegando todo emaranhado de pó do chão, abrindo-o cuidadosamente para tentar achar uma pedra que pulou de um disco ou de alguma pinça. Na escola de classificação de diamantes não éramos liberados até que a pedra fosse encontrada, e certa vez a escola nos segurou por mais de três horas após o término da aula – um brilhante de bom tamanho tinha saltado e atravessado a sala indo parar no canto da estante de leitura em vez de cair no chão; procuramos minuciosamente pelo chão inteiro repetidas vezes até encontrá-la.

Bem, lá está Jorge engatinhando por toda parte, primeiro em silêncio e pouco depois mais alto, xingando baixinho, não demora muito lá está Natan no chão também. Jorge dá uma olhada para Shmuel, um olhar meio desesperado, tentando dizer "nós estamos com um problema, será que dá para você nos ajudar?", e em questão de minutos todos os homens da oficina estão no chão, milhares de dólares em diamante em cima das mesas esperando para ser lapidados, enquanto a irmandade dos diamanteiros se solidariza: um companheiro perdeu uma pedra de 12 quilates, a maior pedra que apareceu nos últimos tempos na oficina.

Procuramos até altas horas da noite. Primeiro pelo chão todo, depois nas janelas, parapeitos (as janelas, por sorte, havia anos não eram abertas, e por isso não existia o perigo de a pedra voar para fora e cair lá embaixo na mão de algum sortudo negociante de pedras – um fato que aconteceu muitas vezes no passado na rua 47). Depois o bolso da camisa de todo mundo (um dos lugares preferidos); depois as barras das calças; depois os sapatos, e então as meias; depois debaixo do cinto, nas calças, nas cuecas, nos pacotes, nas caixas, nas rachaduras e furos. Chegamos a procurar na cabeça de todo mundo que tinha cabelo (onde muitas pedras ficam presas), mas não tivemos sorte. Então fizemos tudo de novo uma vez mais, e uma derradeira. Já era manhã quando desistimos, todo mundo frustrado, pois todos ficaram para ajudar. Esse incidente é um exemplo de como a marca mental é impressa de maneira especialmente forte, quando um ato, bondoso ou não, pode ser feito para alguém necessitado. No comércio de diamantes existem apólices de seguros que se pode usar para cobrir acidentes como esse, mas quase ninguém tem condição de pagá-las. Levaria, para Jorge, um ano inteiro para poder pagar essa pedra, e você pode estar certo de que ele teria de pagar por ela – esse é o código dos lapidadores. Toda pessoa que deixou de lado seu próprio trabalho para procurar a pedra perdida estava ajudando alguém. Se paramos para ajudar uma pessoa ou ignoramos seu problema, a marca (boa ou ruim, respectivamente) é mais forte.

Na manhã seguinte, aliás, o dono da oficina recebeu um telefonema da oficina vizinha, no mesmo andar. "Por acaso ele teria perdido alguma pedra?" Ele tinha encontrado uma no chão perto da contabilidade. Essa foi minha iniciação na honestidade absoluta de quase todos os indivíduos no comércio de diamante bruto – o que me impressionou profundamente. Descobrimos que a pedra tinha ricocheteado no canto de metal da bancada, voado através da sala, indo parar numa pequena rachadura no rodapé e passando para o outro lado por uma rachadura da parede da outra sala. Desnecessário dizer que Jorge ficou muito grato.

Não só a marca é mais forte quando se ajuda uma pessoa que está precisando, como também aumenta ainda mais quando ajuda alguém que o ajudou muito, ou de qualidade excepcional. Uma coisa é despedir, sem se preocupar muito, alguém que trabalhou na empresa apenas por um pequeno período e não fez nenhuma contribuição significativa; outra é mandar embora um funcionário de muito tempo só porque ele está para atingir o tempo necessário para se aposentar. Uma coisa é pagar atrasado uma conta de telefone; outra é não cumprir a palavra dada com uma pessoa que entregou nas suas mãos uma partida de diamantes, de muito valor, só por bondade de coração.

Existe esse tipo de acordo no ramo de pedras preciosas. O comércio inteiro de atacado dos diamantes por tradição trabalha com o conceito Mazal. *Mazal* é uma abreviação da expressão iídiche *mazel un b'rachah*, que significa "Aproveite em boa saúde". Entre os diamanteiros a palavra significa "negócio fechado". A maioria do comércio de diamantes de alto nível trabalha com o conceito de *mazal* ou a conclusão de um negócio por meio do acordo verbal. Milhões de dólares em pedras são compradas e vendidas pelo telefone, às vezes por pessoas que nunca se encontraram pessoalmente, com a simples palavra *mazal*. Uma vez falada a palavra *mazal*, deve-se honrar o compromisso assumido, a qualquer custo.

Manter o *mazal* é a alma do comércio de diamantes. Nunca se soube de nenhum caso em que o *mazal* não tenha sido cumprido. Quando um vendedor e um comprador, depois de uma negociação muito difícil, dizem *mazal*, o negócio está fechado, mas só de coração. Não há contratos nem assinaturas. Paga-se a quantia que prometeu, no dia em que ficou acertado, porque se falou *mazal*.

A impressão ou marca na sua mente vai ficar mais forte se você ignorar o espírito de *mazal*, ou fizer alguma coisa contra uma pessoa de bom caráter. Um exemplo disso é o que chamamos "trocando" ou a violação do sistema de "consignação", outra tradição que é sagrada no artesanato de diamantes. Por exemplo, suponhamos que o negociante A envia uma partida com 300 diamantes de um quilate para um negociante B em consignação. O negociante B tem alguns dias para olhar as pedras cuidadosamente e decidir se comprará todas, algumas ou nenhuma. Se ele decidir comprar todas as pedras, com certeza quererá um desconto no custo total do pacote, e a quantia exata desse desconto será uma negociação difícil que pode durar semanas.

Suponhamos que o negociante B decide comprar apenas algumas das pedras enviadas pelo negociante A, a tradição diz que o negociante A tem o direito de pedir um preço mais alto pelas pedras com que o negociante B decidiu ficar. Isso porque o valor da melhor pedra da remessa é normalmente muito mais alto que o valor do patinho feio do mesmo pacote; se escolhe apenas as melhores, espera-se que pague um pouco mais por elas.

Agora, se o negociante B é uma pessoa sem escrúpulos, pode telefonar para o negociante A em alguns dias e dizer, "acabei de dar uma olhada no que você me mandou e não acredito no *drek* que você está me oferecendo. Mande um segurança aqui, agora mesmo, para levar tudo embora; teria vergonha de colocar uma porcaria dessas nas minhas joias". (*Drek*, aliás, quer dizer "lixo" em iídiche.) Se você está discutindo com um negociante indiano, substitui pela palavra *karab*. Se ele é russo, você fala *musor*. Acho que deu para entender! Quando está comprando pedras *de* alguém, elas são sempre um "lixo". Quando está vendendo *para* alguém, o mesmo "lixo" que alguém lhe ofereceu essa manhã, elas são uma *mitzia*, ou "baratíssima".

Por muitos dias, então, o negociante B estudou cuidadosamente os diamantes do negociante A, pegando um ou dois dos mais valiosos e substituindo esses por outros de qualidade inferior, mas exatamente do mesmo peso. Acontece que os diamantes são como flocos de neve: não existem dois que sejam iguais, e ninguém, mas ninguém mesmo, pode se lembrar exatamente como as pedras do seu estoque são, especialmente um estoque como o da Andin – por volta de 250 mil diamantes. Existe a probabilidade de que ninguém perceba a troca.

Tentamos desenvolver táticas para saber se estávamos sendo enganados dessa maneira. A solução mais fácil seria escrever iniciais no diamante com um alfinete, mas não se consegue riscar um diamante. Existem também *lasers* de alta precisão que permitem colocar um minúsculo número de identificação num dos lados do diamante (mas são tão caros que só vale a pena quando se trata daquilo que chamamos pedras "certificadas" ou mercadorias mais valiosas). Também descobrimos meios de usar raios X para detectar pedras falsas ou substituídas, e fomos capazes de checar milhares de pedras de uma só vez numa pequena unidade móvel de raios X instalada numa perua que podia se deslocar por todos os lugares.

Voltando ao assunto, na prática o raro negociante que se permite esse tipo de fraude cedo ou tarde cometerá um erro bastante óbvio (desonestidade e estupidez geralmente habitam a mesma mente, como diamantes e granadas, uma pedra preciosa vermelha que alerta mineradores da possível presença de diamantes). A notícia do roubo se espalha rapidamente pelo mundo, e de repente "não, não temos essa específica mercadoria no momento" é tudo o que o negociante ouve quando pede remessas.

A questão aqui é que o negociante B violou a confiança que é sagrada ao negociante A: ele traiu uma pessoa que confiou nele, desprezou o código de honra que o *mazal* representa e, novamente, isso faz com que a marca mental seja muito mais forte.

Os detalhes *do modo* como você faz alguma coisa boa ou ruim também afetam a força da marca prensada na massa chamada "mente". Como, por exemplo, você não só deixou de pagar um fornecedor como também deu um desculpa furada. Algumas famosas são:

"Eu mandei o cheque na semana passada, mas você sabe como é o correio de Nova York!"

"Nosso gerente da contabilidade mudou para outra sala aqui no prédio, mas ainda não temos o número da extensão dele"

"Mudamos o programa da contabilidade, e os cheques são feitos uma sexta-feira sim, outra não"

"Eu sei que o acordo era de 90 dias, mas pensei que fosse 90 dias depois que terminássemos a classificação dos diamantes"
(Pode demorar semanas)

"Até mesmo empresas grandes como a Coca-Cola levam alguns dias a mais, qual é o problema?"
(Mas você diz isso quando já está atrasado dois meses)

"Estamos muito ocupados agora, seu cheque vai ficar pronto em um ou dois dias; você poderia então vir depois do almoço?"
(Isso quer dizer segunda-feira, porque a contabilidade foi instruída a entregar o cheque apenas dez minutos antes de o banco fechar. Assim a firma pode ganhar mais três dias de juros no fundo).

A maneira mais conhecida, é claro, é a fuga pura e simples: tirar do gancho todos os telefones do departamento de contabilidade ou (caso você esteja se sentindo realmente sádico) instalar uma mensagem gravada com uma voz bem doce dizendo, "Sua chamada é muito importante para nós! Queira aguardar alguns instantes enquanto nossos funcionários estão atendendo outros clientes tão valiosos quanto você!". Passe essa mensagem cada 30 segundos, colocando uma daquelas músicas horríveis de fundo, e pronto, você acabou de fazer uma marca de ação negativa *mais forte* ainda, só pelo *modo* como o fez.

O fator final que afeta a maneira como a marca é plantada na mente relaciona-se à conclusão do pensamento, palavra ou ação, ou melhor: "Você está feliz com o que fez?", "Faria de novo?", "Você se responsabiliza por isso?". Caso a resposta seja positiva, a marca é ainda mais forte – tanto boa como ruim.

Esses são os princípios das marcas mentais. A nossa mente é como um pedaço de filme bem sensível, e quando a expomos a qualquer coisa – especialmente quando nos vemos fazendo uma ação boa ou má para outros – uma marca ou impressão definitiva é feita; a pegada de uma pomba ou de um lobo na neve fresca são pegadas que permanecem por muito mais tempo.

Como essas marcas afetam nossas vidas? Podemos usá-las? Podemos fazer as coisas acontecerem do modo como queremos? Para entender, temos de ligar os princípios do potencial ao próprio potencial.

Capítulo 6

Como usar o potencial você mesmo

Agora temos todas as peças do quebra-cabeça. Tudo o que você precisa saber para usar o profundo conhecimento do antigo Tibete em seus negócios e empreendimentos. E agora o que precisamos é montar as peças do quebra-cabeça.

Vimos primeiramente que todas as coisas têm um potencial oculto, que parece ter uma espécie de fluidez. Nenhuma pessoa que encontramos é irritante em si mesma, porque existe sempre alguém que achará essa mesma pessoa encantadora; independentemente de como a vemos, essa irritação não está fluindo dela mesma. De onde estará vindo então? É óbvio que, de alguma forma, é proveniente de nós mesmos, de nossas mentes.

Podemos, então, já que tudo vem de nossas mentes, optar por ver tudo o que acontece de ruim como uma coisa boa? Todo negócio ruim como um negócio bom? Você sabe que as coisas não são assim. Não se pode comprar uma casa ou mandar os filhos para a faculdade simplesmente desejando isso. Parece que aquilo que nos faz ver as coisas de um jeito ou de outro o faz de maneira compulsiva, isto é, aquilo que nos faz ver uma coisa boa ou ruim acontecer está nos *forçando* a ver essas coisas do modo como a vemos. Agora, tudo isso acontece por causa das nossas marcas mentais que já comentamos no capítulo anterior, e a arte da sabedoria budista é fazê-la voltar-se a seu favor. Para fazê-lo, você precisa saber como as marcas funcionam. Voltemos para *O lapidador de diamantes* para nos orientarmos.

E o Conquistador disse:

Ó Subhuti, o que você acha? Suponha que alguma filha de uma nobre família tomasse todos os planetas habitados desta grande galáxia, uma galáxia com milhares de planetas, cobrisse-os com sete tipos de joias, e os desse de presente para alguém. Essa filha teria criado com tal ação muitas e muitas montanhas de bondade?

Aqui me parece que Buddha está ficando um pouco difícil; talvez seja melhor pedirmos para Choney Lama nos ajudar nesses versos. Eis aqui a explicação do que acabamos de ler:

Buddha deseja, nessa parte do texto, demonstrar um determinado fato. Nas passagens acima falamos sobre o ato de atingir o estado mais elevado do ser, o ato de ensinar essas coisas aos outros, e assim por diante.
Nenhum desses atos, ou nenhum outro objeto do universo, existe em si mesmo e por si mesmo. No entanto, eles existem em nossa percepção. É verdade que qualquer um que pratique a ação de dar cria bondade. Mas qualquer pessoa que estuda os princípios que estão por trás dessas coisas, qualquer um que pense realmente nelas, meditando nelas, cria uma bondade infinitamente maior.
Para explicar essa ideia, **o Conquistador** faz a pergunta a **Subhuti** começando com **"O que você acha? Suponha que alguma filha de uma nobre família tomasse todos os planetas habitados desta grande galáxia, uma galáxia com milhares de planetas...".**

A galáxia aqui mencionada foi descrita no *Treasure House of Higher Knowledge* (Casa do Tesouro do mais elevado conhecimento) assim:

O que chamamos de galáxia de "primeira ordem"
São milhares de planetas habitados,
Cada um tendo seus quatro continentes
Com um conjunto de montanhas no centro
E seres especiais num reino,
Com o "Mundo do Puro" acima de tudo

Mil dessas galáxias
Nós chamamos de "segunda ordem"
E mil dessas fazem então
Uma galáxia da "terceira ordem"

"**Suponha** que além do mais", Buddha continua, "**essa filha de uma nobre família cobrisse esse planeta com sete tipos de joias**: ouro, prata, cristal, lápis-lazúli, esmeralda, pedra *kakertana* e pérola vermelha, e digamos que **ela tenha oferecido esse planeta para alguém. Ela teria criado muitas e muitas montanhas de bondade com essa ação**, dando um presente como esse?"

Voltando para *O lapidador de diamantes*:

E Subhuti respondeu:

Ó Conquistador, teriam sido muitas montanhas grandes de bondade. Sim, muitas teriam sido, ó Conquistador. Essa filha de uma nobre família teria realmente criado muitas montanhas grandes de bondade com tal ação. E por quê? Porque, ó Conquistador, essas mesmas e inúmeras montanhas de bondade são grandes montanhas de bondade que nunca existiram. E é precisamente essa a razão pela qual O Que Foi Além fala das grandes montanhas de bondade, grandes montanhas de bondade."

Choney Lama explica também esse verso.

Como resposta, **Subhuti diz**:

Seriam muitas montanhas grandes de bondade — e essas montanhas grandes de bondade são montanhas de bondade que só poderiam existir em nossa percepção, do mesmo modo que um sonho ou uma ilusão existe: mesmo **essas grandes montanhas**

de bondade nunca poderiam existir como montanhas que existissem em si mesmas e por si mesmas. **O Que Foi Além** também fala de "**grandes montanhas de bondade, grandes montanhas de bondade**" – dando um nome para elas.

Esse trecho tem a intenção de demonstrar alguns pontos diferentes. As ações brancas e negras que você cometeu até esse momento e aquelas que você cometerá mais tarde são de tal forma que as que você cometeu no passado já pararam, e as que você cometerá no futuro ainda estão para acontecer.

Portanto elas não existem, mas também havemos de concordar que num sentido mais geral elas na verdade existem. E que essas ações estão ligadas ao fluxo da mente da pessoa que as cometeu, produzindo as devidas consequências para essa pessoa. São a essas e outras difíceis questões a que a passagem anterior se refere.

Vamos voltar para *O lapidador de diamantes*:

E então o Conquistador diz:

Ó Subhuti, suponha que uma filha de uma nobre família tomasse todos os planetas dessa grande galáxia, uma galáxia com milhares e milhares de planetas habitados, e cobrisse todos eles com sete tipos de joias, e as oferecesse a alguém.

Suponha que, por outro lado, esta filha segurasse apenas um verso de quatro linhas desse ensinamento específico e o explicasse a outros, e o ensinasse corretamente. Por ter praticado esse segundo ato, tal pessoa criaria muito mais daquelas grandes montanhas de bondade do que as anteriores: a bondade seria infinita, incomensurável.

Choney Lama explica esses versos da seguinte maneira:

Aqui deveríamos primeiro comentar sobre a palavra **"verso"**. Embora esse antigo livro – na tradução tibetana – não tenha sido escrito em versos, a ideia é que poderia ser falado em versos no original em sânscrito. A palavra **"segurar"** significa "reter na memória", ou memorizar, podendo também ter o sentido de segurar um volume na mão, e em ambos os casos recitar o texto em voz alta.

A frase "**explicá-lo corretamente**", segundo se disse, significa "falar as palavras do livro e explicá-las bem". A frase "**ensiná-lo corretamente**" significa "estar relacionado com ensinar bem o significado do sutra" – sendo este, afinal, o ponto mais importante.

Suponha agora que **alguém segurou** o antigo livro, e fez com este as coisas mencionadas na última parte do texto anterior, em vez de realizar o ato antes referido. Uma pessoa como essa teria criado grandes montanhas de bondade que seriam mais infinitas ainda, imensuráveis.

Vimos que todo acontecimento que já vivemos, em certo sentido, é "neutro" ou "vazio". A maneira como vemos o conteúdo desse acontecimento – isto é, se nós o vemos como agradável ou desagradável – não vem desse acontecimento em si. Na verdade parece estar vindo de você, de si próprio, embora – aparentemente – de um modo que não se pode controlar.

Esse é o segredo das marcas mentais. Elas são plantadas na mente da maneira descrita anteriormente: pela consciência de nós mesmos, quando ajudamos ou quando causamos dor aos outros. A força com que as marcas são plantadas depende de vários fatores que já citamos, tais como nossas intenções, a força de nossas emoções, se reconhecemos de verdade o que fazemos, a maneira como agimos, até que ponto assumimos responsabilidade pelas nossas ações depois de feitas e certos detalhes sobre a pessoa com quem interagimos – uma pessoa passando necessidade, alguém que sempre nos ajudou ou uma pessoa de muito bom caráter.

O que resta para discutir é como essas marcas determinam a maneira como vemos o que acontece à nossa volta. Segundo antigos livros sobre Budismo, a câmera de vídeo da nossa mente grava aproximadamente 65 imagens ou marcas independentes com a rapidez de um estalar de dedos. Essas marcas, podemos dizer, se instalam em algum lugar do nosso subconsciente, ali permanecendo por dias, anos ou décadas, e assim se reproduzindo a todo instante, enquanto momentos separados da própria mente vão como que piscando para dentro e para fora da existência, movendo-se, quadro a quadro, feito um rolo de filme de cinema, dando-nos uma ilusão de continuidade.

As sementes dentro do fluxo da mente, como as sementes do mundo natural, continuam a crescer após terem sido plantadas, crescendo como na natureza, de maneira exponencial. A magnitude de uma marca mental plantada no primeiro dia do mês é dobrada no segundo dia, quadruplicando-se no terceiro – e no quinto já é 16 vezes maior que sua força original.

Pensando bem, esse princípio não é nada surpreendente. Se compararmos o peso ou a massa de uma simples glande ou bolota (fruto do carvalho), em gramas, em relação ao peso do resultado final (a árvore de carvalho), o resultado será, literalmente, uma tonelada de tronco por grama de semente. Segundo a antiga sabedoria tibetana, as sementes mentais se comportam de maneira semelhante. Um bom exemplo disso seria comparar a "massa" da burocracia inteira do governo federal dos Estados Unidos com o minúsculo governo que os fundadores do país tinham em mente no século XVIII – a semente de onde tudo foi originado. Imagine o primeiro momento em que você descobriu, quando criança, o sentido do dinheiro, e compare, agora, com a quantidade de tempo que investiu nos últimos 20 anos para consegui-lo. Estamos falando aqui de uma ideia que os tibetanos chamam *kenyen tchenpo*: grande potencial de lucro, grande risco de perda, os dois no mesmo pacote. Mesmo atos inofensivos ou impensados plantam sementes em nossas mentes que podem, quando chegado o momento de brotar, tornar-se experiências muito intensas. Como essas sementes brotam? Quais são as regras para o seu funcionamento? Nossas mentes são como um repositório de milhares e milhares de marcas mentais. Elas são colocadas em filas para decolar, como os aviões na pista de decolagem de um aeroporto. As marcas mais fortes – segundo os princípios de que já falamos – são as primeiras a levantar voo, enquanto as mais fracas vão ficando para trás, aquecendo-se a cada minuto que ficam a mais na pista de decolagem da mente. Toda vez que praticamos um ato a uma pessoa, plantando uma marca mais poderosa que as já existentes, essa marca vai para a frente, como o avião que a torre de controle mandou passar à frente dos outros.

Quando a marca decola – isto é, quando a impressão que está na mente emerge na mente consciente –, dá a cor (ou melhor, determina), a nossa percepção do que está acontecendo nesse exato momento. Um conjunto de quatro cilindros, de certa tonalidade de pele, se move preso num tipo de caixa que aparece diante de você, e uma marca surge no consciente, pedindo-lhe que interprete esse novo dado como "pessoa".

Uma forma oval rosa aparece no meio de uma forma de ovo. Em cima da forma de caixa. Numa rápida sucessão, uma forma cilíndrica vermelha brilhante aparece dentro da forma oval e começa a se mexer de um lado para o outro. Níveis de ruídos começam a mudar rapidamente em volta da área do cilindro, sílabas e vogais se misturando em certa ordem. Simultaneamente, uma marca negativa plantada nos últimos dias surge na mente consciente, pedindo que você interprete esse novo dado como "o chefe, gritando comigo". E assim por diante.

Existem quatro regras que determinam a maneira como as marcas do passado "brotam" na mente, forçando você a ver coisas à sua volta acontecerem da maneira como elas acontecem:

1 – O conteúdo geral da experiência forçada em você pela marca precisa se igualar ao conteúdo geral da impressão original.

Isso quer dizer, uma marca plantada na mente por uma ação negativa – algo que você fez que feriu alguém – só pode forçá-lo, em consequência disso, a perceber alguma coisa como experiência desagradável. E uma marca plantada por ação positiva que tenha sido feita – fazendo alguma coisa para ajudar alguém – só pode forçá-lo, como resultado, a perceber alguma coisa como experiência agradável. Em outras palavras, uma ação negativa só pode levar a um resultado negativo, e uma ação positiva só pode levar a um resultado positivo. Diríamos que Jesus teve essa ideia em mente quando disse que uvas nunca nascem de espinhos, nem figos de urtigas.

2 – A força da marca se expande continuamente durante o tempo que fica no subconsciente, isto é, até que brote e nos force a passar por uma experiência, boa ou má.

Já falamos sobre esse fenômeno. O importante aqui é que até atos muito pequenos ou atos sem intenção podem disparar infinitas percepções futuras.

3 – Nenhuma experiência, seja ela qual for, acontece, a menos que a marca que iniciou essa mesma experiência tenha sido plantada anteriormente.

O ponto fundamental aqui é que toda experiência pela qual nós passamos é iniciada por uma marca que foi plantada anteriormente: Nada à nossa volta – pessoas, coisas, acontecimentos, nem mesmo nossos pensamentos – ocorre sem ter sido causado por uma marca na nossa mente que emergiu ao nível do consciente nos fazendo perceber dessa maneira.

4 – Uma vez que uma marca é plantada em nossa mente, ela certamente nos levará a uma experiência: jamais uma marca foi desperdiçada.

A quarta regra estabelece um certo diálogo com a terceira, isto é, uma experiência, seja ela qual for, só acontece se existir uma marca plantada anteriormente que cause essa mesma experiência; entretanto, é também verdade que a marca, uma vez plantada, *tem* de nos levar a uma experiência. As marcas nunca são desperdiçadas, elas *sempre* nos afetam de alguma forma, elas *sempre* nos fazem perceber algo.

A segunda regra está relacionada com a citação de O *lapidador de diamantes* no início deste capítulo. E de todas as noções deste livro esta é, sem dúvida alguma, a mais importante para o êxito na vida pessoal e nos negócios:

Se uma ação, mesmo que relativamente sem importância, for tomada com a consciência de que as marcas são as responsáveis por nos fazerem ver o mundo da maneira como o vemos, em vez de um mundo "neutro" ou "vazio", obteremos tremendos resultados.

Para ilustrar essa verdade, Buddha fala para Subhuti que mais vale tocar as mãos em O *lapidador de diamantes* e ter uma ideia, por menor que seja, do seu conteúdo, do que presentear alguém com um planeta inteiro ou até um bilhão de planetas cobertos de joias preciosas. Isso porque, se uma pessoa chegar a entender que são as marcas que nos fazem ver o mundo da forma como o vemos, pode começar a criar, de maneira consciente, uma vida perfeita e um mundo perfeito. Quanto mais entendermos esse processo, mais poderosas e perfeitas serão as sementes plantadas na nossa mente, e os resultados serão ainda mais poderosos, na transformação do nosso mundo interior e do mundo à nossa volta.

O que temos de fazer primeiro é identificar quais são os objetivos que queremos, e usar assim a regra número 1 para identificar a marca específica que nos fará ver esses objetivos. Chamamos essas marcas de "correlações", isto é, você pode começar a trabalhar com um determinado resultado desejado, identificando uma marca específica com o resultado.

Na maioria dos casos, essas marcas mentais específicas de que você necessita para criar um determinado resultado na vida ou no negócio são geralmente o oposto do que a natureza humana tende a fazer. Suponhamos, por exemplo, que sua empresa está com problemas de mercado, e o fluxo de caixa se tornou um problema. A reação mais comum, para qualquer pessoa ou empresa, seria o corte de despesas. As doações são a primeira vítima, seguidas por privilégios exagerados, como viagens aéreas em classe executiva para as viagens de negócios curtas.

Depois vêm os cortes de privilégios e salários, incluindo voltas para casa de táxi para funcionários que ficam trabalhando até tarde na empresa. Em seguida vêm cortes nas bonificações de fim de ano, depois nos aumentos de salários, e uma tesourada nos benefícios – "encontramos um plano de saúde muito melhor". Geralmente esse tipo de comunicado numa empresa com problemas causa nervosismo entre os funcionários mais experientes, pois revela uma estratégia para cortar os benefícios. Esses cortes graduais também acabam com o moral da firma, de cima para baixo, despertando uma falta de generosidade por todos os lados:

"A situação está apertada agora, e por isso teremos de adiar o seu aumento por alguns meses."

"Para que vou ficar até tarde nesse projeto? Eles não estão dando o meu aumento."

"Nós vamos postergar os aumentos mais uma vez porque ninguém está trabalhando bem."

"Por que tenho de economizar o dinheiro da empresa se eles não estão dando o aumento?"

"Nós já cortamos tudo o que poderíamos cortar, e o problema de caixa parece piorar a cada dia."

E assim por diante. Logo, é importante ser cauteloso com a reação *natural* aos problemas: o problema pode se perpetuar. Em tibetano esse fenômeno é conhecido como *korwa* ou um "perpetuando-se num círculo de problemas". O dinheiro anda curto na sua empresa, e você começa a tomar medidas que neguem aos funcionários o que eles precisam, depois fala em cortes, e, mais importante ainda, sua maneira de pensar muda de criação e criatividade para defesa e autoproteção.

Cada uma dessas reações causa novas marcas na mente, isto é, marcas negativas. Cada vez que você nega dinheiro ou nega ajuda a quem depende de você, *uma marca é plantada em sua mente fazendo com que seus negócios e você mesmo tenham ajuda e fundos negados.* Esse fenômeno entra numa escalada, por causa da regra número dois: quanto mais tempo as marcas ficam no subconsciente, maior o poder delas. Como consequência, isso dá vazão a uma nova onda de problemas financeiros criando uma atitude ainda maior de mesquinhez, que resultará em outra onda de problemas. O acúmulo de ações desse tipo leva a uma espiral de problemas muito comuns em empresas com dificuldades.

As implicações do que falamos até agora mostram que devemos evitar cortes e pensamentos mesquinhos como reação às pressões financeiras. Dissemos que havia três diferentes maneiras de plantar uma marca: por meio de ações, palavras e pensamentos em si mesmos. Sem dúvida a mais importante delas é a terceira, isto é, as marcas mais profundas são aquelas criadas pelos próprios pensamentos.

O importante aqui é evitar uma *condição de mente* mesquinha como reação às dificuldades financeiras (sejam elas pessoais ou de negócios). É possível que esteja sem fundos no momento para pagar privilégios que já foram dados antes, e até tenha de cortá-los pela falta de dinheiro no momento, mas o importante é não pensar pequeno, não perder a criatividade, não perder uma perspectiva verdadeiramente generosa dos limites da sua atual situação financeira.

Se você entrar num estado de mente mesquinha, negando ajuda aos outros apesar de ter condições para fazê-lo – mesmo na sua condição atual –, estará criando marcas muito fortes que afetarão sua capacidade de se recuperar.

Existe outro ponto essencial que devemos mencionar aqui. *Não estamos,* por meio desse método da antiga sabedoria, tentando mostrar como uma determinada atitude pode *colorir* a percepção de sua situação financeira. Na verdade, estamos aqui explicando os detalhes do processo *que vai realmente determinar a realidade à sua volta*. Não estamos falando sobre como você se sente quando não é capaz de pagar suas contas. Estamos, sim, falando *de como você se sente determinando* se vai ou não pagar a conta. A premissa aqui é profunda, sem precedentes em outros princípios de como dirigir um negócio: *O dinheiro em si é criado mantendo um estado de mente generoso.*

Veja a situação de um mercado qualquer.

Diamantes, de maneira geral, não valem quase nada. Esses pequenos, feios e deformados "boarts", diamantes industriais tão charmosos quanto um pedregulho, têm uma importância imensa na economia mundial. Algumas partes do motor de automóveis e peças importantes de uma aeronave precisam ser feitas com aço carbono, pois precisam ser duras o suficiente para serem raspadas e modeladas no próprio aço e assim ter a exatidão necessária para esses objetos funcionarem. O aço carbono precisa ser laminado, e o diamante é o melhor agente laminador do mundo.

Por essa razão, os diamantes eram considerados, como o urânio e o plutônio, um mineral estratégico essencial para a indústria moderna. O governo dos Estados Unidos, para o caso de uma guerra ou catástrofe, estocou por muitos anos diamantes industriais com medo de que o país não tivesse acesso aos materiais de que necessitava, que naquela época estavam concentrados em depósitos de rios de alguns países africanos.

Durante a Guerra Fria, os Estados Unidos tomaram uma série de medidas para se certificar de que o fornecimento desses diamantes *fossem suspensos* nos países da Europa Oriental, especialmente a União Soviética. Por ironia, isso forçou os russos a se virar, vasculhando pelo país inteiro seus próprios condutos vulcânicos.

Os condutos vulcânicos são enormes estruturas em forma de cenoura, podendo variar de alguns metros a centenas de metros, rompendo a superfície da Terra. Enquanto trabalhávamos nos condutos vulcânicos à procura de minério de diamante, escavando a terra centenas de metros de profundidade, os condutos ficavam cada vez mais estreitos e mais difíceis de ser minerados. Esses depósitos de diamantes são na verdade tubos por onde antigas lavas foram conduzidas do centro da Terra para a superfície levando junto nascentes de diamantes. Esses tubos estão cheios de um mineral esverdeado chamado kimberlito; talvez você precise escavar uma tonelada inteira desse produto para encontrar uma quantidade de diamante que colocaria num lápis; é por isso (ao contrário da crença popular) que os diamantes são realmente caros para ser minerados.

A localização dos condutos no planeta é uma das provas da teoria de que os continentes não estavam separados e que os oceanos têm rachaduras ou fissuras causadas pela fragmentação dos continentes. Os condutos mais antigos, como muitos sabem, estão localizados na África do Sul. Lá, por exemplo – no meio das terras que pertenciam aos irmãos Beer, empobrecidos fazendeiros bôeres –, foi descoberto o famoso condutor DeBeers, que, junto com as minas Kimberley, na mesma propriedade, produzem milhões de quilates de diamantes desde que os irmãos venderam as terras por uma ninharia em 1870. Essa mina dá o nome ao famoso cartel de diamantes DeBeers, uma organização poderosa e implacável que tem controlado, por mais de cem anos, boa parte do comércio internacional de diamante bruto.

Uma coisa curiosa acontece durante os milhões de anos que leva para uma borbulha na forma de um cone, criada pela erupção de um conduto vulcânico, achatar até ficar no nível da terra. Chuva, vento e efeitos do calor e do congelamento desgastam gradualmente o cone. Diamantes brutos brotam do "solo azul" ou minério e começam a descer, rolando pelos córregos de água, depois riachos e rios na direção do oceano.

O diamante é um dos minerais mais pesados, nivelando-se ao ouro, e, como são mais pesados que as pedras comuns, tendem a cavar pequenas bolsas no embasamento dos rios. Algumas pedras acabam se soltando de novo, indo parar no mar. Só os mais puros diamantes – aqueles sem nenhuma rachadura ou fratura – sobrevivem à viagem, que leva milhões de anos. Talvez a mais famosa descoberta de diamantes tenha sido na costa oeste da África, onde o rio Orange deságua no oceano Atlântico.

As pedras dos condutos vulcânicos foram rolando pelo rio Orange abaixo e caíram no mar, fortes correntes no oceano foram empurrando essas pedras de volta para a praia, onde uma das mais puras qualidades de diamantes existentes se espalhou feito pipoca no chão para que os exploradores alemães as descobrissem em 1908. Uma das minhas fotos favoritas mostrava os exploradores engatinhando pela praia, mais tarde chamada de *Sperrgebiet* ou "Zona Proibida", catando enormes cristais perfeitos.

Existem áreas no Brasil onde os diamantes brotam no leito dos rios, lugares como a baía do rio Jequitinhonha, perto de Diamantina, uma pequena cidade colonial com ares suíços no estado de Minas Gerais. Só que não existem condutos vulcânicos nesse país pelos quais essas pedras possam ter vindo. O mesmo acontece com outro depósito ou rio aluvionário na Índia Ocidental, um país que produziu as primeiras grandes pedras da história – obras-primas como o Koh-i-noor e o Orloff – muito antes de os depósitos africanos serem descobertos.

Pegue um mapa-múndi, e veja as porções inferiores da América do Sul e da Índia, coloque-as juntas da maneira que costumavam estar – juntando--as em volta da África –, ficando claro de onde o rio de diamantes vem: imensos condutos vulcânicos na ponta inferior da África foram desgastados, pedras foram despejadas nos rios do Brasil e no Planalto do Decã, na Índia, antes de esses continentes terem se separado da mãe-pátria.

A geologia da região em volta dos grandes condutos vulcânicos da África do Sul é similar em muitos aspectos à da Sibéria, e esse fator foi percebido pelo grande geólogo russo Vladimir Sobolev durante os anos em que o jogo sujo americano dificultou o fornecimento de diamantes africanos de que eles necessitavam para a indústria. Grupos de geólogos, sob a supervisão de Sobolev, foram mandados para a vastidão gelada da tundra siberiana à procura dos depósitos de diamantes.

Infelizmente, naquela época, havia poucos instrumentos aéreos ou outros métodos para localizar depósitos de diamantes. Seria preciso estar praticamente em cima de um conduto para poder saber onde o solo azul estava, e para complicar ainda mais ele poderia estar jazendo muitos metros abaixo da terra que foi se acumulando durante séculos. Segundo uma das lendas do comércio de diamantes, uma geóloga que estava em busca dos sonhos de Sobolev, nas regiões gélidas e desoladas da Sibéria, um dia resolveu caçar para ver se podia encontrar alguma comida mais apetitosa para seus companheiros.

Seus olhos captaram um movimento a distância – uma raposa vermelha sumindo no meio dos arbustos. Ela empunhou a espingarda, encontrou a raposa na mira telescópica e para sua sorte não disparou imediatamente, porque a pele da raposa estava coberta de manchas azuis: nada menos do que a mesma cor do minério de um depósito de diamantes. Ela perseguiu a raposa até a toca, pela qual, descendo, levaria ao que seria a primeira grande descoberta dos diamantes russos: a mina Mir ou a mina da Paz.

Nos últimos quarenta anos os russos se tornaram um dos mais importantes países do mundo em diamantes, com novos condutos espalhados na vastidão interior do norte congelado. Nessa região hoje existem cidades inteiras de mineradores vivendo em plataformas suspensas acima do solo congelado, num incrível sistema de pilares afundados no solo. Com um sistema de ar condicionado que continuamente joga ar congelado no espaço vazio entre essas cidades e a tundra, para impedir que o gelo se derreta e a cidade afunde num lodaçal semicongelado.

Quando as primeiras pedras russas começaram a entrar no mercado, uma onda de medo tomou conta dos diamanteiros no mundo todo. Como estudei russo em Princeton, ajudei em algumas das pesquisas feitas pelo pessoal da Divisão Industrial DeBeers, perto de Londres, para me manter atualizado sobre o que os russos estariam planejando. Eu tinha uma fome insaciável de conhecer tudo sobre diamantes desde minha experiência em 1975, e queria saber tudo sobre esse negócio; ofereci-me como voluntário, traduzindo uma série de artigos sobre diamantes para vários jornais científicos.

Estávamos muito preocupados porque já sabíamos que os russos tinham descoberto um meio de produzir diamantes em laboratório. Algum tempo antes, cientistas da General Electric dos Estados Unidos tinham descoberto um modo de utilizar enormes e estranhos pistões para manter, por um longo período, minúsculos pedaços de grafita (lápis carbono) sob alta pressão e simultaneamente aquecer essa mistura de maneira semelhante ao processo que acontece debaixo da terra, quando os diamantes são formados nos condutos.

Felizmente, a quantidade de eletricidade necessária para manter esse processo todo funcionando, só para fazer um quilate de diamante bruto, era a mesma que a quantidade de influxo elétrico necessário para manter uma cidade pequena iluminada por horas; era muito mais caro fazer uma pedra dessa maneira do que tentar arrancar uma tonelada de solo azul; o senso comum falou mais alto, pois nunca se pagaria o custo de fazer pedras caseiras. O comércio de diamantes estava a salvo da ameaça do falso perfeito: um diamante sintético, gerado em laboratório, era tão puro e tão bonito quanto o verdadeiro.

Talvez os russos tivessem, no entanto, descoberto um jeito barato de fazer a produção de diamantes sintéticos – pois era a única maneira de explicar a repentina aparição de grandes quantidades de material bruto da Sibéria, levando em conta a mineração de diamantes: segundo o conhecimento tecnológico que possuíamos, uma imensa quantidade de água era necessária para se processar o diamante bruto – para desprendê-lo do solo azul. Tradicionalmente, isso tinha de ser feito prensando o minério até virarem pedras de determinado tamanho, usando engrenagens gigantes (fazendo, aliás, com que ocasionalmente imensos diamantes se quebrassem em pedras menores).

O minério mais fino era então misturado com água e despejado numa mistura sobre uma mesa coberta com uma pasta de óleo semelhante à graxa. Os diamantes, como já foi dito, têm uma estrutura atômica perfeita e uma tendência a aderir a uma superfície oleosa como nenhum outro mineral. A pasta fluida de água e minério de diamante era jogada na graxa fazendo os diamantes se grudar, e o restante era derramado para fora. A graxa era, então, raspada para fora da mesa, introduzida num imenso contêiner e aquecida até virar líquido, fazendo os diamantes brutos se juntar no fundo.

Mas sabíamos que era impossível juntar e armazenar essa quantidade de água em lugares limítrofes do Círculo Polar – pois esta ficaria imediatamente congelada assim que tivesse contato com o ar. Informações detalhadas sobre a indústria da União Soviética daqueles dias – especialmente porque os diamantes eram essenciais para a produção de carros, aviões, mísseis e tanques – eram consideradas segredo de Estado, e pessoas que revelassem essa informação poderiam ser condenadas à morte.

Não tínhamos como saber se realmente havia minas naturais nos condutos sob o gelo siberiano e se os russos tinham desenvolvido um modo inteligente de separar os diamantes do minério. Quando expostos aos raios X, a maioria dos diamantes emana um tênue brilho: eles têm uma fluorescência, e em alguns é tão forte que a luz do sol é suficiente para fazê-los brilhar (dando margem para incrementar o mito do diamante "azul-branco"). O minério prensado era espalhado numa mesa toda feita de pequenos buracos, cada um deles tendo embaixo um potente jato de ar. As ondas de raios X eram, então, passadas sobre o minério, e os sensores indicavam as pedras que brilhavam. Este disparava o jato de ar que empurrava com precisão a pedra para um tanque especial com uma bandeja de vidro no fundo recebendo os diamantes. Evidentemente, havia uma trava *muito boa* para segurar a bandeja, e um guarda sentado do lado para proteger as preciosidades.

Os diamanteiros, sem conhecimento do que estava acontecendo, temiam que os russos tivessem encontrado um modo de fazer com que grandes quantidades de diamantes fabricados pelo homem virassem realidade. Sabíamos que, se isso acontecesse, provocaria o colapso do que chamamos no comércio de diamantes de *overhang*. O *overhang* é uma expressão usada para descrever o total de diamantes polidos que foram acumulados no mundo, especialmente nos últimos 60 anos, quando a classe média dos países desenvolvidos começou a ter dinheiro suficiente para comprar um anel de brilhante como símbolo de noivado – com a descoberta de novos e viáveis condutos no mundo inteiro, que assegurou um aumento do fornecimento de diamantes para acompanhar o crescimento da classe média.

Uma vez que o diamante é retirado do solo azul e transformado num brilhante com 58 resplandecentes lados, seu lugar na genealogia familiar está assegurado. Ninguém se desfaz de um diamante, ele é passado de uma geração para outra com amor e cuidado. As pedras podem ser reformadas em diferentes anéis ou pingentes ou até mesmo em outras peças, de acordo com as tendências da moda, e então passadas para filhas e netas. Por serem uma das coisas mais resistentes do universo, os diamantes duram para sempre. Os tibetanos, com sua costumeira sabedoria, sempre dizem que o diamante é o tipo da coisa que mais cedo ou mais tarde será sempre forçado a procurar um novo dono, depois que o antigo morre. Ao que tudo indica, os diamantes, ao contrário de nós, são eternos.

As joias antigas de diamantes que são comuns (ao contrário das poderosas irmãs industrializadas) não têm valor algum. Para dizer a verdade, existem milhares de contas de vidro tão bonitas quanto, ou até mais, e os diamantes só valem o que as pessoas estão dispostas a pagar por eles. O valor desse imenso acúmulo de diamantes nesse momento nas mãos do público – que nós chamamos de *overhang* – é apenas uma percepção do valor, da confiança do consumidor na continuidade do diamante como joia rara.

Se os russos tivessem desenvolvido um sintético realmente barato – um diamante verdadeiro feito em laboratório –, significaria o fim do *overhang*: uma avalanche de diamantes acumulados no mundo inteiro iria direto das festas para o mercado de joias; assim que o pânico tomasse conta, a tentativa de ganhar alguns dólares com o anel da vovó seria mesmo "arroz de festa" e isso significa, um pesadelo para o negociante de diamantes – um pesadelo que felizmente nunca aconteceu.

Isso nos traz de volta à questão dos mercados um assunto especialmente delicado no mundo dos negócios de diamantes. Uma empresa como a Andin põe à venda milhares de modelos de joias num determinado momento. Cada modelo usa diferentes combinações de diamantes; digamos, um quilate no meio de uma pulseira de brilhantes com um quarto de quilate de um lado com pedras menores espalhadas em volta para completar o mínimo legal para uma peça acabada de dois quilates.

Nunca se sabe que tipo de pedido entrará de empresas como a J. C. Penney ou Macy's, dois de nossos clientes especiais. Alguém da Penney pode de repente fazer um pedido de pulseira exatamente como a descrita antes, e exigir que esteja *nas lojas* em 15 dias. Os compradores da divisão de diamantes da companhia iniciam então um delicado jogo de pôquer, semelhante ao jogo "racha" (*playing chicken*), muito conhecido na minha cidade natal quando eu era adolescente. Dois jovens bem loucos, cada um num carro, dirigiam em alta velocidade, um em direção do outro, até que um deles tivesse de cair fora (*chickens out*), desviando.

Temos de dar a impressão de não precisar de nenhuma pedra ou de que pelo menos não precisamos de muitas, pois assim o preço não fica um absurdo. O mercado tem de segurar a mercadoria até ficarmos desesperados e pagarmos o preço do dia para comprá-la. Mas, se uma das partes espera demais, é o fim do jogo: o diamante volta a valer pouco, ou porque já temos o suficiente para o pedido ou porque a pedra fica muito cara para comprar.

Hoje em dia, uma empresa de diamantes precisa oferecer aos seus clientes uma grande variedade de joias, sendo impossível manter um inventário com todos os diamantes de que você talvez um dia precise. Ontem na empresa não precisávamos de nenhuma pedra do tamanho e da qualidade que o bracelete exigia; hoje, de repente, precisamos de mais de 20 mil delas.

É impossível encontrar uma quantidade dessas pedras num único mercado. Por isso temos imediatamente de pedir aos nossos representantes no mundo inteiro que comecem na surdina a coletar grandes partidas dessas pedras sem fazer muito alarde, antes que os rumores do que precisamos cheguem aos ouvidos de todo o mundo. Se os rumores chegam, o "valor" pode saltar – e, como temos um preço fixo já combinado com a cadeia J. C. Penney, não há como aumentar o preço.

Esse caso é um exemplo excelente do poder do potencial oculto e das marcas mentais. Vi isso acontecer milhares de vezes e, acredite, é verdade. Um comprador de Nova York, chamado Kishan, tem uma "intuição" de onde encontrar as pedras; entre milhares de negociantes de diamante na cidade, sempre liga para o negociante certo.

Por coincidência, esse escritório não só acaba de receber uma remessa grande dessas pedras da sucursal de Hong Kong como também o tio, em Antuérpia, tem de fazer um grande pagamento para a DeBeers, referente a uma compra de diamantes brutos que será realizada em Londres na próxima semana. Também outra joalheria na rua 49 acabou de ligar dizendo que está com o caixa baixo porque ainda não recebeu um pagamento de determinada cadeia de lojas, "é claro, você pode ter essas pedras ainda esta tarde e por um bom preço."

Outro comprador, em outra cidade ou continente – nosso amigo Dhiru em Bombaim –, dá alguns telefonemas. No começo não há grandes quantidades da mercadoria disponíveis no mercado, mas pouco a pouco pequenas remessas começam a ser entregues vindas de negociantes de toda a cidade. Trabalhando bastante e enfrentando negociações bem difíceis, logo ele consegue comprar o suficiente para cumprir com a sua parte. No entanto, o escritório central em Nova York já tendo gasto a maioria do caixa nas pedras que foram fáceis de comprar na cidade, não terá dinheiro para pagá-lo logo. Por isso, além de todo o trabalho que teve, nosso comprador em Bombaim deverá esperar algum tempo para receber.

Um terceiro comprador, digamos Yoram, de Tel Aviv, começa com algumas ligações para seus fornecedores. Mas a diferença de horários no mundo significa que as sucursais de Nova York já alertaram seus companheiros israelenses de que a Andin está à procura de determinadas pedras; de repente o preço ficou bem alto e, quanto mais chamadas ele faz, mais desesperado se mostra para os negociantes – que elevam os preços ainda mais, pois percebem que o comprador em questão tem um pedido com entrega de curto prazo: eles sabem que mais cedo ou mais tarde ele terá de ceder e pagar o que for para conseguir a mercadoria a tempo.

O terceiro comprador vai conseguir as pedras mais tarde – e as mais caras. É óbvio que não precisamos nem mencionar o que vai acontecer com a bonificação anual dele quando o comprador da loja J. C. Penney telefonar para o dono, Ofer, na casa deste, durante o fim de semana, para perguntar por que as joias não estão ainda na loja, uma vez que a campanha publicitária já está nas ruas.

As questões importantes para se perguntar aqui são: Qual é o fator responsável pelas diferenças nesses três mercados? Por que o escritório de Nova York conseguiu as mercadorias tão facilmente? O comprador tinha mais experiência? Ele usou alguma estratégia especial? Havia mais pedras do tamanho necessário no mercado de Nova York? Foi apenas sorte? O que o potencial oculto e as marcas mentais dizem é: de jeito nenhum.

O mercado de uma mercadoria qualquer, em qualquer cidade e em qualquer dia, é apenas um exemplo a mais de como as coisas não são boas ou ruins em si mesmas. Se fossem, todos os negociantes e compradores da cidade, naquele mesmo dia, estariam tendo o mesmo dia fácil ou ruim para movimentar as mercadorias. Mas você sabe que as coisas não acontecem assim. Alguns negociantes dirão que o dia não foi "ruim" (isso segundo o código no comércio de diamantes quer dizer que o dia foi *excelente*, pois ninguém quer dar a impressão de estar indo muito bem, com medo de que todo o mundo acabe aumentando os preços para você na semana seguinte). Alguns comerciantes vão dizer que foi o pior dia do ano, quando na verdade não foi, e os negócios estão indo muito bem.

Portanto, o mercado é "neutro" ou – em termos budistas – vazio. Não é nem bom nem ruim em si mesmo, e só é ruim ou bom na percepção de um dado negociante de diamante, num dado momento. O fato de o mercado ser bom ou cruel para nós parece ser – no final do dia ou no final de uma extensa carreira de negócios em todo tipo de mercado – quase que um acaso. A verdade, no entanto, é que o mercado parecerá bom, *e o mercado será de fato bom*, somente para o negociante que tiver a correta marca mental na sua mente consciente num dado momento.

Dois diferentes negociantes podem estar procurando os mesmos diamantes, das mesmas companhias, no mesmo mercado, no mesmo dia, e terem resultados totalmente diferentes. Não que existam dois mundos e mercados diferentes no mesmo momento, num mesmo dia. Na verdade, os dois negociantes estão sendo forçados, cada um deles com a respectiva marca na sua própria mente, a ver o mercado de duas maneiras radicalmente diferentes. E ambas as maneiras são reais. Um negociante conseguirá as pedras necessárias para cumprir o pedido, e o outro não.

Esse fato nos leva ao ponto crucial deste livro: como usar esse fato para ter sucesso na vida e nos negócios? A resposta é óbvia. Temos apenas de descobrir qual marca devemos plantar em nossas mentes para ver, mais tarde, o mercado como o queremos ver, isto é, como um mercado lucrativo. Isso depende basicamente de manter um certo estado mental, manter um certo padrão de comportamento e saber como evocar o poder do que chamamos "ato de verdade".

CAPÍTULO 7

As correlações ou problemas comuns nos negócios e suas soluções

No final do capítulo anterior falamos sobre a "vacuidade" do mercado. No exemplo que demos, três negociantes procuraram no mercado uma grande quantidade de diamantes de um determinado tamanho e qualidade. Um deles teve uma "intuição", fez alguns telefonemas, foi bem-sucedido e conseguiu facilmente o que precisava. O segundo negociante precisou se esforçar mais, passou mais tempo ao telefone, mas no final também acabou conseguindo a quantidade de que precisava. O terceiro fracassou totalmente, não conseguindo mercadoria alguma. Nesse exemplo, os negociantes estavam em cidades diferentes, mas isso não importa muito, poderiam até estar na mesma que não faria a menor diferença.

Segundo a antiga sabedoria tibetana, as "impressões" ou "intuições" que guiam pessoas bem-sucedidas no mar das negociações e dos mercados estão diretamente relacionadas com as marcas mentais – mostrando assim como uma pessoa age quando uma marca mental emerge no seu consciente. Para certas pessoas, a solução dos problemas ocorre rapidamente em suas mentes, sem a menor hesitação ou dúvida.

Essas pessoas são chamadas de "brilhantes", "perspicazes" ou "pessoas com um toque mágico", e certamente não há nada melhor que ser uma delas – uma pessoa com sorte em qualquer tipo de mercado ou um jogador de futebol que constantemente marca gols e sempre diz que a bola parece ter uma força magnética quando ele chuta para o gol. Porém nada é mais frustrante do que *ter sido* uma pessoa com a intuição certa e não ser mais – seria melhor nunca ter sido. Por isso, o melhor é saber como ter essa intuição regularmente.

Voltemos para *O lapidador de diamantes* para nos inspirarmos sobre o assunto da intuição:

> **Suponha, Ó Subhuti, que uma determinada pessoa tenha, mesmo que só por um momento, a inspiração e fé nas palavras que este antigo livro ensina. O Que Se Foi, Ó Subhuti, conhece uma pessoa como esta. O Que Se Foi, Ó Subhuti, vê uma pessoa como esta. Esta pessoa, Ó Subhuti, criou, e ela seguramente juntou para si própria uma montanha de bondade além de qualquer medida.**

De onde vêm os instintos? No último capítulo mencionamos as "correlações", isto é, tipos de ações ou pensamentos que "correlacionam" ou conduzem a determinadas marcas, que criarão os resultados que procuramos nos negócios e na vida. Vamos, então, conhecer essas ações, para realmente compreender o processo inteiro – porque se agirmos sabendo como as marcas (e o potencial que está por detrás delas) funcionam, poderemos juntar a energia necessária para fazer os negócios irem do jeito que queremos. As pessoas que conhecem esse processo frequentemente chamam atenção, fazendo o seu sucesso aumentar ainda mais.

Talvez as palavras mais famosas que um sábio budista usou para essas correlações foram as do mestre indiano Nagarjuna, há mais de 1.800 anos. Os versos de seu poema *String of Precious Jewels* (*Corrente de Pedras Preciosas*) mostram quais são as melhores marcas que podemos plantar em nossas mentes:

Eu lhe falarei brevemente sobre as belas qualidades
Daqueles no caminho da compaixão:
Doar, ética, paciência e esforço,
Concentração, sabedoria, compaixão.

Doar é dar para outros o que você tem,
Ética é fazer o bem para outros.
Paciência é desistir da raiva,
E esforço é a alegria que aumenta o bem.

Concentração num ponto fixo, liberdade de pensamentos ruins,
E sabedoria decidem o que realmente a verdade é.
Compaixão é uma espécie de suprema inteligência
Misturada profundamente ao amor por todos os seres viventes.

O próximo verso fala sobre as próprias correlações

O doar traz riqueza, o mundo bom vem com a ética;
Paciência traz beleza, excelência vem com esforço
Concentração traz paz, da sabedoria vem liberdade;
Compaixão realiza tudo o que desejamos.

Vamos mostrar também o último verso, que descreve o resultado último do cultivar marcas:

A pessoa que toma para si todos estes sete
E os aperfeiçoa, alcança
Aquele lugar de conhecimento inconcebível,
Nada menos que o de protetor do mundo.

Estes versos são talvez a mais famosa lista condensada das correlações entre ações específicas, suas marcas e o que elas nos fazem ver (existem inúmeras discussões sobre centenas de marcas e seus respectivos resultados que podem ser encontradas em muitas outras fontes). Podemos resumi-las assim:

1) Para se ver bem nos negócios, é preciso plantar marcas no seu subconsciente que nascem de uma mente generosa.
2) Para se ver num mundo que geralmente é feliz, é preciso plantar marcas no seu subconsciente, que nascem de ações de alto padrão ético.

3) Para você se ver fisicamente saudável e atraente, deve plantar marcas no seu subconsciente, que nascem quando você age sem raiva.
4) Para você se ver um líder em sua vida pessoal e nos negócios, deve plantar marcas no seu subconsciente que nascem quando age de maneira construtiva e colaboradora.
5) Para conseguir ter uma mente estável com capacidade de concentração, deve plantar marcas no seu subconsciente, meditando e desenvolvendo um estado de concentração profundo.
6) Para se libertar de um mundo que não segueda maneira desejada, plante marcas no seu subconsciente cultivando compaixão pelos outros.
7) Para se ver com tudo aquilo que sempre desejou e ver os outros terem tudo o que sempre desejaram plante marcas em seu subconsciente cultivando compaixão pelos outros.

Sei que agora deve estar pensando em como aplicar esse comportamento tão nobre na vida real. Por esta razão, descreverei uma cena cotidiana para você ter uma ideia de como esses princípios e marcas controlam nossa vida.

No entanto, antes de descrever a cena, gostaria de ressaltar que pratiquei por muitos anos, Andin International, os princípios que até aqui descrevi. Durante todo esse tempo, a intenção de plantar na minha mente as marcas que me fariam ver êxito à minha volta esteve presente em tudo o que fiz.

Estou entrando no novo prédio, na zona oeste de Manhattan, que tem belos blocos de granito na fachada da frente e portas de vidro cristalino que dão para o saguão de entrada. Ao abrir a porta sinto uma rajada de vento frio que vem do rio Hudson. John Vaccaro, da guarita de segurança, acena cordialmente. É uma pessoa dura que no passado foi guarda de segurança do metrô, e que hoje é conhecido pela maneira confiante com que carrega partidas de diamantes de um prédio para outro, muitas vezes sob os olhares suspeitos dos traficantes colombianos que ficam na 47 à espera de que uma pessoa com diamantes se descuide e fique sem defesa.

Cada um desses objetos e pessoas dessa cena que acabei de descrever tem o mesmo potencial oculto, cada um tem um fluido que pode ser negativo ou positivo. Acontece que gosto dos blocos de granito do prédio: eles brilham na luz da manhã refletida do rio, dando ao edifício um certo ar de respeitabilidade. No entanto, para o limpador de janelas que está no nono andar no andaime, o mesmo granito representa um perigo de vida; ele provavelmente preferiria que a parede externa fosse de tijolo comum.

A maneira como vejo o granito é o resultado de uma boa marca que inseri em minha mente – então, que espécie de marca é essa? Aqui deparamos com algo muito importante – as correlações entre as marcas e as pessoas estão além do entendimento dos indivíduos comuns. Essas correlações são encontradas em antigos livros que foram escritos muito tempo atrás por grandes mestres de meditação. A marca desse determinado aspecto, a maciez do granito, transmite para alguns uma sensação de maciez.

Agora, o limpador de janelas vê o mesmo granito como algo perigoso, e essa marca decorre compreensivelmente de uma falta de respeito pela vida que ele teve no passado. Para os ocidentais, que não estão acostumados com essa maneira de pensar, em decorrência de seus próprios mitos e preconceitos, essa explicação pode parecer um mito. No entanto esse foi o argumento que Jesus Cristo, em nossa tradição cultural, usou para estabelecer um princípio ético quando afirmou que um ato antiético jamais traria um bom resultado, usando a parábola que dizia que uma fruta doce não pode brotar das sementes dos espinhos e das urtigas.

Os escritos budistas explicam a dinâmica que está por detrás dessa verdade, isto é, a lei que governa as marcas e o modo como elas nos fazem ver objetos que na verdade são "vazios" ou neutros (como o exemplo do bloco de granito). Resumindo, esse brilhante e eficaz método faz as coisas acontecer do modo que queremos – o extraordinário êxito da nossa Divisão de Diamantes da Andin International é prova eloquente dessa verdade. Como o próprio Buddha disse, você pode testar esse método por algum tempo para ver se funciona. O pior que pode acontecer é ter de ser generoso e gentil com os outros por algum tempo.

Quando dissemos que o limpador de janelas não respeitou a vida e por isso viu o granito como algo potencialmente perigoso, não queríamos dizer que ele deve ter plantado essa marca num único e terrível ato em que a ameaça de uma vida esteve presente. Como mencionamos anteriormente, todas as marcas crescem exponencialmente durante o tempo de sua permanência no subconsciente. Assim, o que faz um negócio falir – um problema de liquidez ou o vazamento de informações para os competidores feito por funcionários – *é geralmente o efeito acumulado de muitas ações e pensamentos negativos*, como pequenas mentiras ou pequenos surtos de emoções negativas como a avareza, que começaram como marcas muito inofensivas, mas que cresceram e se entrelaçaram como uma grande árvore de carvalho: essa é a verdadeira causa de o negócio não dar certo.

É extremamente importante, além disso, saber que não estamos falando em um determinado tipo de fenômeno social ou psicológico segundo o qual "os outros vão mentir para você se você mentir para eles" ou "se você for mesquinho com os outros, os outros acabarão sendo mesquinhos com você". Isso é o que chamamos de correlação "aparente" entre uma ação e um resultado, que não tem nada que ver com a proposta deste livro.

O fato de uma pessoa mentir para você não está relacionado diretamente com o fato de você ter mentido para ela: esse tipo de relação não existe. Esse fato só pode ser explicado *por meio de um processo* em que primeiramente as marcas são plantadas na sua mente e posteriormente brotam – o fato de você *ver* uma determinada pessoa mentindo para você é resultado de uma marca que plantou no passado em sua mente e que *o faz ver* agora uma pessoa mentindo para você. Não existe a situação de se encontrar uma pessoa e de repente ela começar, sem mais nem menos, a mentir para você. *Ninguém jamais* lhe mentirá sem que você tenha, inconsciente ou incontrolavelmente, plantado uma marca na sua própria mente ao ter mentido num determinado momento. Isso não quer dizer que são os seus atos que vão determinar como as coisas lhe parecem. Na verdade, *as coisas em si mesmas* estão sendo produzidas pelas suas marcas – o mundo à sua volta, as pessoas à sua volta, e até a forma como você próprio se vê são criações de suas ações, palavras e pensamentos – ações essas boas ou ruins, que foram direcionadas aos outros.

Tenha isso sempre em mente quando ler a lista de correlações típicas no mundo dos negócios. Isso não é um conto de fadas que a professora da primeira série contou para você – "pise num bichinho e algum dia você vai ser o bichinho pisado". O que estou falando são verdades cognitivas bem fundamentadas em experiências verdadeiras e na sabedoria que pessoas respeitadas testaram e usaram de maneira bem-sucedida nos últimos 2.500 anos. Resumindo, essas verdades funcionam – e não falham.

Segundo homens sábios do Tibete, se essas leis não derem certo com você, será porque não as seguiu corretamente, e pessoalmente acho que, se for honesto o bastante consigo mesmo, achará isso também. Para você ter o sucesso de que estamos falando, essas leis precisam ser aplicadas durante um bom tempo – sendo honesto consigo mesmo e entendendo muito bem os princípios de que falamos antes. Testá-los por um curto espaço de tempo e depois desistir é como parar, depois de três dias, com uma determinada série de exercícios, só porque seus músculos ainda não enrigeceram.

Para esses princípios começarem a surtir o efeito que você espera nos negócios ou na vida pessoal, eles precisam ser seguidos com a mesma intensidade e perseverança que um bom pianista ou um competente jogador de golfe tem, o que não é nada fácil. Só assim funcionarão, e, se você não quer se esforçar como o livro pede, pode deixá-lo de lado agora mesmo. Essas correlações, aliás, vêm diretamente de dois importantíssimos livros de sabedoria escritos na Ásia: *The Great Book on the Steps of the Path* (*O venerável livro sobre os passos do caminho*), do mestre tibetano Tsongkhapa o Grande (1357-1419), e *The Crown of Knives* (*A coroa de facas*), do sábio indiano Dharma Rakshita (por volta do ano 1000 d.C.).

*Os típicos problemas de negócios e
suas verdadeiras soluções de acordo com a
sabedoria de* O lapidador de diamantes

Problema 1: A empresa não tem estabilidade financeira, está sempre em desequilíbrio.
Solução: Seja mais receptivo à ideia de dividir seus lucros com aqueles que o ajudaram e não ganhe dinheiro com ações desonestas. Lembre-se de que a *quantidade* não é o que determina a força da marca, e sim *a vontade* de dividir, mesmo que não seja muito.

Problema 2: Os investimentos de capital, como máquinas para fabricação, computadores ou veículos, tornam-se rapidamente obsoletos ou não funcionam bem.
Solução: Pare de invejar os negócios de outros empresários, concentre-se no seu próprio negócio, procurando fazê-lo de maneira inovadora, criativa e divertida de trabalhar, e pare de ficar infeliz com o êxito alheio.

Problema 3: Sua situação não está boa na empresa, você parece estar perdendo autoridade.
Solução: Não trate ninguém com arrogância, procure se relacionar com seus funcionários no nível deles; sente-se e converse com sua equipe, ouvindo o que cada um tem a dizer.

Problema 4: Você é incapaz de aproveitar o dinheiro e tudo aquilo em que tanto trabalhou para conseguir.
Solução: Não tenha inveja do resultado do esforço dos outros, pare de se comparar com as outras pessoas e alegre-se com o que tem: seja você mesmo e aprecie o que tem.

Problema 5: Não importa se o seu negócio é bom ou interessante: você sempre acha que não é suficiente. Você é dominado constantemente por um sentimento de insatisfação.
Solução: A mesma que a anterior.

Problema 6: Os funcionários e a gerência estão sempre brigando.

Solução: Tenha bastante cuidado para não se envolver em conversas com a intenção implícita ou explícita de afastar ou separar pessoas. Muitas vezes o assunto de uma conversa pode ter fundamento, mas evite comentários que sabidamente afastarão ainda mais as pessoas envolvidas, como, por exemplo: "Você ouviu o que ele falou de você?" ou "Sabe o que ela achou do seu projeto?". É bem conhecido esse tipo de conversa.

Aliás, lembre-se de que não estamos falando de uma marca que foi feita na semana passada ou no mês passado: estamos falando de uma que provavelmente é muita antiga e que seguramente foi crescendo durante o tempo que ficou no subconsciente. *Talvez você não esteja mais tendo esse tipo de comportamento responsável pelas marcas que o estão atrapalhando agora.* Mas não importa, a solução é a mesma. Precisa evitar a repetição desse tipo de comportamento, mesmo que ele seja pequeno. *Principalmente* você, que sofre *desse tipo de problema*, precisa mais do que ninguém ter cuidado para não entrar em conversas dessa natureza.

Você reparou que a solução desse problema *tem muito pouco que ver* com o tentar fazer as pessoas ficarem de bem? Este é um ponto fundamental para entender a maneira de abordar o problema: o fato de pessoas estarem brigando na sua presença é algo a experimentar como consequência de uma marca plantada na mente. Você melhora a sua vida, o seu negócio, e o universo à sua volta melhorará a si mesmo.

Problema 7: Você tem uma tendência a ter problemas com sócios, e isso acontece repetidas vezes, mesmo que os sócios mudem.

Solução: A mesma que a anterior.

Problema 8: Você sempre acaba duvidando das suas decisões, e a sua incapacidade de tomar decisões firmes nos negócios está aumentando.

Solução: Esse problema tem duas causas completamente diferentes: uma é não cuidar dos empregados e da gerência, e a outra é se apresentar para os clientes e fornecedores de maneira falsa. É muito difícil no mundo de hoje, cheio de fumaça e espelhos, evitar esse comportamento, mas se você for capaz de se apresentar de maneira autêntica – isto é, se for capaz de manter um alto nível de integridade – sua mente e decisões nos negócios ficarão mais rápidas, decididas e eficientes.

Lembre-se de que *não* é uma questão de os clientes aos poucos descobrirem que você é uma pessoa muito franca e assim passarem no futuro a acreditar em você. *A marca de ser uma pessoa franca*, ao emergir no seu consciente, cria uma realidade à sua volta em que as pessoas são honestas, você toma decisões rápidas e objetivas, e o dinheiro flui facilmente.

Algumas pessoas pensam que esse tipo de realidade não é tão "real" quanto a "antiga" realidade, mas na verdade essa é a verdadeira maneira de como as coisas funcionam. O carro que o atropelou na rua foi resultado de uma marca antiga que você plantou ao ferir alguém no passado e que surgiu em sua mente no momento do atropelamento, e marca ou não marca, acabou quebrando sua perna do mesmo jeito. Acostume-se com essa ideia. É assim que as coisas acontecem, e você tem de aprender a lidar com isso.

Problema 9: Você deseja comprar outra empresa e encontrou a possibilidade de um negócio garantido que precisa de certa quantia à vista e está tendo dificuldade em levantá-la.

Solução: Bem simples. Pare de ser pão duro no seu negócio e na vida pessoal. Comece a dar para os outros, faça questão de que as duas partes saiam ganhando no negócio. Repetindo, não é a quantidade de dinheiro envolvida que importa e sim ter – durante o dia inteiro – uma atitude realmente generosa e criativa, deixando a mente fluir livremente com o desejo de que todos prosperem. Benjamin Franklin foi o estadista, cientista e empreendedor mais importante da história americana – sua resposta à competição foi convidar todos os concorrentes a se unir e criar uma sociedade chamada Câmara de Comércio, dedicada a encontrar soluções conjuntas para *expandir os mercados*, e assim fazer com que todos os envolvidos enriquecessem.

Aliás, esse tipo de *pensamento* por si só cria marcas muito fortes nas pessoas envolvidas. Um grupo de homens de negócios pode, ao cooperar entre si, criar marcas em suas mentes que os farão ver uma realidade em comum – neste caso, a expansão do mercado. *Não* queremos com isso dizer que as marcas mentais possam ser compartilhadas ou transferidas de uma pessoa para outra, porque não podem. Mas um grupo de pessoas agindo conjuntamente de maneira generosa pode criar marcas que brotarão como experiência compartilhada, por exemplo, uma empresa bem-sucedida ou uma nação próspera. Isso explica por que alguns países são mais prósperos que outros – mas isso está muito além do que queremos discutir aqui. De qualquer forma, se você pensar um pouco sobre esse princípio, entenderá muito mais sobre a riqueza em escala mundial.

Problema 10: Fatores externos, geralmente considerados "a vontade de Deus", como mau tempo, problemas de infraestrutura ou falta de energia, estão prejudicando meus negócios.

Solução: Faça questão de cumprir suas promessas, especialmente se você se comprometeu a manter certos princípios na vida pessoal e nos negócios. Nossa mente não aceita a noção de que fatores externos, como condições meteorológicas ou trânsito na cidade, podem ser resultados diretos da nossa maneira de nos comportar, e segundo a antiga sabedoria esses tipos de fatores externos surgem exatamente em consequência do nosso comportamento. Lembre-se de que esses acontecimentos são "vazios" ou "neutros". Algumas pessoas chegarão facilmente à cidade ao optar por um caminho alternativo; outras, durante períodos de muita chuva ou neve, farão muito dinheiro, em especial os proprietários de estação de esqui ou fabricantes de guarda-chuvas.

O fato de um determinado acontecimento ter uma impressão positiva ou negativa nada *tem* a ver com o acontecimento em si mesmo, e se você pensar um pouco saberá que ela está vindo da sua própria percepção. Além do mais, essa percepção não vem do nada. Ela está sendo forçada em consequência de um padrão de comportamento seu no passado. E o conteúdo desse comportamento no passado (traição dos seus princípios) é semelhante aos resultados externos que produz (condições de instabilidade do tempo ou infraestrutura pouco confiável).

Problema 11: Você se sente incapaz de se concentrar quando tem de enfrentar situações ou decisões que são um desafio.

Solução: Dê-se um momento diário de concentração e paz, deixando sua mente refletir sobre questões importantes da sua vida. Você estaria fazendo o que está fazendo agora se soubesse que morreria esta noite? Quais são as suas prioridades? Você tem dúvida com relação à maneira como está vivendo, mas não quer pensar nisso, e o melhor modo de fugir do assunto é se atirar no trabalho e nos grandes negócios?

Crie um certo distanciamento, olhe para sua vida e veja o que existe de importante nela. A marca mental plantada no seu consciente, por passar diariamente um tempo dessa maneira, vai lhe dar uma habilidade para a concentração. Isso nos leva a um ponto importante: as antigas marcas ao brotar na mente criam não só os acontecimentos externos e as pessoas à sua volta como também *a própria condição da sua mente e dos seus pensamentos.*

Problema 12: Você tem dificuldade de entender grandes conceitos de negócios, padrões de mercados ou a dinâmica dos sistemas ou dos processos de produção.

Solução: Reconheça as deficiências da sua própria opinião do porquê dos grandes acontecimentos no mundo. Sejamos sinceros: existem apenas três explicações básicas para tudo o que acontece no mundo, como o aquecimento global, as guerras ou os fatos da vida e da morte – e a razão de estarmos aqui e pela qual as coisas ocorrem de determinada maneira.

Você não pode ignorar a questão por que as coisas acontecem no mundo da maneira como acontecem e esperar entender por que seu negócio funciona da maneira como funciona. Dizer que isso é uma questão de orientação religiosa ou qualquer coisa do tipo é o mesmo que tentar explicar a explosão da bomba atômica pelo fato de você ser da Irlanda ou da Conchinchina.

Explicação 1: As coisas surgem do nada; tudo o que acontece é mero acaso, não existe nenhum sistema ou lógica nas coisas que acontecem. Essa é a explicação científica da criação do universo por uma casualidade. "Tudo o que nasce, nasce de alguma coisa", e o método científico depende da consistência do conceito de causa e efeito, com apenas uma exceção: o início de tudo! Segundo a explicação científica, o início de tudo começou do nada. Você está aqui na Terra porque *há muito, muito tempo* alguma coisa explodiu: alguns elétrons se chocaram com outros formando certos átomos que se uniram em vários tipos de moléculas, e, ao se juntarem de uma tal forma, fizeram um gás girar em volta disso, que posteriormente ficou duro porque outro "sei lá o quê" se chocou com isso, formando a matéria, e uma pequena parte se tornou o Sol, uma pequena bola tornou-se a Terra, e fez-se o mar e uma criatura saiu da água, perdeu algumas perninhas e seus avós surgiram por aí e, bem, tudo foi um mero acaso. Se você estiver rindo, estará rindo de como os fundamentos da nossa cultura explicam a origem do mundo, que por sinal é muito engraçado.

Explicação 2: O mundo à nossa volta e tudo o que existe nele são resultado do esforço consciente de um ser muito poderoso que está além da nossa possibilidade de compreensão. Essa visão não explica de onde veio esse ser (do esforço consciente de algum outro ser?), nem as crueldades inimagináveis que acontecem na vida – como o fato de crianças morrerem em incêndios horríveis nas favelas, de pessoas passarem a vida inteira nesse planeta sofrendo de solidão e ansiedade. Ou o fato de que tudo o que fazemos ou amamos nesta vida são retirados de nós.

Explicação 3: São exatamente os princípios que aqui explicamos. Isto é, nada acontece por acaso, nada é um acidente e não podemos culpar ninguém a não ser nós mesmos pela nossa vida e pelo nosso mundo. Tudo o que nos acontece é causa direta da maneira como tratamos as pessoas, não segundo a vontade ou decisão de uma pessoa de fora, mas em concordância com uma lei moral que é certa e inexorável, como a gravidade. Assim, algumas horas de reflexão, a cada três ou quatro dias, indagando-se de onde o mundo, as pessoas e acontecimentos vêm, o ajudarão a ser capaz de entender amplos sistemas de mercados e processos econômicos, a ser uma pessoa muito bem-sucedida.

Problema 13: Os aluguéis estão muito altos! Você não consegue encontrar um espaço para sua nova sucursal.

Solução: Sempre ajude as pessoas a encontrar um lugar para ficar quando precisam. Pode parecer um pouco simplista demais, mas o fato de você se recusar a hospedar uma tia que veio passar uns dias em sua cidade durante os feriados pode estar relacionado com a dificuldade da sua sucursal, que vale milhões de dólares, encontrar um lugar. Esse fato se encaixa perfeitamente no que estamos aqui explicando. Uma marca bem pequena é colocada no subconsciente, cresce por um tempo e quando surge no consciente fará com que veja a dificuldade de encontrar um lugar. Não considere isso uma bobagem: teste e veja o que acontece! Lembre-se de que estamos falando de um esforço intenso para encontrar lugar para outros que precisam, e, junto com isso, uma revisão intelectual contínua dos princípios mostrados aqui: as marcas são *muito mais* poderosas quando se tem consciência do que está fazendo.

Problema 14: Empresas e pessoas do seu mundo de negócios, que considera respeitáveis e competentes, parecem hesitar em se associar a você.

Solução: Essa marca em particular foi plantada ao escolher mal os sócios. É típico nos negócios a tendência de nos ligarmos com aqueles que podem nos ajudar financeiramente – os que podem nos dar uma segurança financeira ou outros meios que nos interessam, em particular contatos ou experiência –, e sob a pressão da necessidade não damos a atenção necessária a alguns problemas evidentes que os sócios em potencial podem ter, como caráter, honestidade e características semelhantes.

No final, o sócio que não possui integridade sempre causa prejuízos no negócio, enquanto os íntegros acabam fazendo o negócio crescer com grande sucesso financeiro. Fazemos uma distinção entre a negociação dura e honesta e a desonestidade: o presidente da Andin, Ofer, foi um dos mais duros negociadores que já encontrei pela frente. Lembro-me de uma das primeiras gerentes de nossa empresa pedindo que eu fosse no lugar dela falar com Ofer sobre um aumento de salário. Fiquei chocado com a sugestão e perguntei por que ela queria que eu fosse. "Porque ele sempre me dá um aumento pequeno e é tão convincente que, quando deixo sua sala, saio convencida de que me ofereceu na medida certa e não preciso de mais nenhum centavo."

O importante aqui é que, *embora ele negociasse como um leão*, nunca vi Ofer deixar de cumprir um acordo. Acho que isso tem muito a ver com o sucesso da Andin.

Problema 15: A competição é implacável, e sempre parece estar à frente.

Solução: Uma das causas principais desse fenômeno específico é ser muito duro com as pessoas. Os livros antigos têm um modo interessante de explicar o que torna ríspidas suas palavras. Eles dividem as palavras ríspidas em dois tipos: as que são palavras desagradáveis e as que têm a intenção de ser duras. Criticar um empregado na frente dos companheiros obviamente plantará esse tipo de marca; uma afirmação supostamente inocente como "Adorei a apresentação para a Sears" para um vendedor que acabou de retornar do departamento de compras da Sears com o rabo entre as pernas e nenhum pedido também plantará esse tipo de marca. Evite esse tipo de comentários, com perseverança durante um tempo, tendo em mente quantas marcas negativas está evitando plantar em sua mente – então se acalme e deixe a competição deitar e rolar.

Problema 16: Repetidas vezes você está num processo adiantado de negociação com uma pessoa e esta não só volta atrás, como acaba lhe apunhalando pelas costas.

Solução: A marca correspondente a essa situação vem da atitude específica que temos com os outros: quando vemos alguém errar – um companheiro de trabalho que acidentalmente derrama café sobre si mesmo, ou um concorrente que perde milhões de dólares na falência de um cliente –, cultivamos um pequeno e íntimo sentimento de prazer ou satisfação egoísta com o problema da pessoa. Essa característica da mente humana em particular é tão comum que os antigos livros do Tibete colocam no topo da lista dos dez maiores causadores de problemas mentais: parece que temos o "saudável" hábito de gostar da desgraça dos outros! O melhor exemplo disso é a obsessão do público com os problemas de pessoas famosas.

Para se prevenir dessa marca, tente se solidarizar com as pessoas que estão com problemas, mesmo que seja um concorrente. É muito mais divertido ter uma competição saudável com empresas que têm criatividade e bom astral e que jogam limpo – onde os presidentes executivos jantarão fora juntos de vez em quando – do que rir da desgraça de uma pessoa.

Lembre-se do ditado: "Seja bom com as pessoas enquanto estiver por cima porque você pode encontrá-las de novo quando estiver por baixo".

Esse é um conselho, especialmente para os jovens executivos: respeite todo mundo – amigos, gerentes, funcionários subalternos ou o forte concorrente. Vi dezenas de executivos que terminaram trabalhando com pessoas que eles atormentavam enquanto estavam por cima, e não é difícil adivinhar como foram tratados.

Problema 17: Você tem em mente um projeto ambicioso, planeja até o último detalhe, trabalha duro para colocá-lo em prática e de repente todo trabalho vai por água abaixo.

Solução: Esse problema se deve a uma marca muito especial: não compreender como as coisas funcionam. Como se pode ver, não é apenas o fato de não entender os princípios de que falamos que atrapalha você. Toda vez que assume um projeto sem saber ao certo como as coisas funcionam – por exemplo, pensar que, se você trabalhar duro e até altas horas, tudo vai dar certo – plantará uma marca na sua mente para *continuar a não entender como as coisas funcionam*, e continuará a errar.

Não é uma questão de capital – milhões de projetos com capital suficiente não dão certo. O problema não está nas pessoas – muitos projetos com as pessoas certas também dão errado. Não é uma questão de mercado – alguém no mesmo mercado tem um projeto que está dando certo. Não é uma questão de como você trabalha – muitas pessoas não trabalham quase nada e se dão bem, enquanto outras trabalham até tarde e nos fins de semana e não se dão bem. A chave para o sucesso é a condição da mente, uma condição de compreensão dos princípios de que falamos até agora. Projetos que têm como base esses *princípios*, com essa condição de conhecimento, funcionam. E funcionam mesmo! E pensar correto planta marcas que farão brotar de novo no consciente o pensamento correto.

Problema 18: Pessoas à sua volta não se oferecem para ajudar quando você mais precisa.

Solução: Esse é o resultado de sentir um prazer não muito saudável com as dificuldades alheias. O melhor seria ajudar o máximo, seja oferecendo uma aspirina para alguém que se senta próximo de você e está com dor de cabeça, seja contribuindo com ideias às vésperas de uma importante apresentação para um grande cliente. Caso não possa, mantenha uma atenção redobrada à sua mente e diga "não" ao fascínio mórbido pelos problemas dos outros.

Problema 19: Você é incapaz de controlar seu temperamento: briga com os funcionários, fornecedores, clientes, sobre prazos, ao telefone e com tudo o mais.

Solução: Raiva desse tipo é um problema interessante no mundo dos potenciais e das marcas.

É o *resultado* do desejo de que outros tenham problemas – ou pelo menos, não ficar triste ao ver certas pessoas ter problemas. Isso, aliás, é um sentimento muito comum que temos com relação às pessoas das quais não gostamos, e se você pensar um pouco é uma das coisas mais desagradáveis da mente humana. Por que deveríamos desejar problemas para os outros, mesmo àqueles que desejam a nossa desgraça? Os problemas na nossa vida e os problemas em nossos negócios e famílias são um inimigo comum para todos nós. Como aids ou câncer, é um sofrimento que não faz bem a ninguém; é uma praga no nosso mundo. Se queremos realmente ser bem-sucedidos, em alguma coisa ou em tudo, precisamos eliminar toda forma de infelicidade, dentro e fora das nossas mentes – mesmo daqueles que estão competindo conosco na próxima promoção ou no mercado de trabalho.

Problema 20: O mercado e o clima dos negócios está caótico; o mercado tem altos e baixos sem a menor lógica ou sentido.

Solução: Uma vez mais esse tipo de ação é resultado de uma vontade caótica de que outros não sejam vitoriosos. A confusão de mercado no plano global ou local (tanto seu como do concorrente) ou no plano dos relacionamentos pessoais é uma infelicidade para todos os envolvidos – temos de chegar a um padrão de não desejar nada de ruim para ninguém. Uma marca plantada na sua mente com o desejo de que tudo de bom aconteça para todos à sua volta, incluindo os concorrentes, cria um mercado estável – uma economia que cresce de maneira consistente e proporcionando a todos os envolvidos muito mais ganhos do que se imagina.

A implicação dessa maneira de ver a economia é profunda: a noção de que os recursos são limitados e apenas um número restrito de pessoas pode ter riquezas não é verdadeira. Pense nas novas invenções, no aumento de riqueza proporcionado pela invenção do computador, do telefone; pense no vasto potencial de riqueza criado com a rede de computadores pessoais e das empresas, podendo ser a internet ou alguma nova tecnologia que ainda será desenvolvida.

Segundo a lei do potencial e das marcas, essa riqueza é resultado de novas marcas, que emergiram na mente das pessoas envolvidas, surgindo nos seus conscientes e criando uma percepção de novas fontes de riqueza para grandes grupos de pessoas. Recursos limitados para um número grande de pessoas são um evento com causas próprias; se as marcas fossem diferentes, poderiam ter sido recursos que cresceriam na mesma velocidade, ou um pouco mais rápido do que a população. Precisamos ser visionários para poder criar uma imensa riqueza, não nos restringindo a nós mesmos nem ao que já existe.

Problema 21: A corrupção é um problema no seu negócio, nas normas do governo, na maneira como as companhias interagem e na atitude dos funcionários.

Solução: Esse problema tem uma solução bem agradável: *alegre-se conscientemente com o sucesso de todo mundo que está à sua volta* – pequenos sucessos, grandes sucessos, sucessos na sua empresa ou sucessos dos concorrentes. Admire um trabalho benfeito, não interessando quem o esteja fazendo, e não tenha inveja da felicidade alheia. A vida é muito curta: você e seus concorrentes, num piscar de olhos, estarão mortos e esquecidos, e momentos de felicidade são joias raras.

Quando alguém na sua empresa faz um bom trabalho ou é premiado por uma importante contribuição, faça questão de cumprimentá-lo no corredor e aproveite a oportunidade para aumentar a sua própria felicidade compartilhando o sucesso *dele*. É melhor do que invejar aqueles que estão tendo um bom momento na vida, que geralmente é tão raro e que termina tão rápido.

Quando um concorrente teve uma grande ideia, pare para conversar com ele numa feira de comércio ou num jantar da classe empresarial, expressando sinceramente sua admiração e alegria pelo seu sucesso. A marca mental plantada com esse tipo de comportamento surgirá no seu consciente como a próxima grande novidade do mercado. E isso é muito mais gostoso do que ficar infeliz com as coisas boas que acontecem aos outros.

Problema 22: Enquanto sua carreira na empresa progride, você começa a notar alguns problemas de saúde que estão ficando cada vez mais sérios.

Solução: Existe uma solução específica para esse problema que vai deixá-lo muito satisfeito. Comece a ver a empresa com outros olhos: caminhe pelos corredores e dê uma olhada em cada departamento. Tente achar alguma condição que esteja surtindo um efeito negativo na saúde de algum funcionário. A iluminação é boa ou suficiente? As mesas e cadeiras estão colocadas de maneira a proporcionar conforto e saúde às pessoas? Você está honestamente respeitando as normas contra incêndio e de segurança ou apenas pendurando avisos para a fiscalização ver? Você tem se certificado de que seu gerente e funcionários não estão trabalhando além do limite, não só do trabalho extra que você lhes dá, mas também do trabalho extra que eles tendem a se autoimpor? A marca por ter preocupação com a saúde dos outros faz a sua condição de saúde melhorar.

Essa atitude não é uma coisa que mudará sua vida de um dia para outro. Lembre-se do exemplo de aprender piano ou jogar bem golfe. A sua preo-cupação com o bem-estar dos outros na sua empresa tem de se tornar uma coisa natural para você – tem de se tornar uma atitude quase automática como tocar uma peça que você conhece muito bem ou como quando suas mãos deslizam pelas teclas automaticamente – para que você sinta uma mudança no seu estado de saúde.

Problema 23: As estratégias de mercado que costumavam dar certo para você não funcionam mais.

Solução: Se você já está no ramo de negócios por algum tempo, sabe como as coisas são. Você teve uma nova ideia ou desenvolveu um novo produto e começou a fazer dinheiro com isso. O seu grande problema agora é dar conta dos pedidos, treinar novos funcionários, com a empresa crescendo muito. Você está por cima, tudo está dando certo e você não consegue entender como as outras empresas que estão no mercado há muito mais tempo não são tão boas quanto a sua.

Um dia, passados uns dois anos, um cliente importante lhe mostra a sua lista de pedidos para os fornecedores em ordem de importância – e você está em segundo lugar. Sequer reconhece o nome da empresa que está em primeiro lugar. Manda correndo funcionários nas lojas para comprar alguns dos produtos da tal empresa, para ver como o produto do concorrente é feito. Você acha que há como reverter esta situação e pressiona todos da empresa com uma conversa séria sobre o que aconteceu com a Coca-Cola quando deixou a Pepsi conquistar uma fatia do mercado. Manda todos os diretores ir à luta e fazer o que eles sabem fazer de melhor: experiência, saber o que fazer, ir à luta como sempre... e acredita que o negócio dará certo, como sempre deu.

Dias e semanas passam, e pela primeira vez você sente que está dirigindo numa estrada de lama. No começo surge uma onda de sucesso e depois acaba e nada mais acontece, bem diferente do que acostumava acontecer. Pela primeira vez a empresa fica com o moral baixo – as pessoas começam a achar que as coisas mudaram e que, por alguma razão, a antiga magia não funciona mais.

Você começa então a culpar um monte de coisas. O mercado ficou mais competitivo. Ficou difícil criar uma novidade com o produto com que trabalha, como se criava antigamente. As pessoas que realmente sabiam como conseguir que as coisas dessem certo não estão mais na praça, ou as fábricas de um determinado país estão invadindo o mercado. Você usa milhões de desculpas; já passou por isso muitas vezes.

É fundamental entender que ainda não percebeu *por que* suas estratégias não estão mais dando certo; tudo o que fez até agora foi apenas confirmar *como* elas não estão dando certo. A questão fundamental não é entender quais são os fatores que estão dificultando sua maneira de fazer negócio e sim *por que* esses fatores, neste exato momento, estão sendo *capazes* de ameaçar o seu negócio. E isso é, repetindo, o resultado de uma marca na sua mente plantada no passado e que agora surge na frente de suas percepções. Procure entender que não é a eficácia das estratégias de mercado que mudam. Algumas vezes uma estratégia dá certo por anos, algumas vezes só por alguns meses e algumas vezes não funciona de jeito nenhum. Algumas vezes é melhor mudar de estratégia e outras é melhor dar um tempo para ver se ela funciona. Não são as condições externas que mudam e sim a sua própria percepção. Suas estratégias continuarão a entrar e sair de moda, até você entender que é a sua percepção que muda.

Resumindo, a marca que causa uma mudança na sua percepção – isto é, a marca que explica o *porquê* de você ver sua estratégia habitual fracassar – não é nada mais que alguma forma de fraude, alguma espécie de desonestidade na sua maneira de fazer dinheiro. Como já falamos antes, não estamos dizendo com isso que você vendeu extintor de incêndio que não funciona, pois já sabemos que você jamais cometerá um crime desses. As marcas que nos dão problemas são as pequenas – as menores – que plantamos continuamente durante o dia inteiro. Um pequeno exagero para um cliente em potencial, com a intenção de arrancar um primeiro pedido, uma pequena mentira ao explicar para um cliente a razão pela qual o pedido está atrasado, um pequeno ajuste no pedido de crédito para o banco que lhe emprestou dinheiro no seu último projeto. Evite a mania de dar um jeitinho, evite os mínimos lapsos de integridade, e você verá que seu método habitual voltará a dar certo.

Problema 24: Você se sente deprimido mesmo quando seu negócio está indo bem. Começa a ter pequenos ataques de depressão ou dúvidas.
Solução: Esse problema tem uma maneira bem simples e direta de ser resolvido. Examine como trabalha com as pessoas que trabalham com você. Existe alguma situação que o está fazendo incentivar os funcionários a mentir de alguma maneira? Você tem alguma política que, implícita ou

explicitamente, estaria levando algum empregado a pensar que você aceita alguma espécie de comportamento negativo ou desonesto, não só de clientes como de fornecedores, funcionários ou concorrentes?

Sempre me chocou, no comércio de diamantes, o fato de patrões incentivarem seus funcionários a enganar clientes ou concorrentes com a sua conivência. Chegamos a trabalhar com empresas cujo dono havia instruído seus funcionários a enganar clientes ou preparar relatórios falsos para auditorias, ou falsificar dados, como o peso da pedra. Tivemos um fornecedor que durante semanas nos forneceu partidas de pedras embrulhadas em plástico bolha de uma tal forma que era difícil checar corretamente o peso sem misturá-las.

Ele nos ofereceu rubis que já vinham pré-arranjados numa peça que poderia facilmente ser transformada num bracelete que tivesse cinco navettes ou pedras preciosas alinhadas na forma de um barco. Em geral, o trabalho de checar se as cinco pedras eram exatamente da mesma cor e da mesma forma era bem complicado e requeria um técnico muito experiente e com excelente visão para distinguir as cores. Essa espécie de visão, isto é, a habilidade de distinguir diferenças mínimas nos tons das cores é o tipo da coisa que as pessoas aos 40 anos já não têm mais – a sensibilidade para cores começa gradualmente a se deteriorar muito antes e um *expert* nesse tipo de trabalho é bem difícil de encontrar.

Bem, ficamos muito gratos com a oferta desses conjuntos de pedras e achamos que seria também um bom negócio para o fornecedor se o favorecêssemos quando tivéssemos um grande pedido. Não pensamos, num primeiro momento, no fato de ser difícil pesar as pedras apropriadamente depois de prensadas no plástico. Teríamos de checar uma ou outra aleatoriamente.

O truque era benfeito: o peso de *cada* conjunto de pedras tinha uma diferença sempre igual, um pequeno aumento de peso, mas muito lucrativo num negócio em que 1% ou 2% da venda total pode ser todo o seu lucro. A quantidade de dinheiro que passa pelas mãos dos negociantes num negócio que envolve milhões de pedras é tão grande e muda tão rápido que economizar 1% talvez fosse você dobrar seu lucro em um ano. O truque foi usado em milhares de conjuntos em vez de arriscarem um aumento maior em apenas alguns.

Ficamos quietos para ver se o fornecedor continuaria a roubar. Ele continuou. Fizemos em silêncio um relatório com todos os erros de peso e guardamos cuidadosamente todas as folhas de plástico com centenas de rubis prensados. Finalmente convidamos o fornecedor a checar o peso junto conosco e reajustar as notas fiscais e, aos poucos, fomos cortando os pedidos até eliminar esse fornecedor.

O ponto importante é mostrar a estupidez de ensinar desonestidade para pessoas que trabalham para você; a ingenuidade de uma pessoa que acredita que ao ensinar um funcionário a enganar *em seu nome* não irá, no momento oportuno, *enganá-lo também*. Mais tarde, esse mesmo fornecedor teve grandes problemas com roubos internos, perdendo milhares de dólares num só dia. E os donos, dois irmãos, cuja infelicidade ficou perceptível com o passar dos anos, tiveram muitos problemas pessoais, casamentos ruins e outros problemas.

Esse tipo de tristeza ou depressão é resultado direto de uma marca plantada na sua mente por ter incentivado aqueles que trabalham para você a não ter a integridade necessária para fazer negócios. A confiança e a alegria com seu trabalho vêm quando você incentiva a integridade em todos os funcionários da sua empresa, do cargo mais elevado ao mais inferior.

Problema 25: As pessoas à sua volta, colegas ou gerentes, clientes ou fornecedores, nunca acreditam no que você fala, mesmo quando está falando a verdade.

Solução: A maioria das pessoas se sente culpada em dizer pequenas mentiras para pessoas no seu próprio meio de negócios. É desagradável ser pego numa mentira, o que de vez em quando acontece com todo mundo. Não sendo grave, as pessoas nem dão importância. Aqui, no entanto, estamos falando de outra coisa: você está falando a verdade, mas as pessoas não acreditam. Você sabe o quão frustrante isso pode ser, e quanto mais reclama, mais as pessoas pensam que não está falando a verdade.

É importante saber que essa impressão que os outros têm de você não é algo que vem da sua atual honestidade: segundo a regra da marca, *o conteúdo* desta tem de ser consistente com *o resultado*; isso quer dizer que você jamais terá um resultado negativo (alguém pensando que você está mentindo) de uma marca positiva (uma marca feita por você estar conscientemente falando a verdade).

Na verdade, o fato de eles não acreditarem em você é consequência de desonestidades praticadas no passado, mesmo pequenas, e das marcas que foram plantadas em você em decorrência dessas ações.

A solução, então, é ser o mais correto possível com suas palavras. Lembre-se do que implica *mentir*: dar a impressão para as pessoas que algum objeto ou acontecimento não está correspondendo exatamente à impressão que você tem dessa mesma coisa. A honestidade absoluta no que você diz é a melhor garantia de que a impressão que as suas palavras deixarão numa pessoa combina exatamente com a impressão que você tem na mente. Isso é bem mais complicado do que aquilo que estamos acostumados a ouvir sobre honestidade! Mas, se você mantiver esse comportamento por um bom tempo, verá a sua credibilidade aumentar pela empresa inteira e no mercado em que você trabalha – é uma sensação muito boa e lucrativa também.

Problema 26: Toda vez que você assume uma iniciativa que exige um esforço conjunto – um projeto de grupo, uma sociedade para atingir determinada meta comercial ou a incorporação de sua companhia por uma outra – nunca dá certo.

Solução: A resolução para esse tipo de problema é um pouco diferente do que você espera. Não tem muito a ver com uma solução de colocar todo mundo num mesmo lugar e tentar convencê-los a trabalhar melhor juntos. É preciso agir cuidadosamente e com muita honestidade. Faça questão, ao relatar um assunto para os outros, *de transmitir a mesma impressão* que você tem desse mesmo assunto – isto é, as suas palavras terão sempre esse resultado: a outra pessoa terá exatamente o mesmo tipo de compreensão que você tem sobre determinado objeto ou acontecimento.

As pessoas dizem que "mentira tem perna curta". A honestidade interior absoluta, especialmente quando você está totalmente consciente de sua honestidade, traz um sentimento de paz e planta marcas muito fortes no subconsciente, marcas que mais tarde emergirão no consciente como a percepção de uma grande união e sucesso em qualquer trabalho em conjunto que você assumir com outros.

Problema 27: Você trabalha num setor de negócios onde as pessoas enganam as outras o tempo todo.

Solução: Essa é uma queixa bem comum, e tenho certeza de que você já ouviu de muitas pessoas dos mais variados ramos de negócios. "Estou cansado dos assuntos legais – todo advogado que encontro nos negócios, incluindo o advogado para o qual estou trabalhando, é desonesto", "Todos no mundo da música só pensam em roubar" ou "Os joalheiros são uns ladrões".

Para evitar esse ambiente à sua volta é preciso ser absolutamente franco consigo mesmo nas suas negociações. Assim, gradualmente, você deixará de encontrar pessoas que querem enganá-lo – porque o fato de encontrar sempre alguém que trapaceia os outros é resultado de uma marca que você plantou no passado, em sua mente, por não ter sido tão honesto consigo mesmo.

Problema 28: Seu chefe sempre fala com você de maneira desrespeitosa.

Solução: Este problema em particular pode ser evitado se você realmente dominar a raiva quando ela surgir na sua mente – quando, por exemplo, seu chefe falar-lhe de maneira desrespeitosa! Se você estudar de verdade os antigos livros do Tibete, irá se impressionar: a reação natural a uma experiência negativa (por exemplo, a raiva) planta a exata marca que lhe fará viver essa mesma experiência de novo. Resumindo, se brigar com seu chefe porque ele o insultou, estará plantando uma marca que fará vê-lo novamente o insultando no futuro.

O recuo, então, nesse tipo de guerra, tem de ser unilateral. Vemos, frequentemente, como pequenos conflitos no mundo viram grandes problemas quando indivíduos, grupos ou países se recusam a quebrar o ciclo de violência: "Eles me machucaram, então vou machucá-los de volta". A ideia aqui é a de *se afastar* da violência, mesmo quando o outro lado ainda não concordou em fazer o mesmo. Você se recusa – uma vez, duas vezes ou até cem vezes a responder a um insulto com outro insulto ("Dê-lhe a outra face") e, ao fazê-lo, estará removendo as marcas da sua mente que fizeram isso acontecer. Você rompe com o ciclo de violência.

Eu frequentemente falo brincando aos meus amigos que a verdadeira maneira de tirar do escritório as pessoas que o atrapalham não é atirando nelas ou algo semelhante; é se recusando a perpetuar a violência. Se você for paciente por um bom tempo com aqueles que o atacam, se recusar totalmente a responder com negatividade a negatividade alheia, verá, gradual e seguramente, essas pessoas saindo da sua vida; sendo subitamente transferidas para outras cidades, aposentando-se ou sendo contratadas em outras companhias. Posso dizer, com toda a sinceridade, que, depois de muitos anos colocando em prática este específico princípio na Andin International, criei um ambiente de trabalho muito bom e foi um prazer trabalhar com todas as pessoas da divisão de que fui diretor. Era um prazer ir para o escritório e, obviamente, em função desse ambiente, nossa divisão acabou obtendo grandes lucros. Quando pessoas talentosas trabalham em grupo e estão em harmonia consigo mesmas, metade dos problemas que impedem uma companhia de atingir seu verdadeiro potencial desaparece.

Problema 29: Você acha que os anos estão deixando uma marca muito grande na sua aparência.

Solução: Pode parecer tolo ao colocar isso como um problema de negócios, mas qualquer um que está no mundo corporativo sabe que a aparência física tem uma grande importância à medida que determina o tipo de posição e salário de uma pessoa.

Também, caso você esteja numa empresa grande por algum tempo, sabe que com o passar do tempo o ritmo de vida nas corporações tem um impacto negativo na aparência física das pessoas. As pessoas chegam das escolas de Administração de Empresas com uma aparência inteligente e atraente, mas, depois de algum tempo trabalhando na realidade difícil dos negócios, começam a surgir os cabelos brancos, rugas – esse tipo de coisas. Você passa a culpar a tensão do ritmo de vida: trabalhar até altas horas para preparar o envio de um pedido no dia seguinte, constantes viagens de negócios, o desequilíbrio emocional em função das pressões diárias dos negócios. Fica pensando que, se as coisas melhorassem só um pouco, voltaria a se sentir melhor – mas nunca surge realmente a chance de mudar.

A solução desse problema é inesperada, mas funciona. Você precisa *realmente* tomar conta da sua mente para conter o mínimo sinal de raiva com relação às outras pessoas. Os antigos livros tibetanos dizem que – se se quer resolver esse problema – é preciso se distanciar da raiva, e ter cuidado para sempre evitá-la, antes que a causa para um ataque de raiva possa ter a chance de surgir. As causas específicas da raiva são, na verdade, emoções que você tem sobre alguma coisa que o está preocupando e que surgem um pouquinho antes de acabar brigando.

Então, se realmente quer aprender como evitar a raiva, tem de aprender a não ficar preocupado com nada: evite a raiva, evitando o que a antecede, isto é, transtornar-se ou perder a cabeça com qualquer incidente – seja um pequeno problema com um pedido de um cliente importante, seja um inesperado congestionamento no trânsito a caminho de um encontro importante. Evitando sistematicamente a raiva por um bom tempo, você vai plantar marcas muito interessantes na mente que farão você notar, e ver os outros notarem também, a sua aparência ficar cada vez melhor e mais atraente. Os anos nas corporações vão passando, mas você não parece envelhecer. É muito mais fácil e mais barato do que investir em cremes sofisticados, ginástica ou cirurgia plástica.

Problema 30: Mesmo quando você faz um trabalho bom, as pessoas acabam sempre o criticando.

Solução: A solução para este problema é prestar muita atenção no efeito que suas ações e palavras causam nas pessoas. Isto é, antes de dizer ou fazer alguma coisa, examine cuidadosamente o impacto que poderá causar nas pessoas do seu escritório. Segundo um antigo livro budista chamado *Casa do tesouro do mais alto conhecimento* (*The Treasure House of Higher Knowledge*), escrito há muitos séculos, existem duas razões para a prática de uma ação: você está sendo muito cuidadoso em agir de maneira que possa se orgulhar de si mesmo ou está sendo cuidadoso em agir de uma forma que os outros, com razão, fiquem orgulhosos de você. Em outras palavras, está quase sempre plantando boas marcas na sua mente quando se preocupa em fazer coisas que terão um impacto saudável, positivo em você e nas pessoas próximas.

Aqui cabe comentar sobre a imagem americana dos impetuosos jovens executivos: espertos, incansáveis, jocosos e continuamente fazendo brincadeiras com aqueles que não conseguem manter o seu ritmo. É importante saber que pessoas como essas *estão vivendo de uma boa energia do passado*: energia antiga de marcas antigas que estão sendo desgastadas e consumidas enquanto vivem o dia a dia. A arrogância atual, o comportamento irreverente, a insistência em ignorar o efeito que suas ações e palavras têm nas outras pessoas só plantarão marcas que os farão ver a si próprios sendo criticados cada vez por mais pessoas ao longo de suas carreiras.

Lembre-se de que não é a falta de respeito pelos outros que provoca críticas automaticamente, embora possa parecer como sendo o funcionamento dessa dinâmica. Na verdade, essa falta de respeito pelas pessoas planta uma marca na mente do jovem executivo que fica no subconsciente por um tempo se fortalecendo, e então retorna para a consciência como experiência de ser criticado por outros. Por outro lado, se você tem um problema específico de ser frequentemente criticado por outros, a coisa mais importante que você tem a fazer é, dia após dia, se interessar profundamente em saber como o que você fala ou faz repercute nas pessoas que trabalham com você.

Problema 31: Projetos que você delega para seus funcionários nunca são concluídos.

Solução: A marca que causa este problema em particular pode ser evitada se você começar a se preocupar em facilitar o trabalho de outras pessoas na empresa. Se alguém precisa de um apoio técnico de informática, você deve se tornar o defensor dele com a gerência; tente ajudar quem precisa, mesmo à custa da verba do seu departamento. Se outra divisão precisa de mais funcionários para concluir um projeto até o final da semana, ofereça os seus funcionários – e, por favor, não envie os ruins: ofereça os mais eficientes. Se alguém está contando com você para obter informações necessárias para terminar um relatório, faça questão de dar a informação, mesmo que o tempo necessário para obtê-la prejudique o seu próprio trabalho.

As marcas deste tipo de comportamento são muito fortes e logo você verá que o tempo que gastou ajudando os outros voltará para você em orçamento, prazo e qualidade, de um modo que ultrapassará suas próprias expectativas.

Problema 32: Os projetos que assume começam bem, mas sempre acabam tendo problemas.

Solução: Como muitos dos problemas que já descrevemos aqui, este vem de marcas que talvez seja difícil adivinhar, mas que faz sentido se você pensar por um momento. No conhecimento antigo da tradição tibetana existe uma meditação especial que é chamada "meditação de gratidão".

Sente-se numa cadeira num canto calmo da empresa (embora sendo raros, pode-se encontrá-los), algum lugar onde você sabe que não será perturbado por cinco ou dez minutos. Pense em todas as coisas boas da sua vida e nas pessoas que o ajudaram nessas mesmas coisas. Talvez uma técnica que utiliza no seu trabalho e que consumiu muito espaço da pessoa que lhe ensinou. Talvez tenha sido há muitos anos, mas quem sabe essa pessoa não gostaria de receber notícias suas? Quem sabe uma pequena carta agradecendo pelo presente recebido que tanto o ajudou anos depois?

Pense nas pessoas da sua casa – esposa, pais ou alguém que faz um trabalho especial para você – cuja presença na sua vida *permite* que você faça seu trabalho?

Quando foi a última vez que lhes agradeceu? Não existe na verdade uma infraestrutura à sua volta que o ajuda a ir para o escritório fazer o que faz? O tintureiro, o dentista? O carteiro? Os funcionários do supermercado, do banco, as pessoas que entregam o jornal da manhã? Você pode pensar: "Ah! Mas essas pessoas são pagas para fazer isso. Elas provavelmente não iriam se levantar de manhã e fazer isso para mim se não recebessem alguma coisa em troca".

Isso não tem nada a ver. É bem verdade que estão sendo pagas, mas isso não muda o fato de estarem gastando horas preciosas de suas vidas, de vitalidade, para ajudá-lo a realizar aquilo que você quer. A falta de reconhecimento pela ajuda que recebe de outros, o fato de não apreciar a ideia de que muito do que fazemos se deve à bondade de outras pessoas, é uma das grandes falhas do pensamento moderno ocidental.

Existe também uma estreita relação entre a gratidão que sentimos pelos outros e a felicidade de nossa vida: pessoas muito felizes estão conscientes de quanto foram ajudadas para alcançar a felicidade e o conforto de agora, não importando muito se foi uma ajuda paga ou não (realmente não importa muito para pessoas que são muito felizes). Em outras palavras, pessoas realmente felizes sentem muita gratidão por toda ação, mesmo que pequena, que tenha contribuído para suas felicidades. As pessoas infelizes, ao contrário, tendem a aumentar sua própria infelicidade evitando pensar no quanto receberam de outros e o quanto as pessoas se sacrificaram – pagas ou não – para ajudá-los na sua atual felicidade.

Então, se você realmente quer garantir que os projetos que começam bem continuem da mesma forma, procure cuidadosamente plantar as marcas certas para que isso possa se transformar numa realidade: dedique tempo e atenção para sinceramente agradecer àqueles que o ajudaram. Repetindo, as marcas não precisam ser plantadas com ação concreta – embora ação possa falar muito. O mais importante é você constantemente ter pensamentos de gratidão – de realmente apreciar, ao olhar o café da manhã, o trabalho de milhares de pessoas que sacrificaram momentos preciosos da vida humana, que é tão breve, para colocar esse alimento na mesa. Essa maneira de pensar está em falta no nosso mundo moderno, mas faz as pessoas se sentirem muito bem quando começam. Tente para ver!

Problema 33: Ao longo de sua vida profissional, você sempre está exposto a ambientes dasagradáveis – viajar e trabalhar em países onde as ruas são sujas, viajar em áreas poluídas, trabalhar em fábricas que exigem produtos químicos que provocam enjoos ou outras situações semelhantes.

Solução: A solução típica para esse tipo de problema é difícil de se adivinhar, mas os antigos livros concordam com este procedimento. Percorra a empresa ou o seu departamento e veja se alguma espécie de assédio sexual ou libertinagem está acontecendo no nível que for e dê um jeito nisso.

Uma das coisas mais agradáveis na Andin International foi a completa ausência de qualquer tipo possível de assédio sexual no ambiente de trabalho. A começar pelo dono, todas as mulheres da empresa foram respeitadas pelas contribuições que fizeram e as oportunidades de aumento e promoção que tiveram dependeram exclusivamente de seus desempenhos profissionais. Desde o dono até o pessoal de postos mais baixos, nunca ninguém submeteu uma mulher a nenhuma situação aviltante, seja um toque indesejável, um olhar malicioso, assobios ou comentários libertinosos ou qualquer coisa do tipo. A total falta de palavrões era perceptível e bem-vinda: nenhuma piada sobre sexo ou mulheres, ausência de palavras de baixo calão ou incentivo para homens ou mulheres quebrar os laços matrimoniais ao longo de suas vidas profissionais.

De novo, talvez possa parecer bem simplista pensar que a sujeira no meio ambiente externo possa refletir uma espécie de sujeira na maneira como você fala ou pensa. Essa ideia é tão estranha na nossa visão de mundo ocidental que mais parece um conto infantil. Porém pense um pouco sobre isso: tudo o que acontece tem uma causa. Existe uma razão para que certas partes do país sofram com poluição e outras não. O que passa pela sua mente é: "Claro que existe uma razão: alguns lugares têm mais carros, mais chaminés e menos leis regulamentando o controle de poluição".

No entanto, o pensamento antigo tibetano, de novo, faz uma distinção rigorosa entre "como" e "por quê". Segundo esse pensamento, dizer que há mais poluição numa determinada área porque há mais fontes de poluição explica apenas *como* a poluição é produzida. Mas não consegue explicar *por que* essa fonte de poluição acontece nesse determinado momento. Claro que sabemos que são as chaminés que causam poluição. Isso não é problema. Mas a verdadeira pergunta deveria ser a que nós sempre quisemos perguntar, mas que nos foi falado quando crianças para parar de perguntar: **por que as chaminés estão aqui e não num outro lugar?**

De novo a mente rejeita essa pergunta e diz: "Esta é uma pergunta boba, porque é assim que as coisas acontecem". Mas não é a própria ciência que diz que tudo tem uma causa, e não é esse o fundamento da nossa sociedade ocidental, que diz que cada acontecimento tem uma explicação racional? É óbvio que a *causa da poluição* é a chaminé. Mas qual é *a causa de a chaminé estar lá*? Não deveríamos ser capazes de identificar essa causa também? O fato de a chaminé estar nesse lugar não é um acontecimento em si mesmo? E não existe sempre uma causa que dá origem aos acontecimentos?

O fato de as chaminés estarem lá é porque você está sendo forçado a vê-las – você está sendo forçado a ter a percepção delas – por uma marca que surgiu no seu consciente vinda do subconsciente. *Você* criou a poluição e a fonte dessa poluição foi produzida por uma ação que foi, primeiro, *prévia* ao resultado que esta causou e, segundo, *semelhante ao conteúdo* do resultado. E a sabedoria de milhares de anos de pensadores extraordinários do outro lado do mundo diz que a causa específica da sujeira ou odor fétido do meio ambiente é o comportamento sexual desregrado.

Você não precisa acreditar, apenas tente. Procure eliminar esse tipo de comportamento na sua empresa – coisas que provavelmente derrubam o moral de todo mundo na empresa – e espere para ver se o lugar fica mais agradável também fisicamente. É ver para crer.

Problema 34: As pessoas que estão à sua volta são pouco confiáveis: você delega um trabalho, mas nunca tem certeza sobre se será finalizado. Você tem de distribuir a tarefa entre três pessoas para garantir que seja terminada e, mesmo assim, tem de ficar supervisionando cada detalhe – uma maneira exaustiva e ineficiente de trabalhar.

Solução: De novo, uma das primeiras atitudes que você deve tomar para ter a percepção (e portanto a realidade) de poder contar com sua equipe é ser constante e confiável num contexto bem definido: seu casamento ou outros compromissos familiares. Não está na moda hoje em dia falar muito nesse tipo de compromisso, mas, segundo a lei do potencial das coisas e das marcas de suas ações, esse é um dos passos mais importantes que podemos tomar para assegurar estabilidade na vida pessoal e nos negócios.

Cresci durante a guerra do Vietnã e dos movimentos contra essa guerra. Considerava uma bobagem as ideias da geração anterior no tocante à guerra ou à posse de outra pessoa pelo casamento. Minha mãe foi uma das primeiras a se divorciar na minha cidade, e eu me lembro bem dos olhares e comentários dos vizinhos e da sua dificuldade em viver na condição de mulher solteira.

Mas a combinação de se casar na loucura e depois se divorciar, geralmente após ter tido uma criança que sofrerá imensamente nesse processo, é uma ação que planta muitas marcas ruins na mente e que afeta muito a percepção de mundo. Os grandes livros da sabedoria tibetana falam claramente na falta do que poderíamos chamar de uma ordem social na cultura ocidental: um simples fato, como uma pessoa que, andando pela rua de uma cidade americana, joga um copo de papel no chão sem dar a mínima importância a como isso afetará a pessoa que vem atrás dela. Se você quer ter empregados com quem possa contar, seja uma pessoa com quem sua esposa e filhos possam contar.

Problema 35: Você não tem uma independência financeira e não consegue ser dono de si – não consegue tomar decisões, especialmente sem consultar os outros, sobre coisas que suou para ganhar.

Solução: A solução para esse problema específico é respeitar seriamente a propriedade e o espaço do outro. No mundo das corporações isso significa ser cuidadoso para não usar recursos de outros departamentos ou de outros gerentes sem antes ter certeza de que eles concordam com isso, ou, então, alocar recursos de que você dispõe para outros que estejam precisando: em outras palavras, compartilhar com outros gerentes à sua volta para atingir metas em comum.

O conceito aqui é o de "um corpo", expresso de maneira eloquente no livro budista *Guia para se viver de um santo guerreiro,* escrito na Ásia no século IX. A ideia de "meu corpo" deve ser entendida como "meu eu". Normalmente tendemos a relacionar o nosso "eu", de maneira bem evidente, com a superfície de nossa pele: se estamos dando as mãos, o meu "eu" para na extremidade dos *meus* dedos, e o seu "eu" se inicia no começo dos *seus* dedos.

Quando uma mãe tem uma criança, fica óbvio que nasce uma nova definição de "eu": a linha divisória do "eu" se amplia ao abranger a criança, e qualquer ferimento feito nessa criança passa a ser feito também à mãe, que reage como "uma mãe leoa". Sua definição de "você" também se estende quando compra um carro novo que consumirá a maior parte do seu salário. Em Nova York isso vira realidade, quando você vê um bando de adolescentes olhando pelo vidro a parte de trás do seu carro. Você, no passado, não daria a menor importância, ou talvez, no máximo, mencionasse isso ao guarda na entrada do edifício, mas hoje, ao se aproximarem do *seu* carro novo, a história muda completamente – você é capaz de sair correndo na rua para afastá-los ou até chamar a polícia.

O "eu" também pode encolher: um cirurgião lhe diz que tem câncer no rim e que este precisa ser removido. Depois de muito esforço, você começa a se desassociar do rim – você passa pelo processo de se divorciar dele, isto é, de separar o rim daquilo que chama de "eu mesmo", até o dia da cirurgia, quando então estará completamente resignado com a remoção do tal órgão do "seu" corpo.

O "eu" no sentido de "meu interesse" numa grande companhia pode tanto encolher como crescer. Um sinal garantido de uma companhia com um ambiente saudável é quando o "eu" se amplia incluindo outras divisões – o que é bom para sua divisão é bom para mim, porque tudo é uma companhia só. É importante ver que isso não é ser irrealista, que ampliar o seu "eu" por três divisões não é menos realista do que ampliar esse "eu" apenas pela sua divisão, só porque alguém, algum dia, lhe disse que você era o gerente dessa divisão – e por essa razão, então, você ampliou o "eu" até "a minha divisão".

O "eu" é uma decisão que fazemos a todo momento em nossa vida, e o fato de não ampliarmos o nosso "eu" até o "seu" problema, que, segundo a antiga sabedoria tibetana, é a fonte de todos os problemas, sejam pessoais, sejam corporativos. Isso não é um tipo de nobreza de sentimento – não se confunda. É muito sério. Todos precisamos ser independentes, não só no aspecto financeiro como também no aspecto de organização. Isso se consegue ***sendo bastante rigoroso com você mesmo*** para compartilhar seus recursos com outros de sua empresa. Procure se acostumar com a ideia. As coisas não acontecem do nada. Todo nível de independência que você conseguir é uma percepção, e, portanto, uma realidade criada pelas marcas plantadas em sua mente, ao compartilhar assumidamente e com boa vontade os recursos com os outros da empresa.

Problema 36: Nos seus negócios de rotina você é sempre enganado pelas pessoas próximas – clientes, fornecedores e funcionários.
Solução: A solução para este problema é talvez uma daquelas difícil de adivinhar. Sabemos como é frustrante quando nos encontramos numa determinada situação em que é difícil de acreditar no que o outro lado está falando. Um cliente nos assegura que teremos o dinheiro numa certa data e depois de um tempo ficamos sabendo que o pagamento não será efetuado tão cedo, e que o cliente sabia disso desde o começo.

Um fornecedor nos assegura que o material bruto de que precisamos para terminar um pedido de um cliente vital para nós só será entregue bem depois da data combinada; mais tarde ficamos sabendo que a empresa não tem esse determinado material – ou, pior ainda, tinha, mas vendeu para um concorrente na mesma época, porque este ofereceu mais dinheiro pelo mesmo material. Um funcionário deixa sua sala com uma tarefa para ser feita compondo um esforço conjunto; como ele já fez isso antes, você só checa de vez em quando, e sempre que o faz ele lhe assegura que tudo está indo bem. Finalmente, quando chega o dia de implantar o projeto, fica sabendo que o projeto inteiro está atrasado porque o tal funcionário não terminou a parte que lhe cabia, e, pior, durante o tempo todo ele nada fez.

Você pode acabar com esse tipo de problema trabalhando em duas frentes. Primeiro, preste bastante atenção a qualquer sentimento de orgulho que você possa ter. A vida corporativa é rápida e cruel – as pessoas do momento sobem rápido, e a queda é dura – e você pensou que o orgulho fosse um mal raro nas companhias.

As pessoas de negócios são uma das mais inteligentes e talentosas do mundo ocidental, mas parecem cegas com relação a esse ponto. Têm uma total incapacidade para controlar sentimentos que são tão inoportunos num mundo onde um único dia errado pode fazer você, um vice-presidente de divisão, acabar colocando no jornal um anúncio como este: "Experiente gerente procurando um posto de administração para iniciantes".

Talvez o problema mais grave do orgulho não seja o desagradável ambiente que cria para todos à sua volta, e sim o fato de ele ser prejudicial ao seu próprio desenvolvimento. Os pastores do iaque tibetano têm um ditado que diz que "a grama no verão sempre cresce primeiro nos pastos mais baixos e só depois vai crescer perto dos picos nevados". A ideia desse ditado é que uma pessoa sem orgulho – uma pessoa humilde – tem mais condição para ouvir os outros, não se importando com a posição que a pessoa tem no totem corporativo e usa o que aprende para o seu próprio benefício – conseguindo assim mais grama para alimentar seus animais.

Sempre se pode aprender *algo* com as pessoas no trabalho, basta deixarmos os ouvidos *ouvir o que elas têm a dizer*. Isso não quer dizer que você tem de aceitar toda sugestão tola que ouve das pessoas no seu escritório. Você chegou aonde chegou porque provavelmente foi capaz de fazer boas decisões. Muitas vezes ouvirá boas ideias do seu grupo que não foram ainda totalmente amadurecidas – direções a ser tomadas ou parte de soluções que, se tomadas coletivamente, podem se transformar numa estratégia muito mais ampla que a sua; se você puder ficar alerta no trabalho, quando andar pelo seu departamento ou divisão, colha as ideias que ouve.

A segunda frente em que você terá de trabalhar é evitar o costume de ficar esperando o reconhecimento dos outros. Todo o mundo deveria chegar ao ponto, tanto na sua vida profissional como na pessoal, de ter a maturidade de fazer o que é certo e bom não porque será elogiado ou agradecido, mas simplesmente porque acha que deve ser feito, e que é a melhor pessoa para fazê-lo. Podemos dizer que, quanto melhor administrador ou gerente você for – menos reconhecimento dos outros você precisará. As mães tomam conta dos bebês porque elas são as pessoas mais indicadas para executar essa tarefa, aprendem a executá-la sem cultivar a menor esperança de ver uma expressão de gratidão ou reconhecimento naqueles a que estão servindo.

Os verdadeiros gerentes e líderes numa companhia estão interessados em procurar diferentes maneiras de reconhecer o que os outros fazem de bom; isso não é mais uma estratégia corporativa, mas a verdadeira percepção da realidade: estão alertas a toda contribuição feita por aqueles à sua volta, reconhecendo e premiando as boas contribuições, não por ser essa uma boa maneira de motivar os funcionários, mas porque sinceramente reconhecem que aqueles à sua volta, e não apenas eles próprios, têm um papel fundamental no sucesso da empresa – mesmo que seja aparentemente um papel menor, como o operador de uma máquina ou o guarda da porta.

Acabe com esse costume de esperar reconhecimento ou elogios dos outros; desenvolva o hábito de realmente procurar reconhecer e elogiar aqueles à sua volta, e de repente ninguém no seu meio – clientes, fornecedores, ou funcionários – tentará enganá-lo. Novamente, esse é o efeito da marca de estar consciente da contribuição que você recebe de pessoas à sua volta.

Finalmente, deveríamos enfatizar que você não precisa deixar de ser sincero ou ficar inventando agradecimentos onde isso não cabe. O importante é saber que qualquer empresa, não importa o tamanho, jamais poderia funcionar eficientemente sem o trabalho dedicado e discreto de certo número de pessoas. Pessoas que trabalham por tanto tempo de maneira consistente que provavelmente nem se dão mais conta do quanto fazem por você. Uma coisa é certa na vida corporativa, como também na vida pessoal: quanto mais tempo e proximidade temos com uma pessoa, menos reconhecemos e premiamos o trabalho dela. Por exemplo, quando foi a última vez que levou para casa rosas, chocolates ou coisas desse tipo?

Problema 37: Ninguém na companhia respeita o que você tem a dizer: toda sugestão que você dá ou é ignorada ou considerada boba.
Solução: Qualquer um que já passou algum tempo sentado na mesa de reunião da presidência de uma companhia grande gostará do que vou contar. Algumas vezes é tão óbvio que você tem até medo de estar enlouquecendo. Toda segunda-feira há uma reunião de diretoria (que vai até a hora do almoço, e o seu chefe sempre fala "você pode ir mais tarde e ficar por mais tempo na cantina da esquina, e fica por minha conta", mas você sabe que provavelmente estará armada a maior confusão no seu departamento, por ter ficado incomunicável na sala de reunião por seis horas – e, como já conhece essa história, não cabe aqui contá-la de novo.

O presidente pede sugestões de como economizar dinheiro nesse trimestre (isso realmente aconteceu). Uma pessoa que na época caiu nas graças do chefe disse: "Vamos fazer com que o papel que já foi processado nos computadores seja usado como papel de rascunho, incentivando as pessoas a não usar o papel novo das copiadoras como lembretes ou recados – vamos deixar uma caixa de papéis já usados do lado das máquinas de xerox para que as pessoas possam usá-los".

O chefe dá uma olhada em volta da mesa; todo o mundo parece concordar com a sugestão, embora a maioria não ache que isso vá realmente economizar dinheiro se alguém tem diariamente de distribuir os relatórios antigos, mas de qualquer forma a ideia não é inteiramente ruim.

– Boa ideia – o chefe diz. – Mais alguém?

Levanto a mão e falo: "E se colocássemos um tapete especial no elevador para pegar os diamantes minúsculos que saem das solas do sapatos das pessoas quando estão indo embora? Vejo todos os dias um monte deles no chão, o pessoal da faxina à noite acaba passando o aspirador de pó, e os brilhantes vão sempre acabar no lixo.

O tipo de partidas de diamantes com os quais trabalhávamos regularmente tinha milhares deles *realmente* pequenos – do tipo que, se você der um espirro ou se o fio do telefone passar por cima de um montinho, ao se sentar à mesa, ou se uma pessoa jogar um lápis na sua mesa, é bem provável que uma boa quantidade deles vá acabar no chão. Ao caírem no chão eles também tendem misteriosamente a saltar, escorregar ou deslizar pela sala, indo parar em lugares que você jamais conseguirá achar.

Quando isso acontece com um monte de pedras pequenas, você se levanta devagar (caso algumas delas estejam no seu colo) e, nas pontas dos pés, vais até o canto pegar uma vassoura. Andamos nas pontas dos pés para evitar que as pedras que caem com a ponta para cima entrem na sola dos sapatos e acabem nos elevadores ou banheiros, onde por alguma razão parecem se amontoar – e foi por isso que sugeri o tapete no elevador.

Então você fica de quatro no chão e começa a engatinhar pela sala; ninguém vai pensar que você é louco porque todo o mundo faz o mesmo quando deixa cair pedras. Você varre cuidadosamente ou se abaixa para que os olhos possam captar o brilho da charmosa pedra pequena perdida, mesmo que a distância seja de alguns centímetros. Os diamantes – a substância mais dura que o homem conhece, com o mais alto índice refrativo que se tem conhecimento e com a maior capacidade de brilho – têm uma maneira especial de cintilar quando uma quantidade pequena de luz vinda do alto reflete neles, e todo diamanteiro tem uma capacidade especial de captar esse brilho.

Você pode andar pelo corredor acarpetado da diretoria e captar esse brilho lá longe, num canto, e, ao se abaixar, rapidamente empurrar na palma da mão, com um tapa, uma incrível pedrinha – isso vira um reflexo, um instinto. Eu me lembro que havia uma calçada na frente do edifício dos papéis na rua 45 com a avenida das Américas que foi feita de maneira especial: uma espécie de pó brilhante foi colocado no cimento antes de ser endurecido. Isso costumava me deixar louco no caminho para casa porque o instinto de ter uma pedra no chão fazia com que eu me abaixasse a todo momento, sem perceber, para pegar "a pequena ovelha desgarrada".

Bem, não é toda vez que eles brilham para você, pois não é sempre que estão no ângulo certo para a luz direta; por isso você tem de varrer o chão – com muito cuidado e bem devagar – pela sala inteira. Você varre tudo para um canto e se abaixa procurando entre fios de cabelos e caspa (que se parece um pouco com uma pedra real), pedaços de batata frita velha, clipes e grampos (pois uma pedra poderia muito bem estar escondida por debaixo delas) e todas as pedras que nas últimas três semanas você deixou cair e não conseguiu encontrar. Você *nunca* vai encontrar todas as que deixou cair. E algumas vão parar no elevador.

O chefe então se mexe na cadeira (claro que é o único com uma cadeira giratória, eu nunca entendi o porquê) e grita: "Roach, essa é a sugestão mais estúpida que já ouvi". Existe uma maneira de se fazer invisível na ponta da mesa, durante uma reunião de diretoria, e é isso que faço nesse exato momento.

– Eu tenho uma ideia – *ronrona* a pessoa que é a preferida do mês para o chefe. – Sabe aquelas barras de chocolate que damos para clientes e fornecedores no final do ano, aquelas que tem Andin escrito na parte de cima? Elas são bem grossas. Que tal se as desembrulharmos, tirarmos um centímetro de chocolate de cada uma delas para fazer novas barras?

O chefe se apoia na cadeira com um ar triunfal e olha para ela firmemente. Tentamos, sem saber se é uma piada ou não (e não era), aparentar neutralidade até que ele diz "bobagem" (acenamos com nossas cabeças) ou "brilhante" (concordamos ainda mais rápido, com mais gosto).

Você já sabe como a história termina. Uma semana depois, os faxineiros estão no elevador colocando um tapete de borracha preta com pequenas fibras no superfície. Você a caminho de casa, exausto, com a cabeça baixa como um cachorro triste, instintivamente começa a procurar no elevador algumas pedras perdidas.

– O que vocês estão fazendo? – pergunta para os faxineiros.

– Estamos colocando estes novos tapetes no elevador – que boa ideia! Você sabe aquelas pedras pequenas que ficam grudadas nas solas dos sapatos das pessoas e que vêm parar aqui no elevador todos os dias? Esses tapetes pegarão essas pedras, e vamos tirá-las com uma palha de aço na fábrica e devolver para o departamento de diamantes, em vez de tirá-las com o aspirador de pó e jogá-las fora.

– Puxa, que boa ideia! De quem foi?

– Do chefe, que sujeito esperto!

Essa frustrante percepção surge em função de uma marca que é plantada por um tipo de bate-papo inútil. É incrível como os antigos livros de sabedoria da Índia e do Tibete, escritos há mais de mil anos, descrevem esses bate-papos inúteis como "condescendentes e cativantes conversas sobre sexo, crime, guerra e política". As pessoas geralmente me perguntam como tenho tempo para fazer todos os projetos que temos ao redor do mundo – a resposta que dou é que conscientemente tento evitar conversas vazias. São as conversas intermináveis entre jornais e café, quando as pessoas comentam sobre os problemas do mundo, acontecimentos e a vida de outras pessoas que mal conhecem, com as quais não têm o mínimo relacionamento, e sobre as quais não exercem nenhuma influência.

Você pode fazer comentários sobre os programas de televisão, sobre artigos de jornais ou revistas, comentar sobre todos os outros programas da televisão e do rádio, e tudo o que você já falou de outras pessoas quando na verdade queria apenas ouvir-se falar. Um bom teste para saber se uma notícia num jornal ou numa revista é relevante é o teste dos três dias. Três dias depois de ler por inteiro um importante jornal (porque seu voo atrasou e você finalmente teve tempo de lê-lo inteiro ou qualquer coisa do tipo), tente sentar e escrever todos os detalhes das informações de que você ainda se lembra.

Você verá que se lembra apenas de um ou dois artigos, e mesmo assim pouquíssimos detalhes de cada um deles. E aí se pergunta qual é a razão de lê-los? É bem verdade que o poder da mente é magnífico, mas não é infinito: você, como qualquer computador, tem um espaço limitado na cabeça para uma grande quantidade de informação.

O Budismo valoriza muito o silêncio por razões bastante práticas. Temos o costume, que descreverei mais adiante, de fazer retiros por alguns dias ou até semanas – onde conscientemente se evita falar o tempo todo. A maioria das pessoas nos países ocidentais nunca tentaram nada semelhante, exceto quando em situações extraordinárias como uma laringite ou ficar em casa doente e sozinho. Provavelmente elas nunca passaram mais de dois dias sem falar com alguém, e a maioria das conversas – se você fizer um retiro de silêncio – aprenderá é simplesmente desnecessária e dispersiva.

Ficar só e em silêncio por um tempo pode se tornar um extraordinário método para ter importantes ideias sobre os negócios. Falaremos sobre isso mais adiante. Concluindo, a marca que faz você se *ver ignorado, mesmo dando uma boa sugestão*, vem do seu envolvimento em conversas vazias. Caso esse seja um problema bastante comum na sua vida, tente então ser bem rigoroso consigo mesmo e procure, mais do que ninguém, não se envolver em frívolos bate-papos.

Problema 38: Você acha que está tendo falta de confiança em si mesmo, costumava ser muito seguro e agora sente o contrário.

Solução: Pode esse problema ser completamente curado evitando-se conversas fúteis – não apenas do tipo que acabamos de descrever, como de outra igualmente frequente. É a típica conversa inútil, tão comum em negócios, em que pessoas fazem grandes planos e os divulgam amplamente, mas nunca persistem o suficiente para fazer com que o negócio realmente aconteça. Esse tipo de conversa é particularmente evidente nas conferências de negócios das corporações para o planejamento do próximo ano: intermináveis planos e resoluções inúteis que, literalmente, todo mundo na sala já sabe que jamais serão executados.

Não estou falando aqui no tipo de compromisso sério que um empreendedor faz, nem na criatividade frenética que flui na cabeça daquelas raras pessoas que têm a visão e a capacidade para fazer o duro trabalho de transformar sonhos impossíveis em realidade. Estou falando na verdade de repetidos e inacabados planos e conversas que dispersam a capacidade e a atenção das pessoas.

Para poder convencê-los de que você terá a confiança necessária nos próximos anos, procure apenas falar nas coisas que realmente está pensando realizar e não desperdiçar horas preciosas da sua vida falando em outras que não são relevantes. Há um delicado equilíbrio entre sonhos e visões, entre fantasia e esperança – e a medida certa, em geral, é você ter a capacidade de transformar seus sonhos numa realidade como a magia do nascimento de uma criança.

Problema 39: Você é incapaz de ter o descanso mais que merecido, tem dificuldade de relaxar e nunca aproveita de fato suas férias – o verdadeiro lazer está além de você.

Solução: A habilidade de relaxar e a técnica de chegar do trabalho e aproveitar verdadeiramente o lazer que merece é o tipo da coisa que você só descobrirá se plantar as marcas certas na mente – não é uma coisa automática, não é algo inato a todas as pessoas, não é um dom e não é uma graça concedida ao acaso.

Essas marcas em particular são também plantadas ao se tomar cuidado para falar somente coisas que tenham um sentido para você, que tenham um benefício qualquer – evitando falar coisas que não tenham sentido ou sejam inúteis, como fofocas, ideias ou planos tolos aos quais você não tem a mínima intenção de se dedicar. A ideia central aqui é manter conversas que tenham um *propósito*. A ideia é falar apenas quando se tem uma razão para isso, quando se tem um propósito ou uma ação a ser cumprida. O resultado desse tipo de comportamento é o desfrute de um sentimento de contentamento e satisfação, pois você dá um sentido à sua vida e às palavras.

Lembre-se novamente de que – se você é do tipo de pessoa que normalmente só fala quando tem uma razão para falar – isso não quer dizer que você não tenha marcas *antigas* por ter se deleitado, no passado, em conversas desnecessárias ou marcas que foram *anteriormente menores* e que ficaram no seu subconsciente por algum tempo, fortalecendo-se, até forçá-lo a se tornar uma pessoa infeliz que não sabe aproveitar o descanso.

O importante é saber que, caso você não consiga aproveitar o descanso, deve plantar essas marcas. O poder das marcas pode ser neutralizado se você passar a ser muito cuidadoso, não se envolvendo de maneira nenhuma com ações desse tipo: sem uma única palavra estéril ou desnecessária. Outras pessoas talvez possam, por causa de um específico conjunto de marcas, "se dar a esse luxo", mas você não. Ao se incomodar com um determinado problema que corresponde a uma determinada marca, você, mais do que ninguém, precisa evitar o mínimo deslize nesse tipo de marca.

Problema 40: Você tem dificuldade em achar o momento certo. Entra num mercado um pouco antes de este cair, sai de um mercado no meio de um *boom*, e este se mantém ainda por um bom tempo. Seu novo produto parece sempre sair na mesma época que o do concorrente, cuja qualidade é um pouco melhor. Seu contrato com um importante fornecedor chega ao escritório dele poucos dias depois de o preço dele ter subido.

Solução: Novamente, esse problema está relacionado com conversas inócuas que desviam energia, pessoas e mentes para planos – se você pensar por um instante – que você não tem a mínima intenção de levar adiante. Procure fazer o que você disse que ia fazer e não fale sobre coisas que não tem realmente intenção de fazer.

Problema 41: Ninguém o ouve quando pede que as coisas sejam feitas.

Solução: Essa é uma nova versão do problema número 37, em que ninguém respeita o que você fala. A marca que causa esse problema – como você pode imaginar – é falar constantemente sobre coisas que não têm a mínima importância. Por isso, se você estiver sofrendo desse problema em particular, deve resolver o problema dessas marcas sempre pensando cuidadosamente antes de abrir a boca para falar; e sempre tendo coisas para falar que tenham algum benefício e um sentido mais profundo para as pessoas à sua volta.

Problema 42: Pessoas na sua empresa brigam muito.

Solução: Você sabe quantos problemas causam pequenas brigas entre funcionários no desempenho geral da empresa. Uma divisão em que existe muita cooperação entre eles funciona quase que de forma autônoma, enquanto um departamento cheio de divisões internas, em que as pessoas discutem e brigam, não é lucrativo e cria um ambiente exaustivo. O trabalho sério dá força às pessoas e promove a união dos funcionários; palavras duras têm o efeito imediato de exaurir a energia não só do departamento, mas dos próprios funcionários. Quase que diariamente, eu gastava o meu tempo de almoço na Andin conversando com funcionários descontentes e tentando convencê-los a se dar bem uns com os outros; frequentemente me ocorria o quão ridículo era me pagarem todo aquele dinheiro só para evitar brigas. E, quando conseguia manter a paz entre as pessoas, a produção também entrava num acordo.

Mencionei, no problema 6, que a questão das brigas numa companhia – se você está brigando com alguém ou outras pessoas estão brigando entre si – vêm de marcas plantadas quando coisas maliciosas ou fofocas foram ditas distanciando ainda mais as pessoas. Por exemplo, as pessoas envolvidas podem ser amigas ou inimigas ou até dois empregados que não se conhecem muito bem – mas, em razão do que você falou para um deles ou para ambos, eles estão mais distantes do que quando você começou. Para compensar essa marca, faça tudo para aproximá-los de novo quando e onde for possível, mesmo nos pequenos detalhes, o tempo inteiro.

Além de se esforçar para remediar a situação, faça tudo para evitar pensamentos maliciosos sobre qualquer pessoa na empresa. Todos os executivos têm problemas com outros executivos na empresa, que podem até ser problemas que acabarão complicando a vida de outras pessoas, inclusive a sua.

Esse é o tipo de marca que vai para o subconsciente, fica por um tempo se fortificando e depois volta para o consciente como a percepção de pessoas brigando à sua volta. Brigam entre si, brigam com você, e até lhe dá um certo prazer vê-los em discórdia. Bem, acho que você entendeu!

Quase toda marca ruim que você planta em sua mente é aquela que o fará ver exatamente o que estava tentando evitar quando você a plantou pela primeira vez. A roda gira.

Problema 43: Você vive num ambiente social de negócios em que a integridade não tem muito valor, em que apenas os bobos mantêm um comportamento ético nos negócios o tempo inteiro – onde "os bons sempre são os que levam vantagem".

Solução: Estamos aqui tocando no problema mais sério que existe nos negócios: aquele que trata do conceito geral de pureza que chamamos "visão de mundo" no seu respectivo setor de negócios ou indústria. É verdade que existem mercados inteiros ou indústrias que têm mais respeito pela integridade do que outros. Também vemos homens de negócios amadurecidos que conhecem a diferença entre o trabalho numa empresa onde existe grande consideração pela honestidade e justiça e que faz as pessoas realmente se sentirem bem, e o trabalho num mundinho medíocre onde a bondade é considerada uma bobagem, e a experiência do trabalho, degradante. Só uma pessoa de mau coração não sente a diferença.

Se você se vê nessa situação, é importante saber que o sentimento corrupto à sua volta não é uma coisa que se deva basicamente evitar por meio de soluções externas, isto é, provavelmente você não poderá fugir da situação de estar rodeado de pessoas que não respeitam a ética apenas mudando as circunstâncias externas, porque não são elas que estão dando existência a essas pessoas. São suas próprias marcas. Contratei centenas de pessoas para os mais variados postos nas últimas décadas, e durante todo esse tempo poucas saíram de repente.

A conversa era sempre mais ou menos esta:

– Decidi deixar a empresa.

– Por quê? Alguma coisa errada? Há algo em que eu possa ajudar?

– Não adianta, "fulano" (geralmente alguém sentado próximo do funcionário em questão, mas com mais autoridade) está me enlouquecendo. Não dá para continuar trabalhando com ele; ele é muito incompetente, e acho que trabalho melhor quando tenho um chefe mais inteligente. Aliás, já fiz uma entrevista numa outra empresa, fui aceito para o cargo e estou dando o meu aviso prévio de duas semanas.

– Tudo bem, então; vejo que não há mais nada que eu possa fazer. Procure-me de vez em quando para falar como está indo em seu novo emprego.

No comércio dos diamantes, aliás, você geralmente aceita cordialmente as duas semanas de aviso prévio, pede que o funcionário fique sentado ali mesmo e imediatamente dá três telefonemas. Um para a segurança, para pedir que um guarda acompanhe a pessoa enquanto ela arruma as coisas na sua mesa (no caso de alguma pedra solta ter ido parar numa das gavetas enquanto o funcionário estava ocupado em ficar insatisfeito). Outro telefonema para o departamento de recursos humanos cancelar a carteirinha do funcionário para que ele não possa mais entrar na caixa forte. E, por último, para que a contabilidade faça um cheque de pagamento antecipado referente às duas semanas de aviso prévio: mais barato do que vê-los sair com alguns pequenos diamantes.

Depois de umas três semanas, você entra em contato com o antigo funcionário para saber como ele está indo no novo cargo; afinal, não custa nada saber como vão seus concorrentes. Na maior parte dos casos a pessoa parece estar mais relaxada e feliz na nova situação. Você pede que a pessoa o procure de novo em seis meses para saber como vão as coisas. Aí então é que tudo muda; quase sempre, você começa a ouvir as mesmas queixas que o ex-funcionário fazia quando estava em sua empresa.

Você perceberá que *as marcas* de ter pessoas ruins à sua volta não mudam tentando mudar as circunstâncias externas. Os tibetanos dizem que a maioria das pessoas, quando entra numa sala com dez pessoas, logo encontra três pessoas de que gostam, três de que não gostam muito e quatro que tanto faz. Quando vão para outra sala de dez pessoas, o mesmo acontece. Ainda que elas escolham as dez pessoas de que mais gostam e as coloquem juntas numa outra sala, começarão a gostar de três e deixar de gostar das outras três.

Encontrar pessoas honestas não é uma função da realidade externa; aliás, isso não existe. Na verdade, é uma questão das marcas nas nossas mentes. Não procure olhar para fora tentando encontrar uma empresa mais honesta que a sua; procure mudar suas próprias marcas, seja rigoroso ao treinar sua integridade, na força poderosa da lógica que está por detrás da integridade, então espere e se alegre com a mudança na sua própria empresa. A mudança será forjada pelas suas novas marcas e não porque você fugiu de uma situação ruim, esta que em si você jamais poderá resolver.

Problema 44: Você acha que está perdendo o tato para os negócios; estes parecem cada vez mais difíceis, você está tendo problemas em acompanhar as mudanças e parece bem mais devagar do que antes, quando enfrentava problemas muito mais complexos nos negócios.

Solução: Até agora falamos bastante sobre os tipos de marcas que criam o seu ambiente e os tipos de pessoas com quem você tem contato trabalhando. Mas e a mente – e o intelecto em si? Os antigos livros de sabedoria do Tibete dizem que sua habilidade em pensar claramente é também uma percepção forçada em você por tipos de marcas que plantou na sua mente no passado. Também dizem que, se você deixar constantemente de seguir as regras segundo as quais bondade leva a coisas boas – isto é, se você constantemente ignorar a existência dessa profunda verdade –, o seu intelecto sofrerá.

As pessoas que tiveram a honra de viver próximas de Lamas tibetanos têm muitas histórias para contar sobre as extraordinárias saídas que esses mestres têm para problemas tão comuns. Um amigo meu viajava pela Índia de carro com um Lama do Tibete recentemente refugiado. Este, um monge idoso que vivera numa remota região do Himalaia, apenas recentemente andara de carro. O carro quebrou, o motorista saiu e levantou o capô para ver qual era o problema.

O Lama também saiu do carro, pois, *segundo os antigos livros*, é melhor olhar como as pessoas fazem coisas que você não sabe, porque você talvez possa aprender algo que servirá para mais tarde ajudar alguém. Então, curvou-se sobre essa coisa que ele nunca tinha visto antes, um motor de automóvel, e, usando as poucas palavras que conhecia em inglês, perguntou como as peças funcionavam. Aí ele apontou para o alternador e disse: "É isso aí que você tem de consertar".

Ele estava certo. Sempre penso na mente desse Lama como uma espécie de computador ultrarrápido que analisa todas as funções das peças, baseando-se nas funções daquelas que conhece – quase que reinventando o motor a combustão mentalmente, ao olhar para essa coisa moderna e visualizar seu funcionamento interno e chegar à conclusão, por meio de uma lógica perfeita, de qual peça está quebrada.

Essa habilidade superdesenvolvida de pensar e resolver problemas, infinitamente mais rápida e mais clara que a da maioria das pessoas comuns, não é uma questão genética, de nutrição ou de treinamento da mente; é outra percepção, despertada por uma marca mental, uma marca previamente inserida no modo de pensar. A maneira mais forte de plantar esse tipo de marca é simplesmente *entendendo como essas marcas funcionam* para criar o mundo à nossa volta, e depois, com esse conhecimento, seguir o caminho da integridade pessoal.

Problema 45: Os princípios de justiça não estão sendo aplicados na sua vida: toda vez que você tem um problema, seja com um companheiro seja com um concorrente, a pessoa com autoridade para resolver (aqui podendo significar seu chefe ou o juiz) nunca parece dar o apoio ou a proteção que se espera dela.

Solução: Se você pensar um pouco, o fato de não ter a ajuda e proteção que deveria ter de qualquer autoridade representa um colapso fundamental e perturbador na ordem das coisas – talvez não exista nenhuma situação na vida mais frustrante do que ser prejudicado, procurar uma reparação legal e não se fazer justiça. Essa percepção em particular, essa específica realidade, tem suas próprias causas: *uma marca plantada na sua mente por ter se recusado a reconhecer a ordem das coisas*, a verdadeira maneira de como as coisas funcionam, rejeitando especialmente a primeira regra das marcas. Segundo essa regra, uma marca plantada por uma ação negativa, por uma ação em que você consciente e propositalmente prejudicou alguém só pode levar a um resultado negativo: a uma percepção negativa, a uma experiência negativa interior ou no mundo à sua volta.

E você está desrespeitando esse princípio toda vez que não acredita nele ou age de modo contrário – ou melhor, toda vez que você, mesmo sabendo disso, comete uma ação ruim esperando um resultado bom de volta. Estamos falando de pequenas mentiras (marcas negativas) para fechar um negócio (percepção do que se deseja); roubando nos impostos (marca negativa) para ficar com mais dinheiro (percepção do que se deseja) ou encontrando um modo de não pagar a taxa de importação (marca negativa) para baixar os preços do seu produto e torná-lo mais competitivo (percepção do que se almeja). **É essencial entender que, em termos de *conteúdo*, um resultado positivo (sucesso pessoal ou nos negócios) não pode nunca vir de uma ação negativa (prejudicar ou roubar).**

Explicando de outra forma, é impossível que a percepção do que se deseja venha de uma marca negativa. Toda vez que você pensar dessa forma, toda vez que rejeitar a ordem natural das coisas – implícita ou explicitamente –, plantará outra marca na sua mente que o forçará a ver a ordem social exterior do seu mundo de cabeça para baixo; isso significa que o juiz ou o seu chefe decidirão contrariamente ao que você espera, por mais que esteja do lado "certo".

A solução é dura, mas simples: dê-se um tempo e procure se acostumar com essas novas ideias que lhe estão sendo apresentadas aqui (bem, novas apenas no Ocidente), com o conceito de que *o seu mundo é uma criação da sua integridade ou da falta dela*. Supere essa preguiça cultural, tão perigosa, que se recusa a ver de onde o mundo e as coisas ruins realmente vêm. Como um negociante pode errar enquanto outros tantos que fizeram o mesmo são bem-sucedidos? Acontecimentos negativos vêm de ações negativas; faça questão de entender bem por que e como, e então relaxe e divirta-se.

Problema 46: Aos poucos você está começando a notar que, à medida que avança na carreira, o seu grau de integridade cai visivelmente.

Solução: A última solução para o último problema deste capítulo, num livro sobre integridade nos negócios, não é nada do que se poderia esperar – *porque a perda de integridade é uma percepção forçada em você pelo seu desrespeito à integridade no passado*. Durante muito tempo, você simplesmente teve a opinião de que integridade não era algo relevante nos negócios e agora tem de encarar a sua própria perda de integridade. E o pior aqui é que todo o potencial oculto que o fez obter tanto êxito trabalhará contra você, porque as marcas que o levaram a não entender de onde as coisas realmente vêm são mais difíceis de superar – e isso porque a superação das marcas só é conseguida quando passamos a entendê-las. O fato de ter falhado em entender como ser bem-sucedido nos negócios e na sua vida gera o contínuo erro de entender as coisas.

A solução, é claro, é trabalhar duro para superar sua resistência natural contra o tipo de pensamento que este livro apresenta. Se você pensar nisso, verá que muitas opiniões e crenças sobre o sucesso e sua origem foram plantadas em você muito cedo: muitas de suas opiniões sobre a vida lhe foram comunicadas pela professora da primeira e segunda séries e, se tivesse a oportunidade de falar com elas agora, acharia ridícula a maneira de pensar.

Para você ser realmente bem-sucedido, precisa aprender a superar a maneira de se comportar que provou ser, ao longo de sua vida, contraproducente ou quase que por acaso produziu os resultados desejados. As grandes personalidades de cada época e de cada parte do mundo tiveram de aprender a reexaminar cada uma das crenças com que cresceram.

Não deixe que o êxito nos negócios e na vida fique à mercê de suposições que não foram examinadas e preconceitos de seu próprio país e cultura. Lembre-se do que a sua cultura diz ser bom ou ruim, certo ou errado ou errado ou truncado! Não muda de ano para ano, e tampouco durante o curso de sua vida. Quando eu era menino, no sudeste dos Estados Unidos, uma das piores coisas com que um bandido podia se envolver era o que chamavam "running numbers", uma espécie de sorteio de números após a realização de apostas.

Eu não sabia o que "apostar num número" significava, e então perguntei à minha mãe. Ela me respondeu que somente pessoas ruins apostavam números, geralmente na zona sul da nossa cidade, depois da linha do trem. Eles injetavam heroína nos braços, bebiam e apostavam nos números. Apostar nos números era um jogo em que as pessoas iam para uma sala escura, davam dinheiro para um homem que em troca dava um número, e depois que o dinheiro era recolhido e que cada um tivesse seu próprio número, o homem do caixa fechava os olhos e pegava um número, e a pessoa que tivesse sido sorteada ficava com o dinheiro todo (depois, é claro, que o caixa tivesse tirado o seu pelo "trabalho" que tivera).

Nos Estados Unidos, hoje em dia, esse jogo se chama "loteria". A loteria é dirigida pelo governo. Antigamente as pessoas que organizavam esse jogo iam para a cadeia. As pessoas que o organizam hoje estão ajudando o povo. Fazem esse tipo de jogo e é exatamente a mesma coisa, só que não é mais imoral nem ilegal. Nos anos 1920, nos Estados Unidos, era um crime federal a posse ou a ingestão de álcool, o que hoje é legalizado e sofisticado. Os brilhantes fundadores da América escravizaram os negros e por muitas décadas fizeram debates para saber se eles eram animais ou pessoas. Em Nova York é contra a lei maltratar animais de estimação, porque se presume que eles tenham sentimentos. Porém milhões de outros animais, quase iguais, são mortos nos Estados Unidos, todos os anos, para virar carne. Presume-se que não tenham sentimento.

Isso não é uma afirmação sobre jogo, racismo ou comer carne ou não. É apenas uma afirmação sobre acreditar em tudo o que sua cultura diz. Você não pode confiar cegamente em tudo o que ouviu quando estava crescendo – não importa se foram suas professoras do primário, seus pais, pessoas da sua igreja ou templo. Não pode aceitar cegamente o que é popular, legal ou aceito em qualquer parte do mundo que você chama "lar". Não pode seguir um modo de fazer negócios só porque é assim que outras pessoas fazem.

Eu sempre ficava impressionado quando constantemente o dono da Andim, Ofer, nos chamava na sala de reuniões e animadamente acenava com um livro e dizia: "É este aqui! Olhe o que encontrei na livraria do aeroporto no caminho para Dallas! Esta é a resposta para todos os nossos problemas!". Era a cópia do mais recente *bestseller* sobre como fazer negócios.

– Ofer, você já viu quem escreveu esse livro?

– Sim, claro, é o cara que dá palestras motivacionais no país inteiro sobre como ter êxito em negócios.

– E você sabe quanto dinheiro ele faz por ano?

– Eu não sei. Olhe, me parece que ele faz 80 ou 90 mil por ano.

– E quanto você faz por ano?

– Uns 2 milhões.

– Então por que ler esse livro, que é uma estupidez, de um cara que só faz uma fração do que você faz? Você não viu que ele está dizendo exatamente o contrário do que o cara do ano passado falou para fazermos?

Você passa tanto tempo *fazendo negócios*, que deveria querer passar um pouco do tempo tentando descobrir *como os negócios são feitos,* e no fim isso pouparia *anos da sua vida* se você pudesse descobrir qual a razão básica para um negócio ser bem-sucedido. xito, pessoal ou nos negócios, é um resultado – e todos os resultados têm uma causa. Quando você repete as mesmas causas, repete os mesmos resultados. Se você está fazendo negócio de um modo que não produz os mesmos resultados, então não encontrou as causas. Se você não sabe que causas criam um resultado e continua tentando algo que sabe não ser sempre a causa do resultado, está sendo preguiçoso, e não fique surpreso se não for bem-sucedido.

Um ponto em que os livros antigos concordam unanimemente é a capacidade da mente humana. O seu potencial é infinito. Leia este livro – não uma só vez, mas muitas, especialmente as "correlações" ou soluções reais para os problemas de negócios. Não é tão importante lembrar qual solução se aplica a cada problema – isso você pode sempre descobrir abrindo o livro e procurando na lista de problemas –, mas sim começar a ter um entendimento profundo *sobre como a própria realidade, todo sucesso ou fracasso nos negócios se deve às marcas que colocamos em nossa mente*, ao bem ou mal que fazemos àqueles a nossa volta, durante o dia inteiro de trabalho. Então você poderá planejar seu próprio futuro, e este virá do jeito que você quer.

Capítulo 8

Um ato de verdade

Pela bênção do fato de que os Vitoriosos e seus filhos nunca fracassam;

Pelo poder do fato de que o potencial oculto e tudo o que vemos são completamente compatíveis;

Pela força da mais profunda natureza das coisas;
Da verdade de que tudo depende da percepção,

E pelo poder da verdade de todas as coisas
Que desejamos tão profundamente em nossos corações

Possam essas coisas que pedimos se realizar por si mesmas,
Tal como queremos.

Essas linhas expressam o que os tibetanos chamam um ato de verdade:

Se aquilo que fiz é verdade,
Possam então essas coisas ser realizadas.

Sejamos sinceros. É muito comum vermos, no mundo dos negócios, pessoas boas e íntegras sendo usadas ou desprezadas. É também muito comum vermos pessoas egoístas, gananciosas e desonestas nadar em dinheiro. Como podemos explicar esse fato baseado no que falamos até agora?

Esse fato – "Por que aquele que é mau prospera?" (como registra a Bíblia) e aqueles que têm integridade não parecem prosperar – tem uma explicação muito simples neste método, cujos princípios básicos são:

1 – As causas vêm antes que seus resultados

Isso é tão óbvio que, como a maioria das coisas óbvias, acabamos não percebendo. Se uma pessoa está indo bem financeiramente, esse fato precisa estar vindo – segundo tudo o que já dissemos aqui – de marcas que foram plantadas pela simples razão de essa pessoa ter sido generosa no passado. O sucesso presente, então, é o resultado direto de ela ter mantido um estado generoso de mente no passado.

Isso não significa que necessariamente a pessoa que está tendo sucesso hoje tenha, nesse mesmo momento, uma condição de mente generosa; da mesma forma que, por exemplo, o fato de ter uma torta de maçã na cozinha não significa que você tenha uma macieira. A torta de maçã é o resultado de uma árvore que já cresceu, e a macieira que está crescendo é a causa das maçãs que estão por vir.

É bem plausível que o homem de negócios bem-sucedido esteja desfrutando o resultado de marcas de generosidade plantadas no passado e que ao mesmo tempo esteja plantando novas marcas para um futuro desastre – por agora estar sendo ganancioso ou avarento.

2 – Os resultados são maiores que as causas

Lembre-se de que as marcas plantadas sob circunstâncias especiais – uma pequena ação com intensa compaixão ou um pequeno presente para quem precisa – têm um imenso poder; e todas essas marcas crescem exponencialmente durante a incubação no subconsciente. A pessoa que desfruta uma tremenda riqueza hoje pode ter feito alguma bondade relativamente pequena em circunstâncias semelhantes.

3 – As coisas levam um tempo para crescer

Não tenha dúvida de que as marcas crescem como as plantas. Ninguém planta sementes no jardim numa segunda-feira e passa a terça-feira esperando as flores, e acaba frustrado e com raiva à noite quando elas não aparecem.

Tento repassar a informação contida neste livro da maneira mais moderna possível, respeitando, no entanto, rigorosamente o significado do original dos antigos livros. Mas existe um detalhe muito importante que tenho de admitir antes de começar – um detalhe que não será muito apreciado nesta era de pensamento tipo McDonald's. Plantar e cuidar das marcas mentais requer *tempo e paciência*. Ensinei esse método para um grande número de pessoas, e algumas sempre acabam desistindo na metade do exercício. Os princípios apresentados neste livro precisam ser seguidos com disciplina e persistência, por muitos meses, até que você comece a ter resultados concretos.

As pessoas que não conseguem ter sucesso seguindo esses princípios quase sempre fracassam ou por não seguir os princípios por um tempo suficiente ou por não seguir os princípios corretamente (mas pensam que *estão* até que param para refletir). Lembre-se de que as marcas mentais são plantadas numa média de 65 num *estalar de dedos* ou 65 por segundo. Pequenas intenções nobres durante um dia inteiro cheio de irritação mental ou reclamações sobre acontecimentos ou pessoas não terão nenhum resultado perceptível, e é bom que você não os espere.

Os primeiros budistas do Tibete eram conhecidos como Kadampas – eram pastores, marceneiros ou pequenos fazendeiros que se apegavam a novas ideias como o peixe à água, na sua maneira simples, mas original. Carregavam uma pequena sacola com pedrinhas, metade brancas e metade pretas. Toda vez que tinham um bom pensamento, diziam uma coisa positiva ou praticavam uma bondade para outra pessoa, tiravam uma pedra branca e a punham no bolso esquerdo. Toda vez que tinham um pensamento negativo com relação a uma pessoa ou diziam ou faziam alguma coisa ruim para outra pessoa, tiravam uma pedrinha preta da sacola e a colocavam no bolso direito.

No final do dia, antes de deitarem para dormir, tiravam todas as pedrinhas do bolso e contavam as brancas e as pretas. Eles percebiam rapidamente, como você também perceberá, que tinham mais pedras pretas que brancas. Não quero com isso dizer que somos todos maus e que deveríamos sempre nos sentir culpados ou deprimidos – apenas que basicamente grande parte das nossas mentes nesse canto do universo (e existem muitos outros cantos) funciona desse jeito. No entanto, uma qualidade muito, muito importante de nossas mentes – e você verá que é verdade – é que elas são altamente *treináveis*. Com um pouco de prática, sua mente aprenderá quase tudo: é apenas uma questão de trabalhá-la.

4 – Ajuda para ter um método de controle da mente

A Divisão de Diamante da Andin International ficava no quarto andar do nosso prédio em Manhattan. As instalações para a fabricação das joias ficavam no subsolo e nos primeiros andares do edifício, já que a maior parte das instalações ficava fora do país. Fabricar joias não é como produzir carro ou outros objetos com milhares de peças separadas. Existem apenas duas partes: o suporte e a pedra.

É impressionante, no entanto, por quantos estágios um anel de brilhante tem de passar até chegar a uma loja de departamentos. Começa no setor de *merchandising*: alguém imagina um novo modelo e faz um esboço para o *designer*. O *designer*, com esse esboço, faz um desenho completo, mostra o modelo para os figurões da empresa, elabora algumas mudanças e encaminha o desenho para o especialista em desenho técnico.

O especialista analisa a peça do ponto de vista técnico: será que o aro do anel é forte o suficiente para aguentar o uso cotidiano? (Uma vez recebemos de volta um anel completamente achatado de um cliente, dizendo que ele tinha um defeito; depois ele acabou admitindo que o anel tinha sido amassado no assento da privada ao limpá-la; acabamos trocando assim mesmo.) Será que existe metal suficiente em volta da pedra para evitar que ela caia? A peça pode ser fabricada em grandes quantidades? O modelo permite que a luz reflita na pedra pelos lados e por trás, para que ela possa brilhar direito? E assim por diante.

Depois a peça vai para a pessoa que levanta os custos da pedra e que decide se é economicamente viável. O anel causará sensação suficiente no meio em que o cliente frequenta? O diamante aparenta ser grande ou maior do que é? Em comparação com outras peças semelhantes no mercado, esta é mais cara ou mais barata? Daria para se tirar um pouco de ouro sem alterar a aparência ou sem que a peça se desfaça inteira no dedo da pessoa? Qual seria o risco de fazê-la em grandes quantidades e depois mantê-las em estoque?

Depois dessa análise, algumas peças são feitas e testadas. O processo de fundição de ouro para anéis não mudou muito desde a época dos ourives egípcios há 3 mil anos. Esse processo é chamado fundição por cera perdida; começa com um especialista em modelagem que, seguindo o desenho, esculpe cuidadosamente um modelo do anel com uma cera fina e resistente.

Essa matriz de cera é colocada num pequeno recipiente quadrado contendo uma borracha líquida que endurecerá em volta da cera. Um especialista em cortar moldes entra em cena e, com um pequeno bisturi de cirurgia, recorta cuidadosamente as laterais da borracha, como um pão de hambúrguer, até remover o modelo original. Um canal é feito num dos lados da borracha até a cavidade, que ficou com a forma do anel após o modelo ter sido removido. Essa cavidade, então, será o molde para as próximas cópias em cera da matriz do anel: esses clones são chamados "modelos de cera".

Um técnico em injeção de cera une as duas partes do novo molde, atando-as com um elástico e, com uma máquina à pressão que tem um bico na ponta, a cera quente é injetada no canal. A cera flui pelo canal até encher completamente o molde (que tem a forma do anel). Quando a cera esfria, o elástico cai e a cera é removida cuidadosamente do molde. Se a cera estiver riscada ou com alguma imperfeição, um finalizador de cera com uma minúscula escova faz um acabamento; é muito mais fácil fazer esse trabalho na cera neste estágio, do que mais tarde, na peça de ouro.

Em seguida, um criador de árvores pega uma boa quantidade de modelos de cera espetando-os numa vara, também feita de cera, com as varetas que foram formadas quando a cera foi injetada no canal (essa vareta é chamada "montante"). A árvore inteira é colocada numa pequena barrica de cabeça para baixo, contendo gesso deixando a base voltada para cima.

Depois que o gesso endurece, é colocado num forno especial que faz a cera da árvore derreter. Isso deixa o gesso oco com uma rede de canais abertos que levam até os moldes, que têm a forma do futuro anel. Um mestre de fundição começa a fazer as ligas para dar a cor certa e a dureza do anel: as ligas vêm em pequenos sacos de pano cheios de pequenas bolas de ouro puro ou prata.

O desafio do mestre de fundição não é só o de fazer a mistura certa para dar a aparência e força da peça acabada: é também achar a *exata* proporção de ouro e outras ligas para alcançar 14 ou 18 quilates de mistura, isto é, 14/24 de ouro ou 18/24 de ouro e nem uma milésima parte a mais ou a menos. Esse é um dos segredos do lucro de uma empresa de joias. O custo do trabalho nos mercados mais importantes do mundo é quase o mesmo, o custo do ouro é totalmente fixo, e todo mundo, espero, paga os mesmos impostos, as mesmas taxas, e assim por diante.

Então o único fator que se pode controlar é a porcentagem de ouro num anel: você tem de ter um 14/24 legal de ouro – 14 quilates, se você quer vender – senão perde a reputação no mercado. Por outro lado, você *tenta evitar* dar uma mínima fração a mais do que 14/24, ou perderá esse dinheiro. Existem sofisticados equipamentos de espectroscopia utilizados no comércio de joias que custam centenas de milhares de dólares, mas que podem medir até o centésimo da porcentagem num anel finalizado.

Usamos um desses para saber se um fornecedor tailandês estava colocando a quantidade certa de ouro nas nossas peças, e ele ficou chocado quando mostramos quanto dinheiro estava perdendo ao colocar *muito mais* ouro. Como você pode notar, queremos que os fornecedores façam dinheiro também, senão acabará tendo de aumentar preços, e uma incompetência qualquer da parte deles fará seu produto ficar menos competitivo no mercado.

As ligas são misturadas e derretidas até virar líquido, e aí injetadas sob pressão nos canais do emplastro. Quando o ouro esfria, o emplastro é amassado deixando a árvore de Natal com anéis de ouro em vez de enfeites de Natal nas pontas dos galhos. Agora é a vez do "joalheiro", um nome que não tem nada a ver com a pessoa que cuida de uma joalheria: na fabricação de joias essa é a pessoa que corta ou guarda o ouro depois que a fundição é feita.

O joalheiro, com algumas tesouras pesadas ou uma ferramenta de cortar pneus que tanto pode cortar seu dedo em dois como um naco grande de ouro, começa a cortar os anéis dos galhos da árvore. A meta aqui é bem simples: cortar o mais perto possível do anel acabado, não deixando nenhuma pontinha de ouro a mais, mas não tão próximo a ponto de o anel de noivado de uma cliente acabar com uma falha num dos lados. Os anéis passam a ser chamados peças fundidas, e serão mergulhados no tamboreador.

A árvore de ouro, ao esfriar no estágio do gesso, oxida um pouco a parte exterior do ouro, deixando-o com uma espécie de pele rugosa, como uma casca de árvore. Por isso, as peças fundidas nesse estágio não se parecem nem um pouco com os adoráveis aneizinhos reluzentes que você normalmente conhece; são umas peças pequenas sem brilho nenhum, com uns microns de pele que precisam ser descascados. Você precisa, então, ou dar um banho neles com um ácido bem forte e arsênico ou jogá-los numa máquina chamada tamboreador.

O tamboreador é um pequeno cilindro ou disco, cuja parte interna tem um metal especial ou contas de plástico misturadas num líquido pastoso. Joga-se dentro um monte de peças fundidas que foram cortadas das árvores, liga-se o tamboreador e deixa-se em funcionamento até a manhã seguinte. Qualquer processo que pode ser feito à noite sem supervisão é altamente desejável, já que o prazo para os anéis chegar às mãos do cliente pode ser medido em horas até se aproximar da data de entrega.

As provas fundidas saem com um brilho opaco e vão para o cravador de peças. Os cravadores são uma raça estranha, um clã à parte. Geralmente são pessoas bem amigáveis e imensas que se sentam em banquinhos de 30 cm de altura mais ou menos (isso faz com que eles tenham as costas eretas enquanto trabalham). À sua frente há sempre uma mesa com uma aba de madeira apontando para eles, em cima da mesa uma complicada coleção de furadeiras com uma variedade de brocas.

O cravador pega um pequeno pacote de diamantes do departamento de brilhantes e os joga num pequeno copo. Em seguida, com uma furadeira, faz um pequeno orifício para colocar a pedra na peça fundida; isso talvez implique um novo buraco ou o entalhe de algumas pontas que estavam indicadas no desenho técnico. Depois, pega um pequeno cone de cera e coloca o topo do diamante na ponta, num movimento que lembra o balançar de uma maçã na ponta de uma bengala. Ele vira o cone habilmente inserindo a pedra no buraco, olhando por um visor especial como se fosse um cirurgião cardiovascular. Os cravadores precisam ter a mão mais firme do negócio.

Depois, com uma ferramenta que parece um abridor de latas, pressionam o ouro na pedra. Isso requer uma força brutal, e a maioria se parece com gorilas da cintura para cima. Mas é uma força que precisa de um certo toque, pois nesse momento a pedra pode lascar ou quebrar, e os cravadores se responsabilizam por parte do custo de toda pedra quebrada. Alguns cravadores ganham mais, só pelo risco que correm em colocar certos tipos de pedra. Por exemplo, mais de um quarto das esmeraldas usadas numa fábrica de joias é danificado nesse estágio, devido à sua fragilidade.

Depois do cravador o anel segue para o polidor, que dá ao ouro um brilho bonito e elimina qualquer eventual arranhão que o cravador possa ter feito sem querer na pedra. A seguir a pedra é mergulhada numa fervura ultrassônica para limpar o pó que o disco de polimento fez e também para receber milhares de pancadas, que se assemelham aos possíveis movimentos de uma adolescente hiperativa nos primeiros meses da aquisição do anel. Se a pedra não cair é porque o anel está pronto para ser usado.

Embora existam mais estágios na fabricação de um anel de brilhante do que se possa imaginar, o fato de esse processo todo existir só tem uma razão: juntar duas peças. É incrível que numa fábrica comum 30% dos anéis tenham de voltar para algum estágio anterior por problemas de qualidade. O lucro de um anel talvez seja apenas uns poucos dólares, e toda vez que a pedra precisa voltar no fluxo contrário, para ser de novo trabalhada, o custo será *maior* que o lucro: uma maneira bem-educada de dizer que damos o anel de graça para o cliente.

Imagine-se sentado numa mesa de reuniões com 12 vice-presidentes e os donos, a mesa coberta com centenas de adoráveis e brilhantes anéis numa variedade de cores: topázios, rubis, turmalinas, diamantes, pérolas e ametistas. E cada um desses anéis tem um pequeno risco que nem vale a pena mandar para um cliente. Todos terão de ser raspados, isto é, todos terão de passar pelo doloroso processo de jogar uma criação maravilhosa como essa, e todo o trabalho árduo investido na produção da peça, num ácido fervendo que faz o ouro se dissolver, deixando apenas a pedra (o ouro é então filtrado e reutilizado).

Depois de algumas horas de discussão acalorada (ninguém quer admitir que os riscos foram produzidos num dos departamentos da sua divisão), você fica sabendo onde os riscos foram feitos. Acontece que o departamento em questão está cheio de empregados cabeças-duras que talvez descubram uma maneira de fazer novos arranhões nos anéis se você os repreender abertamente pela baixa qualidade de trabalho. Na Andin colocamos em prática, então, um sistema chamado "contando".

Você manda um aviso, pelos cabeças *culturais* do departamento (os trabalhadores que têm mais influência, ao contrário dos cabeças *políticos* – geralmente os gerentes intermediários que na maioria das vezes são pouco estimados pelos funcionários), de que você quer uma contagem de quantos anéis saíram do departamento com um determinado risco. Você só está interessado nos riscos. Sem acusações, sem jogar culpa ou punir – "apenas nos informe semanalmente nesse pedaço de papel a quantidade de anéis que saem riscados do departamento".

Você já sabe o que acontece. Basta o controle começar que os riscos param imediatamente, em poucos dias, e ninguém se sai mal. Resultados sem culpa, porque a culpa sempre leva a mais problemas. Agora, o que isso tem que ver com as marcas mentais?

Você entendeu a teoria muito bem: todas as coisas possuem esse potencial oculto que faz com que possam se tornar uma coisa boa ou ruim, e as marcas plantadas na minha mente no passado atuam nesse potencial e decidem como eu vejo *tudo*, até meus próprios pensamentos. Mas na verdade ser capaz de se aprofundar nesse conhecimento e transformá-lo em sucesso nos negócios é algo totalmente diferente. A melhor maneira de fazer tal coisa é simplesmente instalar um sistema de controle – livre de julgamentos ou culpa – que será usado regularmente como um *cadastro de dados* para saber como as coisas vão.

Em tibetano esse controle é chamado *tüntcuk* ou "seis vezes por dia", assim chamado o livro das seis vezes. Se você seguir esse sistema, obterá resultados. Se não o seguir, não obterá. Essa é uma das coisas mais importantes do livro – assim preste atenção, se você realmente quer ter sucesso.

Saia e compre uma agenda pequena, uma espécie de planejamento diário, que caiba no bolso. Depois volte para os seus 46 problemas no capítulo anterior e ache três que se apliquem ao seu caso. Esses são seus três maiores problemas e são neles que você deverá se concentrar. Assim que um determinado problema desaparecer ou atingir um certo grau de melhora, substitua pelo quarto maior problema da lista, e assim por diante.

Utilize algumas páginas da agenda para fazer o controle. Divida a página em seis quadrados com espaço para escrever cinco ou seis sentenças em cada um deles. Enumere cada quadrado, e escreva algumas palavras para lembrá-lo da solução de cada problema, uma solução para cada um dos três primeiros quadrados. Repita o processo nos quadrados seguintes. Os três primeiros quadrados devem ser usados antes do almoço; os três outros para depois do almoço.

Antes de sair para o trabalho, pela manhã, cheque a solução do primeiro quadrado. Digamos que você está tendo dificuldades com o problema 36: pessoas dentro e fora da companhia parecem estar enganando-o. A solução para esse problema, se você se lembra, é evitar o orgulho e o pouco saudável desejo de reconhecimento; fale positivamente, ouça e aprenda com todos à sua volta e encontre maneiras de reconhecer o trabalho daqueles que merecem.

Agora, no lado esquerdo do quadrado coloque um pequeno sinal de "mais", e escreva ao lado alguma coisa que você pensou, disse ou fez no dia anterior que esteve próximo das soluções para esse determinado problema: talvez você tenha passado um tempo pensando sobre uma coisa que um funcionário anda fazendo regularmente, e parou a pessoa para agradecer-lhe de forma simples. Não escreva uma longa história, ou você ficará cansado de anotar e acabará desistindo. Faça apenas por alguns segundos uma autorreflexão honesta e escreva alguma coisa rápida e breve.

Não generalize porque não dá certo. Não vá escrever "Eu sou um cara legal para as pessoas no trabalho" como um dado. Você deve escrever algo como "às 15h15 da terça-feira fui até a mesa da Susana e lhe agradeci, diante de todos, por estar fazendo os inventários em silêncio e tão bem, nos últimos seis meses". Esse tipo de controle consciente de seus pequenos sucessos cria uma marca tão forte na sua mente que logo descobrirá que o problema de ser enganado está sumindo, de uma forma tão consistente e sutil que será difícil notar a mudança.

Embaixo do sinal "positivo" escreva um "negativo", e procure se lembrar de alguma coisa que nos últimos dias você não fez tão bem com relação ao mesmo problema. Pode escrever algo como, por exemplo, "Ontem não quis ouvir a sugestão do Marcos sobre um sistema de compras, quando estava perto de sua mesa às 14h30". Lembre-se de que as marcas crescem durante o tempo de incubação no subconsciente: os resultados serão maiores que as marcas, mesmo que sejam pequenas; no entanto precisam ser bem específicas.

Finalmente, escreva "fazer" embaixo do sinal negativo. Este é o plano de hoje: fazer algo que simbolize uma mudança que você quer ver em si mesmo. Uma coisa simples como "agradeça as sugestões que Roberto lhe deu" ou "agradecer hoje pelo menos uma pessoa no departamento das pedras coloridas". A lista "fazer" tem de ser bem modesta; tudo o que você colocar no livro das seis vezes necessita ser curto e simples – você é uma pessoa ocupada, e colocar-se uma longa história vai acabar se cansando.

Acima de tudo lembre-se da razão pela qual está fazendo esse livro. Não é para se sentir culpado caso não esteja fazendo bem – em tibetano não existe a palavra "culpa". A ideia mais próxima é "o remorso inteligente que decide fazer as coisas de maneira diferente". Essa é uma maneira fria e calculista de tentar se ajustar à sua nova realidade, de fazê-la mais lucrativa e profunda – não existe nada errado nisso, especialmente se você acabar alcançando esse objetivo ao ser gentil e bom com as outras pessoas. Agora você tem mais um negócio: o cultivo do jardim mental. Depois de estudar quais marcas criam as coisas que você quer conseguir, escolha as sementes ou marcas que quer plantar na sua mente – plante conscientemente as sementes e deixe o extraordinário sucesso acontecer.

Escreva cada duas horas diariamente. Faça isso na sua mesa silenciosamente (todo mundo vai pensar que você é um importante executivo checando os seus compromissos); caso exista muita gente em volta ou o telefone não o deixe em paz, vá para um lugar quieto perto da mesa do cafezinho ou um lugar tranquilo e escreva. Cheguei até a pedir licença, em reuniões de diretoria, fingindo estar indo ao banheiro, só para poder escrever na agenda.

É importante que os momentos escolhidos para escrever sejam espalhados ao longo do dia – essa é a razão pela qual o livro se chama "livro das seis vezes". A ideia do livro é usá-lo continuamente ou checar você mesmo de tempos em tempos para evitar que a sua mente faça alguma coisa errada. Se começar a escrever às 8 da manhã, pare durante o cafezinho das 10h30 para escrever de novo. Aí escreva no almoço, depois à tarde e em seguida no caminho para casa. À noite, em casa, escreva pela última vez, e um pouco antes de ir para cama reveja o dia que passou e escreva separado as três melhores e as três piores coisas que você fez durante esse dia. Lembre-se de que você não está se julgando e não precisa se sentir culpado de nada: você está apenas *checando* o que fez, disse e pensou durante o dia todo. Ao fazer esse *controle*, irá automaticamente sentir *a mudança*. E, ao *mudar*, sua realidade também mudará, transformando-se naquilo que você sempre sonhou. Se continuar com esse plano por algum tempo, ficará impressionado com os resultados.

5 – Ter consciência do que está fazendo torna tudo mais forte

Você agora entende por que pessoas que são íntegras nos negócios não são recompensadas em tempo! É preciso ser *firme* e constante o dia inteiro, mesmo que seja de uma forma simples. E é preciso se manter assim por um bom tempo. E, por último, é preciso dar algum tempo para as plantas crescerem – porque essa é a verdadeira natureza da causa e efeito e das marcas atuando no potencial.

Existem mais alguns detalhes aqui que vão apressar o processo acentuadamente. Se você *realmente entender* o processo ao fazer o livro das seis vezes, o resultado será melhor ainda. Isto é, pare de vez em quando para refletir no que está realmente acontecendo. Você está tendo um problema nos negócios – no mesmo mercado, no mesmo departamento ou na mesma companhia onde outros *não* têm esse problema; isso acontece porque você tem marcas na *sua* mente que o fazem ver as coisas de maneira diferente das outras pessoas. Por isso está procurando identificar essas marcas, neutralizá-las e substituí-las por marcas opostas.

Compreender como o processo inteiro funciona e manter a mente de um modo que esse processo possa funcionar bem, ajuda a ir muito mais rápido e com muito mais força. Isso também explica por que pessoas que parecem ter grande integridade nos negócios não obtêm sucesso. Não é suficiente ter um rigoroso código de ética nos negócios se você está fazendo apenas por instinto, pela imposição da lei ou pelo costume da sua indústria ou então vendo o comportamento de seus companheiros ou seguindo um grande conselho de um amigo que não soube explicar bem como esse processo funciona. O *seu comportamento ético na vida e nos negócios precisa ser conduzido com a total consciência dos tipos de marcas que um determinado comportamento plantará no seu subconsciente, e como isso determinarão a realidade do resto de sua carreira de negócios.*

6 – Sempre termine com o ato de verdade

O que foi dito anteriormente me faz voltar para o ato de verdade. Uma coisa é saber que, para se ter sucesso na vida ou nos negócios, você precisa viver com integridade. Outra coisa é agir segundo esse conhecimento, a toda hora, o dia inteiro. E, num nível ainda mais alto, entender claramente como o processo todo funciona. Existe, no entanto, um passo a mais a ser dado para que esse poder funcione rapidamente, de modo que você terá certeza de que só pode ser devido à sua nova maneira de olhar e de se comportar na vida.

Esse último passo é o ato de verdade. No final do dia, talvez no caminho para casa, pegue o livro das seis vezes. Olhe todos os dados positivos que você escreveu nas últimas 24 horas. Imagine que cada um deles plantou uma marca poderosa na sua mente, que vai fazê-lo ver no futuro um mundo inteiramente novo, e alcançar sucesso nos negócios e na vida muito além do que jamais imaginou. Alegre-se até com as menores coisas que conseguiu ao seguir o caminho da total integridade pessoal.

Imagine o que implicou essa integridade. Imagine, olhando para o dia de trabalho que acabou viver, e ser capaz de dizer, com honestidade, que foi totalmente honesto durante cada minuto do dia – na maneira de agir com os outros, em cada palavra que cuidadosamente escolheu para dizer aos outros, mesmo nos seus mais íntimos pensamentos. Pense como foi bom com todas as pessoas à sua volta, como foi honesto com elas, e que está vivendo uma vida cheia de honestidade e que agora tem condição de poder olhar para trás e dizer que foi um dia de integridade perfeita.

Toda vez que tiver um dia como esse (e isso exigirá uma boa prática) ou próximo de um dia como esse, recorra ao ato de verdade. Chamar o poder do ato de verdade faz com que todas as marcas do dia tenham a força aumentada. O ato de verdade é mais ou menos assim:

Se é verdade que, durante todo esse dia, estive consciente de tudo o que disse para os outros, de tudo o que fiz para os outros, de todos os meus pensamentos sobre os outros, e agi durante o dia todo com completa honestidade em relação a cada pessoa com quem tive contato, então que um novo poder nasça. E pela força desse novo poder possamos eu e todos aqueles no meu mundo atingir juntos pelo meu trabalho a verdadeira felicidade e prosperidade.

Quando os tibetanos recitam um ato de verdade como esse, visualizam raios dourados de luz saindo de seus corações, como se o sol estivesse em seu peito. E imaginam essa luz envolvendo todas as pessoas que estão em volta – primeiro, nas pessoas que estão juntas no ônibus segundo, todos aqueles que estão voltando para casa naquele momento e depois, em todas as pessoas que estão em casa esperando por eles.

Pedem que todas essas pessoas tenham sucesso nas suas vidas e nos trabalhos que desejam para si mesmos. Se os princípios que você leu aqui – os conceitos de potencial oculto e as marcas mentais – são verdadeiros, então a prosperidade deve chegar para todas as pessoas que fazem uso deles, para todos nós, ao mesmo tempo: há mais do que suficiente para todos, e o copo de cada pessoa pode transbordar em abundância.

Segundo objetivo

*Aproveitando o dinheiro ou tomando
conta do corpo e da mente*

CAPÍTULO 9

Criando uma boa energia para o dia com a prática do silêncio

Suponhamos que você entendeu a essência de O *lapidador de diamantes*: entendeu que nada é do jeito que é por si mesmo, porque senão tudo pareceria exatamente igual para todos nós. A maneira como as coisas podem se mostrar para você é causada por sementes ou marcas que você mesmo colocou na sua mente algum tempo atrás, ao dizer ou pensar alguma coisa boa ou ruim sobre alguém.

Finalmente, ao se basear nesse princípio, você pode criar seu próprio futuro controlando sua maneira de agir e pensar durante o dia. A conclusão a que se chega é que você alcançou o que toda pessoa na história, e por conseguinte na história dos negócios, sempre desejou alcançar: o controle sobre seu próprio destino. Você sabe como ser bem-sucedido.

Agora gostaria de falar sobre alguns outros métodos para se aprofundar ainda mais e aproveitar ao máximo seu sucesso. Segundo os pensadores budistas, uma coisa é ser bem-sucedido – obter um sucesso material por exemplo – outra coisa, bem diferente, é saber aproveitar esse êxito. Neste e nos capítulos seguintes falaremos sobre várias maneiras de manter a felicidade diária enquanto você prossegue nos seus planos de sucesso. Comecemos aprendendo como "criar uma boa energia para o dia".

Os sábios tibetanos chamam esse processo de *penpatang*: a expressão significa "dar o tom do dia", passando alguns momentos em silêncio pela manhã; essa frase é semelhante a outra, que significa "atirar uma flecha".

Esse momento de silêncio diário, sentado sozinho, preparando seus pensamentos para o decorrer do dia, é igual ao *Livro das seis vezes*: essencial para começar o plano de sucesso absoluto na vida pessoal e de negócios nos próximos anos. As raízes dessa prática são encontradas nos antigos ensinamentos de Buddha, como o *Livro da luz dourada*, que foi escrito há 2 mil anos. É bem verdade que alguns detalhes da vida podem ter mudado desde então, mas não o princípio básico de como preparar o decorrer do dia, que foi passado de mestre para discípulo como uma prática profunda e pessoal para ser utilizada durante toda vida, numa tradição contínua nesses séculos todos. Iremos mostrar aqui como também você pode fazer isso toda manhã.

Uma versão mais completa dessa prática diz que na verdade você deve começar na noite anterior. Assim, já estando na cama, faça primeiro uma revisão do dia que passou, como já dissemos anteriormente. Analise as três melhores coisas que você fez, disse ou pensou, e depois as três piores. Concentre-se especialmente nas três coisas boas e, ao dormir – ao entrar no mundo dos sonhos, que para muitos mestres tibetanos está próximo ao mundo misterioso que fica entre a morte desta vida e o despertar da próxima –, pense adiante, no momento que o despertador tocará na manhã seguinte. Pense adiante, nos seus primeiros pensamentos, nos primeiros momentos, quando você se espreguiça, boceja e abre os olhos. Como você já deve ter notado na sua vida, esses primeiros minutos – na verdade a primeira hora – são críticos para começar o dia de maneira positiva. E o melhor jeito para ter um bom começo é iniciar o dia com um período de silêncio e reflexão pessoal.

São técnicas básicas para conduzir essa hora de silêncio pessoal que foram desenvolvidas por séculos entre os grandes mestres do Tibete e mesmo antes deles. Se você aprender e praticar esse momento de silêncio pessoal – mesmo sendo apenas alguns minutos por dia –, isso provavelmente se tornará, talvez, um dos momentos mais importantes e apreciados da sua vida. O primeiro passo é encontrar um lugar na casa ou apartamento para você poder passar esse momento quieto.

É importante que você tenha um lugar à parte, onde possa passar essa hora matinal de silêncio. Devemos dizer, antes de tudo, que a cama não é uma boa ideia, pois é o lugar onde você acabou de passar um longo tempo dormindo e que ainda está cheio de impressões de torpor e escuridão. A cama é um lugar onde você foi condicionado, sua vida inteira, a ficar em silêncio e depois dormir; provavelmente, se você tiver seu momento de silêncio na cama, cairá no sono de novo. É fundamental se levantar e se movimentar.

No Tibete os monges saem do quarto e lavam o rosto, assoam bem o nariz para assim respirar tranquilamente durante o momento silencioso da manhã. No nosso monastério esse som de manhã parece uma sinfonia de narizes sendo assoados. Depois você deve escovar os dentes, para sentir um gosto agradável durante o momento de silêncio, pois isso pode ser mais uma coisa a distraí-lo. A seguir você toma algum líquido para hidratar o corpo – chá ou suco ou apenas um gole de café, se você estiver acostumado a bebê-lo – e vai engolindo aos poucos enquanto arruma o espaço.

Esse será o lugar da casa ou apartamento onde você irá sempre passar seu momento de silêncio matinal. Em primeiro lugar, acho que deveria ser um lugar tranquilo, com todos da casa concordando que ali você passará os momentos de silêncio sem ser interrompido. Alguns homens de negócios que conheço arranjam um bom lugar no porão e o arrumam; outros, que vivem em lugares menores, compram um desses biombos japoneses e colocam num canto do apartamento; outros fazem um acordo com a família para ter a sala de estar só para eles das 7h às 7h30 da manhã. Não importa qual seja o lugar, faça questão de que todos respeitem o seu espaço de silêncio naquele determinado momento, e tenha absoluta certeza de que não será interrompido.

Isso significa desligar o telefone da sala, ter certeza de que ninguém irá escutar rádio alto ou televisão por perto, e ter cuidado em minimizar ruídos de fora, fechando janelas que dão para uma estrada ou rua movimentada, por exemplo. O tempo e o espaço deveriam ser os mais silenciosos possíveis nessas circunstâncias. Se o barulho em volta da casa ou de fora é muito intenso às 7 horas, então talvez você deva começar mais cedo, embora seja essencial dormir bem – as horas necessárias para você se sentir descansado e assim ter um bom momento de silêncio.

Se o seu lugar de silêncio tiver um toque especial, como se fosse um lugar sagrado, melhor ainda. O lugar deve ser limpo e arrumado, e na verdade a primeira coisa que devemos quando chegamos é limpar, tirar o pó ou arrumar. Mesmo que o lugar esteja limpo devemos fazer, porque faz o corpo se inclinar e se movimentar um pouco. Os sábios tibetanos dizem que ao limpar você deveria imaginar uma limpeza sendo feita nos negócios, na vida e na mente. Se você se tornar um *habitué* (você tem de ser, senão nada disso funcionará), perceberá que não existe muito para limpar, apenas um ou outro emaranhado de poeira ou pequenos pedaços de papel espalhados. Aí vamos para os pequenos detalhes e limpamos o que tiver no chão ou em volta, mesmo coisas bem pequenas. Esse processo representa o lugar onde você mantém seus negócios e sua vida pessoal tão organizados que apenas uma pequena manutenção será necessária de vez em quando. Mas não deixe de fazer essa pequena manutenção e pense sempre no que isso representa para você.

Estando realmente calmo e arrumado, o lugar ajudará sua mente a se acalmar. O próximo passo é encontrar uma cadeira confortável onde você possa desfrutar seu momento de silêncio pessoal. Conseguir esse silêncio é como obter uma espécie de devaneio ou sonho acordado ou ouvir sua música favorita: você se inclina e fecha os olhos, ou apenas olha para o nada, deixando seus pensamentos vagar livremente enquanto o corpo fica relaxado e imóvel. O fundamental é achar um lugar onde você possa "estacionar" seu corpo dessa forma enquanto mergulha no silêncio da mente. A ideia é "parar" o corpo numa posição que lhe seja confortável até o momento que você e sua mente decidirem sair do silêncio.

Segundo os antigos ensinamentos do Tibete, uma posição, para ser boa, precisa incluir alguns elementos. O mais importante é manter as costas eretas, o que, segundo os tibetanos, faz com que algo no sistema nervoso funcione melhor e ajude a mente a se concentrar durante o silêncio. É bom se sentar em algum objeto firme e endireitar a região do cóccix (acima das nádegas, na direção da coluna) com uma almofada: isso o ajudará a manter sua coluna reta. Você pode cruzar as pernas se achar confortável essa posição, como também sentar-se de sua maneira habitual novamente, com os pés no chão – como você normalmente se senta.

Descanse as mãos suavemente no colo, com as palmas para cima e tente relaxar o corpo inteiro. Uma boa maneira de relaxar o corpo é fazer uma série de respirações profundas. Essa prática em tibetano é chamada *uk djuk-nuop* e existe há pelo menos 1.600 anos, quando apareceu num texto chamado *Casa do tesouro do conhecimento elevado*. A ideia é focalizar sua mente no silêncio, sem qualquer outro pensamento ou experiência, e deixá-la se levar pelo movimento da respiração, de entrada e saída do ar.

Um detalhe: começamos com a saída do ar e depois é que vem a entrada! É assim que funciona. Você fixa a mente no interior das narinas. Imagine-se como uma sentinela que foi colocada na entrada dessas cavernas para vigiar e ver se alguém entra ou sai. Ao inspirar e expirar esteja consciente do ar que entra e sai no nariz: o ar fresco e seco entrando e o ar úmido e quente saindo. Lembre-se de manter a postura: não deixe sua mente vagar para fora do nariz e do toque do ar ao entrar e sair. Se alguém bater à porta ou falar alto, poderá distraí-lo por um momento, mas logo você consegue trazer a mente de volta para a respiração.

O antigo costume é repeti-lo umas dez vezes, com uma condição – se você se distrair e perder a contagem, terá de repetir. Você conta a saída do ar como a primeira metade e a entrada como a outra metade.

Dizem que essa maneira de contar a respiração (o contrário da nossa maneira de respirar, segurar e soltar o ar, pode ser contado como uma única respiração, como na natação) tem o poder extra de trazer a mente para dentro, focalizando nos pensamentos interiores. Se você se perde frequentemente na contagem antes de chegar a dez, é porque tem algum problema em se concentrar. Isso vai afetar enormemente seu desempenho nos negócios e você terá de ter um cuidado a mais para observar seu silêncio toda manhã.

Você pode fechar os olhos ou deixá-los abertos, não importa, contanto que não se distraia. Se você fechar os olhos, poderá ficar com sono, pelo condicionamento de uma vida inteira. Se ficar com os olhos abertos, talvez comece a olhar em volta da sala e a se distrair com os objetos. Os antigos livros tibetanos dizem que, se você deixar os olhos abertos, deverá tentar não focalizar em nada em particular: apenas os deixe vagar pelo espaço à sua frente, como se estivesse sonhando acordado, não olhando para nada. Seria bom, no entanto, que você voltasse os olhos um pouco para baixo, fazendo o mesmo com os cílios.

Bem, estando agora sentado corretamente, como deve ser o seu tempo de silêncio? E quanto tempo deve durar? Primeiro, respondamos à segunda pergunta. Seria bom passar de 15 a 30 minutos de silêncio por dia. E "por dia" quero dizer todos os dias, pois esse tipo de treinamento não funciona se você não mantiver a prática diária, sem interrupções. A melhor maneira de fazer a prática de silêncio diária é fazê-la *na mesma hora*, todos os dias. Eu costumava vir para Nova York do centro de Nova Jersey, no mesmo horário, todas as manhãs – a última parte da viagem de ônibus era uma autoestrada, com um desvio no último minuto ao entrar no túnel Lincoln para chegar a Manhattan. Durante parte da viagem para Nova York eu cochilava, e acordava exatamente na mesma hora toda manhã, bem na entrada do túnel, para colocar a gravata e o casaco.

Na volta para casa, tirava uma soneca na primeira parte da viagem para me recuperar do frenesi do dia e da impossibilidade de dormir; começava na mesma hora, digamos 18h15. Por uns dez anos fiz isso regularmente, de tal maneira que, mesmo nos dias livres ou nas férias, ficava com sono exatamente às 18h15 onde estivesse. A mesma coisa começou a acontecer no almoço: nosso almoço era às 13 horas, e não importava em que parte do mundo eu estivesse ou o que estivesse fazendo, começava a ficar com fome às 13 horas no horário de Nova York. Esse mesmo princípio serve para a prática diária de silêncio.

Comece a criar um horário para você: digamos às 7 da manhã todos os dias. No começo é um pouco difícil entrar no ritmo. Você não está acostumado a ter um período de silêncio e também não é muito bom nisso. Mas, se continuar fazendo na mesma hora, todos os dias, isso começará a virar um reflexo, como comer ou dormir. Você ficará cada vez melhor no silêncio, e depois de um tempo esse momento irá se tornar a melhor parte do dia.

Agora, como devemos fazer silêncio? Quando você olha uma fotografia do Dalai-Lama sentado e meditando de manhã, parece que ele não está fazendo absolutamente nada. Mas nada poderia ser menos verdadeiro do que isso. Do começo ao fim do período de silêncio você faz uma série de exercícios mentais, como um jogador de futebol americano que treina diariamente no ginásio. E, quando você ficar bom na prática do silêncio, a sua mente, com a respectiva habilidade para dirigir os negócios, ficará leve, rápida e forte como a de qualquer atleta.

Ao sentar procure uma posição bem confortável. Se não estiver realmente confortável ao sentar, pode apostar que ficará inquieto. Acomode-se na posição que escolheu e certifique-se de que sua coluna esteja ereta, e então fique sentado por uns minutos para se acostumar ao silêncio. Tente ficar o mais calmo possível. Tente não se movimentar. Concentre-se na respiração e comece a contar bem devagar dez respirações profundas – procure não forçar nada. Conscientemente tente esquecer todos os sentidos: não focalize os olhos em nada, procure não ouvir nada, tente não sentir o cheiro do café que está à sua espera, e assim por diante. Quando tiver alcançado a décima respiração, estará pronto para focalizar sua mente no assunto que escolheu para o dia – não vai adiantar nada se você apenas tentar sentir sua respiração o tempo todo, porque isso apenas o acalmará por um tempo, e essa calma acabará quando você precisar enfrentar o primeiro problema sério do dia.

A maior parte da prática de silêncio deve ser dedicada a tratar, de maneira direta e objetiva, algum problema que o está impedindo de obter sucesso, seja nos negócios seja na vida pessoal. Digamos que você se vê constantemente lutando com o problema 18 da primeira parte do livro: ninguém na empresa, da gerência aos trabalhadores, se oferece para ajudá--lo quando precisa, num momento difícil. Concentre-se no silêncio da sua mente e, como se estivesse numa caminhada, conte o ritmo lento de sua respiração; permaneça nessa caminhada por alguns momentos, desfrutando o silêncio. Aos poucos, conscientemente, volte sua mente para o problema.

Primeiro pense num momento específico da semana passada ou poucos dias atrás (não será difícil) em que o problema novamente surgiu. Tome cuidado para não generalizar: pense numa situação específica em que alguém não o ajudou quando precisava. Tente visualizar o exato dia, lugar e horário – procure ver o lugar onde você estava, com quem estava sentado e quem mais estava sentado ao seu lado. Recorde-se da maneira como pediu a ajuda que não foi dada, depois cuidadosamente veja como ela foi recusada; recorde-se dos rostos e das palavras que foram faladas, tente recordar também dos seus sentimentos. Esse momento, aliás, exige um pouco de autocontrole para não ficar nervoso ou com raiva de novo; seja cuidadoso.

A seguir, reveja o conceito de vacuidade e do potencial que estava presente nessa situação. Lembre-se de que isso lhe permitirá passar pela situação de novo, na sua mente, e ver como as pessoas estavam vendo a situação de maneira diferente. Para a pessoa que se recusou a ajudar, o fato de você ter um problema não era obviamente um problema para ela. Na verdade, ela não viu isso como um problema. No entanto, você sim.

Isso significa que o problema não era um problema em si mesmo – ou todo mundo iria vê-lo exatamente da mesma maneira. Na verdade o problema é vazio ou neutro: algumas pessoas o viram como sendo um problema e outras não. Isso significa que *a problemática* está vindo de algum outro lugar – e, como já vimos anteriormente, não existem muitas opções de onde mais possa estar vindo.

Será que você estaria vendo um problema numa coisa que na verdade não é um problema? De maneira nenhuma. O fato de sua mente estar fazendo um problema do problema não significa que não seja um problema; aliás, isso é exatamente o que faz o problema. Também não significa que, caso você decida não fazer disso um problema, o problema não seja um problema. É verdade que o fato de você não ser ajudado pode ser apenas uma percepção, mas a percepção e suas ramificações são bem reais: você não será capaz de fazer o que tem para fazer sem ajuda, e a gerência não vai gostar nada disso. Você pode passar o dia todo desejando que o problema não seja um problema, e poderia decidir não ver o problema como um problema, mas o problema é um problema, e acabará lhe prejudicando.

Em seguida, no silêncio da sala e da sua mente veja a razão do problema, que você bem sabe ser uma marca impressa na sua mente quando, em algum momento do passado, causou um problema para outra pessoa. Depois de ser depositada no seu cérebro, a marca nadou pelo subconsciente da sua mente, engordando como um peixe voraz, e quando chegou o momento foi boiando para a área do consciente. Deu o tom, ou melhor, criou a percepção no famoso incidente em que você não recebeu ajuda. O vilão da história não foi o gerente ou o funcionário, mas sim você mesmo, e você é que terá de consertar o problema.

Agora, conscientemente, conduza a mente para o dia seguinte e tente antecipar uma situação semelhante que possa surgir. Tente imaginar onde você poderá estar sentado, com quem você estará e o que será dito durante o próximo incidente, quando vão lhe recusar a ajuda de que precisa. Faça então uma simulação na sua mente. Imagine como você costumava reagir numa situação como essa. O tal gerente não o ajudou e agora você fará de tudo para que ele também não tenha nenhuma ajuda do seu departamento nas próximas semanas.

Mas você sabe que a reação "normal" é exatamente oposta à reação certa. Quando você se recusa a ajudar alguém por não ter sido ajudado, estará imprimindo uma nova marca na sua mente: vendo você mesmo sem ajuda no futuro. Então, a última coisa a fazer é se recusar a cooperar quando alguém lhe recusa ajuda. Aliás, você tem de agir ao contrário: deve plantar uma marca para se ver sendo ajudado da próxima vez. Isso só pode acontecer se cooperar unilateralmente com a outra pessoa: ajudando mesmo quando a ajuda lhe for recusada. Imagine o que aconteceria se o mundo inteiro reconhecesse que essa é a melhor maneira de ajudar!

Esse tipo de simulação mental na sua prática de silêncio não é apenas um exercício de nobreza de sentimento. É um exercício calculado para trazer o sucesso na sua vida pessoal e nos negócios. Nos próximos dias, em algum momento, a situação que você imaginou vai realmente acontecer. E você estará pronto para ela. O modelo de comportamento simulado de acordo com a lógica da situação e o planejamento de como a reação deve ser funcionará quase automaticamente. Você vai começar a reagir da maneira de sempre. Mas a prática constante de silêncio o fará parar e se lembrar de agir conforme a maneira nova. O ciclo de violência tem fim no seu coração: você se recusa a perpetuar as falhas da sua vida, a plantar marcas que o farão ver essas falhas acontecerem de novo.

Verá como essa prática de silêncio o ajudará no seu trabalho nesse dia que está para começar e como é brilhante o ensinamento do Tibete antigo de praticar com os problemas antes que eles apareçam. O clima encorajador no seu momento e lugar de silêncio planta sementes muito fortes na sua mente para fazê-lo reagir na maneira certa, e os poucos minutos que você passa de manhã no silêncio são um investimento inestimável para o dia que começa.

Existe um costume no Tibete de terminar o silêncio de uma maneira específica. Utilize alguns momentos no final da prática de silêncio para se ver exatamente da maneira como você quer ser. Por exemplo, imagine que já recolhe recompensas por ter estudado este livro, os princípios do potencial e as marcas. O dinheiro está fluindo regularmente, e você sabe com precisão qual é a razão e como manter o dinheiro fluindo. Além disso, sabe o que fazer mentalmente para aproveitar o dinheiro. E está fazendo o seu *Livro das seis vezes* atentamente, praticando seu tempo de silêncio toda manhã, para saber como lidar com novos problemas e ter certeza de que outros não surgirão.

Porém, não pare por aqui. Pense: é isso que você quer ser? Não acho que realmente exista um ser humano que não queira ser mais do que é. E por que não se imaginar não só rico como também um filantropo bem-sucedido? Você faz milhões e também doa muito, e o mundo olha para você como alguém que não apenas faz dinheiro mas também sabe como usá-lo, da maneira certa, ajudando outras pessoas, e por conseguinte se sente totalmente satisfeito com esse dinheiro. E por que não se ver com a saúde de um jovem de 20 anos, porque é assim que você vai aparentar se plantar cuidadosamente as marcas para isso, cuidando da vida e da saúde dos outros. Pessoalmente, para finalizar, também tentaria ver um monte de grandes qualidades pessoais: leal, sensível, dedicado, íntegro, amigo de todos, um modelo para as crianças e para outros empresários no país, bom marido ou esposa, pai ou mãe, aquelas características de bom escoteiro. Porque isso é, no fundo, o que realmente gostaríamos de ser.

Os sábios tibetanos dizem que esta deveria ser a última parte da prática do silêncio na manhã: vendo-se como a pessoa mais bem-sucedida, sábia e com compaixão que se possa imaginar. Use os últimos minutos um pouquinho antes de se levantar, e realmente se esforce para se ver como gostaria de ser. Isso planta uma marca muito forte na sua mente para algum dia ficar assim. Você verá.

Agora pode se levantar e ir para o trabalho, ou você chegará atrasado.

CAPÍTULO 10

Com a mente clara e cada vez mais saudável

Se você continuar com o *Livro das seis vezes* e a prática do silêncio, logo perceberá que a sua semana no trabalho vai mudar. Aos poucos, a sua firme recusa em perpetuar o ciclo de negatividades irá limpar sua vida em todas as áreas. Um primeiro problema termina aqui, depois outro ali, a pessoa irritante fica sua amiga, outra é transferida, e uma terceira muda para outra empresa e, por fim, você começa a se ver cercado de pessoas de que gosta, e o trabalho passa a ser interessante e bem-sucedido. A prática do silêncio na manhã, além de ajudá-lo a lidar, por toda a vida, com os problemas no trabalho, também faz sua mente ficar muito mais calma e contente.

Neste e no próximo capítulo gostaria de poder me aprofundar um pouco mais na melhor maneira de aproveitar o sucesso – e, mais especificamente, como ter a garantia de que seu corpo vai estar tão saudável quanto sua mente, depois que você ganhar prática nisso tudo que estamos ensinando. É muito triste ver pessoas que, para conseguirem "vencer" no mundo das corporações, o fazem sacrificando a saúde e a família. Vamos falar um pouco em como fazer para ter as duas coisas ao mesmo tempo: como ser um diretor bem-sucedido na empresa e, ao mesmo tempo, ter uma boa saúde. Pode parecer um paradoxo, mas a melhor forma de manter seu corpo forte e jovem é cuidando da sua mente, procurando protegê-la do que os tibetanos chamam as "aflições mentais".

A definição de "aflição mental", segundo a antiga filosofia budista, é qualquer emoção que perturbe a paz mental de uma pessoa. Podemos também chamá-las de "pensamentos ruins". Existem milhares de tipos de aflições mentais, mas as piores são: gostar das coisas de um jeito incorreto, desgostar das coisas de maneira errada, ser orgulhoso, não entender como as coisas acontecem, ter dúvidas sobre verdades importantes e manter uma visão de mundo distorcida.

Gostar ou não gostar de uma maneira "errada" tem um significado muito específico. Ao contrário de algumas interpretações equivocadas do pensamento de Buddha, não é errado gostar ou não gostar das coisas. Você deve gostar, por exemplo, da sua família, dos seus professores e da bondade. Buddha gosta de nos ver felizes e não gosta do fato de ficarmos infelizes a maior parte do tempo. No entanto, se você gosta de uma coisa de uma forma que o deixa perturbado ou se você gosta dessa coisa de uma maneira que você chegaria a ponto de machucar alguém só para consegui-la, estamos então falando de aflição mental. Chamamos isso de "o gostar ignorante", porque prejudicar alguém só para conseguir algo para si mesmo é a melhor maneira de *não* consegui-lo.

A questão fundamental com relação às aflições mentais é que a maneira como elas agem prejudicam a sua saúde, durante o seu dia de trabalho. Existem textos secretos que foram guardados nas montanhas do Himalaia descrevem mais detalhadamente como esses pensamentos negativos podem afetar seu corpo, e o próprio processo de envelhecimento está relacionado com esses maus pensamentos. Isto é, toda vez que ficar preocupado no trabalho, com raiva ou irritado ou, então, com inveja de outro vice-presidente ou qualquer coisa semelhante, alguma coisa no seu corpo será afetada, alguns fios de cabelo vão embranquecer, uma ruga vai se aprofundar, o coração fará um esforço maior. No final, tudo isso, ao se acumular, vai fazê-lo envelhecer e perder muito mais rápido a força que teve quando jovem. Segundo esses livros, esses pensamentos são os maiores responsáveis por sua morte.

A função deste capítulo é dar dicas de como lidar com os pensamentos durante o dia. Para começar, então, retornemos ao *O lapidador de diamantes*, no ponto em que Buddha está descrevendo um encontro que teve numa de suas vidas anteriores. A história é mais ou menos a seguinte: Buddha era um monge conhecido pelo nome "O Professor da Paciência". Ele estava numa floresta meditando, com as costas apoiadas numa árvore, no mesmo lugar onde o rei de Kalingka e seu *entourage* estavam caçando. A rainha e seu grupo também tinham resolvido sair para colher flores e passear pela floresta, enquanto o marido e os caçadores procuravam a caça.

Então, a rainha, ao entrar numa clareira, encontrou um monge meditando. Ela era muito religiosa e por muito tempo aguardara a oportunidade de poder perguntar a um verdadeiro mestre algumas questões espirituais importantes. Ela interrompeu a meditação do monge e este fez o possível para responder às suas perguntas.

Logo depois, o rei e seus caçadores, que estavam perseguindo um veado, caem na mesma clareira. O rei, ao ver do seu cavalo a rainha falando silenciosamente com um monge, pensa que alguma coisa suspeita estava acontecendo e manda que seus homens amarrem os braços e as pernas do homem santo com estacas no chão. Aí, vagarosamente, começa a cortar os dedos do monge, pedaço por pedaço; depois os dedos dos pés e outras partes do corpo.

Essa é a maneira como Buddha descreve esse acontecimento em *O lapidador de diamantes*; as palavras são um pouco misteriosas, mas não fique nervoso – vamos discutir o texto em detalhes e você acabará entendendo tudo até o final deste capítulo.

> **E por que isso? Porque, ó Subhuti, houve um tempo em que o rei de Kalingka cortou membros e pequenas partes do meu corpo. Naquele momento não veio nenhum conceito do eu nem de um ser senciente, nem de um ser vivo ou de uma pessoa – não tive nenhum conceito. Mas também não tive a falta de um conceito.**

Primeiramente, temos a explicação de Lama Choney sobre as palavras de Buddha; lembre-se de que as palavras em negrito são de *O lapidador*:

> E qual a razão **disso? Porque** há muito tempo **houve uma época em que o rei de Kalingka** teve a maléfica suspeita de que eu estava tendo uma relação com sua esposa. Por essa razão, então, **ele cortou grandes membros e pequenas partes do meu corpo.** (Aqui está se referindo aos dedos das mãos e dos pés.)

Naquele momento pratiquei a paciência, mantendo na minha mente a compreensão da ausência da existência inerente dentro de cada um dos três elementos do ato de paciência. Como me concentrei no "eu" que existe nominalmente, veio na minha mente o não conceito do fato de que eu não tinha nenhuma crença na existência do "eu": e assim tenho o não conceito **de** qualquer coisa desde um **"eu"** verdadeiramente existente até uma **"pessoa"** verdadeiramente existente. Naquele momento, eu tive o não conceito de qualquer conceito de que alguma coisa era verdadeiramente existente. Ao mesmo tempo, entretanto, não era como se **eu não tivesse** nenhum outro conceito nominal.

O que Subhuti diz aqui é: realmente tive o pensamento de que teria de manter minha paciência; realmente pensei em aguentar a dor e não ficar preocupado com o mal que estavam me fazendo. E realmente tive aquele tipo de conceito no qual reconfirmei meu conhecimento de como vejo que nenhum objeto existente tem uma verdadeira existência própria.

Buddha se explica melhor:

> Por que isso? Suponha, ó Subhuti, que naquele momento algum conceito do eu tivesse vindo na minha mente. Então o pensamento de machucar alguém também teria surgido na minha mente.
>
> O conceito de que algum ser senciente, e o conceito de algum ser vivente e o conceito de uma pessoa teriam vindo na minha mente. E, por causa disso, o pensamento de machucar alguém teria vindo na minha mente também.

Lama Choney clarifica:

Aqui está a razão do **"E por que isso?"**. Suponhamos que **naquele momento algum conceito do eu**, no qual pensei no "eu" como existente na forma mais absoluta, **tivesse vindo na minha mente**. Ou suponha que qualquer outro conceito mencionado tivesse vindo na minha mente. **Então o pensamento de causar mal a alguém teria vindo à minha mente também**, mas o fato é que não veio.

Parece que no fundo esse é o significado das linhas:

O rei estava cortando os dedos das mãos e dos pés e outras partes do meu corpo, como castigo por algo que eu não tinha feito. Se eu visse a nós dois como pessoas, teria então ficado com raiva, e o pensamento de machucá-lo teria me ocorrido. Mas eu não tive tal pensamento e então fui capaz de não ficar com raiva.

Isso é uma coisa bem séria. E o que isso tem que ver com não destruir sua saúde no escritório quando você se permite ter emoções negativas? Falemos primeiro sobre algumas maneiras de não entender bem essas linhas (elas foram mal compreendidas por séculos) e aí explicar o real significado delas.

Existe uma concepção errada que começou com alguns livros budistas como esse, que dizem não existir "eu" ou "pessoa". Algumas pessoas entendem este fato como a existência de um espaço no qual você pode ir quando está tendo um problema, um espaço que é vazio ou onde você vê tudo como irreal, e aí os problemas vão embora ou você não se apega a eles. Essas pessoas diriam que, por exemplo, se está tendo problema com alguém que brigou com você, você deve apenas fingir que essa pessoa não está lá ou se recusar a pensar nela e, assim, não terá mais problema. Eles pensam que isso é o que chamamos o "não eu", que Buddha aqui chama "nem seres sencientes, nem seres viventes, nem pessoas".

Isso não é, no entanto, o que Buddha tinha em mente e tampouco vai ajudá-lo com as emoções negativas. Não ajuda, por exemplo, tentar imaginar que alguma experiência negativa simplesmente não está acontecendo ou que de alguma forma você não a está vivendo ou que poderia de alguma forma se distanciar dela. Quando você está sentado na cadeira do dentista fazendo um tratamento de canal e ele atinge o nervo – ou você está amarrado no chão com os pés e mãos estendidos e alguém está cortando os dedos das mãos e dos pés e todo o resto –, não vai ajudar nada imaginar que ele não está lá, e sequer você. Tente e veja. Não é o que Buddha quis dizer.

A parte de "ter não conceito" pode ser facilmente também mal entendida. As pessoas leem sobre isso e pensam que o objetivo de um budista ao tentar resolver uma situação difícil é sentar e não pensar em nada: esvaziar a mente de qualquer pensamento ou talvez deixar os pensamentos passarem, mas não prestar atenção neles ou não se apegar a forma alguma. Não era isso o que Buddha tinha em mente; você pode tentar isso na próxima vez que for fazer um tratamento de canal. Não ajuda. Isso não é a maneira de parar a dor. Então, o que foi que Buddha realmente quis dizer?

Vamos ver uma situação real no comércio de diamantes: seu campo de batalha será a sala de reuniões ou a fábrica, e dar um exemplo real de um negócio que aconteceu. Enquanto estava trabalhando como vice-presidente da Andin, costumava viajar frequentemente para a Ásia para passar um período no monastério tibetano onde eu estudava. Fiz um acordo com os donos, os Azrielants, de que eu ficaria em contato por telefone e pronto para organizar compras de diamantes tanto em Bombaim (aliás, não muito longe do monastério) como na Bélgica.

"Ficar em contato" naquele tempo não era uma coisa tão fácil: o monastério começou com poucas barracas no meio de uma densa floresta no sul da Índia, depois que uns cem monges sobreviveram (originalmente nosso monastério costumava ter por volta de 8 mil monges que, na sua maioria, foram mortos ou forçados a renunciar aos votos) escapando pelas montanhas do Himalaia, durante a invasão do Tibete. Quando cheguei para começar meus estudos, havia algumas centenas de monges, um modesto salão e alguns chalés. O telefone mais próximo para poder ligar para os Estados Unidos ficava em Madakeri, cerca de três horas de viagem de carro. Uma pequena ligação para "ficar em contato" levava quase o dia inteiro, se é que era possível fazer a tal ligação.

Eu me encontro numa casa feita de barro no topo de uma montanha no meio de uma mata na Índia, tentando escutar Ofer berrando do outro lado da linha no seu confortável escritório envidraçado com vista para as luzes do World Trade Center e o rio Hudson:

– Precisamos de pedras! Recebemos um pedido imenso! Temos de ter 10 mil quilates em Nova York em dez dias! Fale com Antuérpia! Comece a trabalhar nisso!

Bem, 10 mil quilates de uma determinada pedra significava talvez um milhão de pequenos diamantes, e para cada um que você comprasse teria de olhar uns três antes de fazer o negócio. Estamos falando, então, de checar alguns milhões de diamantes num período de dez dias. Suponhamos que você tenha dez segundos para pegar uma pedra e olhá-la com a lupa. Isso significa seis pedras por minuto, 360 pedras por hora por pessoa. Suponhamos que você consiga manter esse ritmo cinco horas por dia sem esgotar seus olhos – estamos falando de no máximo 2 mil pedras por dia. Você precisará ter pelo menos mil homens por dia para chegar perto da quantidade do pedido. Então você pergunta de novo:

– Dez mil quilates, é essa a quantia, Ofer? Você tem certeza, 10 mil quilates?

– Sim, claro, agora; esta noite! Fique em contato, acorde todos no mundo inteiro, não importa! Boa sorte!

Anoto no meu diário a quantidade e o tipo de pedra pedida e passo horas tentando entrar em contato com negociantes internacionais no mundo todo. Ao deixar o telefone em Madakeri já é quase noite; andamos por um lindo jardim que dá para um imenso vale, muito bonito, aproveitando o ar fresco da noite e o perfume das flores silvestres indianas e esperamos as estrelas aparecerem. Eu me sinto bem, um sentimento de satisfação por manter uma promessa, mesmo que seja bem trabalhosa. Voltamos para o carro velho e barulhento do monastério, para mais uma semana de intensos estudos com alguns dos grandes Lamas do mundo.

No momento em que os diamantes estão chegando ao escritório de Nova York vindos do mundo inteiro, estou chegando também, empoeirado e queimado de sol. Ofer me chama ao telefone e caminho com a autoconfiança de um executivo que entregou a mercadoria, apesar das dificuldades. Sento e espero pelos cumprimentos.

– O que aconteceu? – ele começa.

– Aconteceu o quê?

– Com todos esses diamantes? Você sabe o que está fazendo com o caixa da empresa? Você está louco?

Você conhece esse sentimento. Um sentimento de estar se afundando na cadeira. E não é só um problema de falta de comunicação ou um erro de negociação – é mais do que isso, é um problema imenso. Por que as coisas não dão certo? Acho que agora você entende o que está acontecendo. Mas continuemos.

– Espera aí, Ofer. Você me falou para comprar os diamantes, que precisava de 10 mil quilates o mais rápido possível!

– Dez mil quilates? Você está brincando? Eu falei mil quilates! Do que você está falando? Por que eu iria pedir 10 mil quilates?

– Mas você *realmente* disse para eu comprar 10 mil. Eu me lembro muito bem, perguntei mais de duas vezes para você. Até escrevi na minha agenda exatamente aqui, quando estava falando ao telefone com você, e está escrito 10 mil!

– Como posso saber se você escreveu isso naquele dia? Você poderia ter escrito isso esta manhã! Eu nunca disse 10 mil! E quem pediria 10 mil?

Para quem está estudando as emoções negativas e treinando a mente na arte de evitar pensamentos que fazem uma pessoa ficar mais velha antes do tempo, esse é o momento crucial. Em geral os negócios exigem pensamento e reflexo rápidos, mas nada comparado a isso. Você tem provavelmente cerca de três segundos para se defender antes que seja apanhado por fortes sentimentos de indignação, dor e raiva. Tem de agir com iniciativa, tomar uma atitude rapidamente, nesses três segundos, ou será muito tarde. E a ação terá de envolver o "não eu" e o "não conceito" que Buddha acabou de mencionar. Precisamos entender o que ele realmente quis dizer quando mencionou essas coisas. Vamos tentar transpô-las nessa situação real. Vamos usar os "três elementos" que Buddha mencionou, quando o monge teve os dedos cortados pelo rei de Kalingka.

Os "três elementos" estão relacionados com as três partes da situação que está acontecendo naquele momento: o dono (Ofer) está berrando, o vice-presidente está levando uma bronca (infelizmente, no caso, sou eu) e o fato de que o acontecimento todo não existe. Cada um desses três aspectos tem sua vacuidade ou o que chamamos "potencial". Na verdade existe uma pilha inteira de vacuidade nessa situação, que não só está contribuindo para a confusão toda como também contribuirão para a solução, o que faz da vacuidade (e do "potencial") uma coisa tão incrível.

Qual é o potencial no dono? Ele, nesse momento, parece ser uma pessoa muito ruim, mas lembre-se de que se o seu sócio entrar na sala – a esposa Aya – vai achá-lo maravilhoso nesse momento, tentando salvar a empresa de um irresponsável cabeça-oca que enlouqueceu e comprou diamantes que a empresa não só não precisa como também não pode pagar. Ele não é nem monstro nem gênio em si mesmo; apenas depende de quem está olhando; como dissemos anteriormente, ele é vazio, e se parece bom ou ruim nesse momento depende inteiramente das marcas mentais que foram colocadas na sua mente no passado.

Lembre-se também de outra coisa que sempre mencionamos nesse ponto: embora seja verdade que nesse momento o modo como ele parece é uma coisa que foi condicionada e até criada pela minha mente, isso não quer dizer que eu deva tentar vê-lo como um cara legal. Isso é porque eu (ao contrário de sua esposa) tenho marcas na minha mente que estão me *forçando* a vê-lo como um dono bem nervoso. O melhor que posso fazer é ter muito cuidado para não plantar nenhuma *nova* marca na minha mente nesse momento.

De que tipo de *nova* marca estamos falando? Bem, que tal uma marca para ver um dono aos brados com você por não ter feito exatamente o que ele pediu para fazer? E como uma pessoa tem uma marca como essa? Na verdade, só existe uma maneira de plantar uma marca como essa: berrar para alguém, como o dono faz, tentando discutir sobre um problema que ele honestamente acredita ser um erro sério e caro. Qual seria a coisa mais estúpida que você poderia fazer agora, quando está levando a bronca? Berrar de volta.

Se deixar sua mente entrar nesse processo ou mesmo numa parte significativa desse processo, durante os três segundos antes que a frustração e a raiva o dominem, algumas coisas poderão acontecer. Primeiro, você evita uma marca mental que lhe poderia trazer muitos problemas no futuro. Imagine-se pegando o cafezinho que está sob a sua mesa e, em vez disso, por acidente, você pega um copinho contendo ácido hidroclórico (uma coisa bem possível de acontecer por descuido numa fábrica de joias). Você está numa animada conversa com alguém e não repara nisso; no momento em que leva o copinho até a boca e está a ponto de tomar, sente um pequeno cheiro de ácido e coloca o copo na mesa de novo com um sinal de alívio. A realização de parar sua frustração e raiva no último instante – a vitória de responder à mente durante o prazo dos três segundos e desviar sua raiva no momento em que a marca está para explodir na sua mente – é um grande alívio.

Lembre-se de que um único momento de raiva, um único momento em que plantou esse tipo de marca negativa permanecerá dias, semanas ou até anos no futuro, até você viver o resultado dessa marca no seu mundo. Quando você for capaz de usar essa antiga sabedoria para acabar com um único momento de raiva, todo o esforço que colocou na compreensão das ideias deste livro já compensou. Você simplesmente se salvou de milhares de problemas e dor ao tomar um caminho diferente e não mais terá o acidente que estava para ter caso não tivesse feito a virada nesse exato momento.

E sobre o "não eu" e o "não conceito"? Agora que acabamos de falar sobre o acidente em si, fica mais fácil. O "não eu" significa que seu chefe não tem nenhum eu essência – nenhuma natureza em si mesmo, nenhuma natureza vinda dele mesmo, nenhuma essência que nasceu com ele – de ser uma pessoa desagradável e que berra, mesmo nesse momento. Se ele tivesse uma natureza como essa, sua esposa então o teria achado uma pessoa desagradável também naquele mesmo momento – mas não foi isso que ela achou. Então, o "não eu" significa que tudo aquilo que você enxergar nele está vindo de você, e não dele. Não significa que ele não exista ou que seria bom fingir que ele não estivesse ali.

O "não conceito" significa que você para de pensar da maneira errada: pára de concebê-lo como algo ruim em si mesmo e começa a pensá-lo como tela vazia, que foi preenchida com um filme de sucesso para a mulher dele e com um filme de terror para o vice. E o projetor, obviamente, é sua mente conduzida pela energia chamada "marcas daquilo que você fez no passado para outros". Repetindo, o ponto aqui é que não adianta não pensar em nada, não julgar nada como bom ou ruim, não se apegar a nenhum sentimento ou emoção. Lembre-se: tudo o que acontece, e como isto parece ou parece para os outros, como o seu chefe parece para você e como para você parece para outros (estes são os três elementos), é real. Pessoas vão se machucar de verdade, empresas vão sofrer perdas de verdade, vice-presidentes vão perder o bônus do final de ano, só que não pelas causas que você costumava achar. Tudo o que aconteceu foi causado pelo que você fez anteriormente.

Então o que precisa ser feito agora? Uma coisa é entender de forma clara que – se você responder negativamente no fim de três segundos – plantará algumas marcas do mesmo sabor e vai ter de comê-las mais tarde. Já falamos sobre isso antes. Mas vamos falar das consequências imediatas da negatividade. Sejamos francos: ficar bravo não ajuda em nada.

Existe um verso famoso num antigo livro budista indiano que diz:

> Se a situação pode ser resolvida
> Por que ficar nervoso com ela?
>
> Se a situação não pode ser resolvida,
> Para que serve ficar nervoso?

Estamos falando sobre o benefício imediato de se recusar a ficar com raiva. O maior desafio já passou: ao se recusar a responder negativamente, você está se protegendo de a mesma coisa se repetir no futuro. Recuse-se a sentir em sua mente a mínima raiva; aliás, vá mais longe ainda e lute para sua mente ter uma atitude positiva. Em vez de discutir de quem foi a culpa pela compra dos diamantes, de ficar brigando para saber quem acabou com a liquidez do caixa da empresa, coloque sua mente para encontrar uma solução para o momento presente. O que vou falar talvez seja a parte mais importante do exercício: *Você vai ver que, ao lutar contra a raiva antes que ela tome conta de sua mente, será capaz de usar toda a sua energia para resolver o problema.* Sua mente está clara. Seu rosto está calmo. Seu coração está batendo normalmente e sua respiração está constante.

Essa é a maneira como você deve estar para lidar com um problema sério, e é a melhor coisa para o seu corpo e a sua saúde a longo prazo. Toda vez que você se recusar a ter outros pequenos momentos de raiva ou qualquer outra emoção negativa, estará dando à sua vida e à sua carreira nos negócios muitas horas mais de saúde e felicidade, porque no final tudo se acumula. E para o seu negócio, nesse momento, é muito mais inteligente atacar o problema com a mente completamente clara e calma.

Um pequeno conselho. Você já deve ter notado que este livro tem uma maneira de abordar muito semelhante ao processo de jardinagem. Nossa premissa é que os problemas são criados por sementes ou marcas que você plantou na sua mente no passado. Uma vez que essas marcas atingem um certo poder, quando elas estão começando a crescer ou para começar a crescer como uma planta, já é muito tarde para fazer qualquer coisa.

A ideia aqui é que você deve se treinar a ver, com antecedência, os resultado imediatos de suas ações com uma certa ironia. Você será, talvez, capaz de acalmar sua mente rapidamente e estará pronto para lidar com o problema racionalmente, mas isso não garante que todo mundo na sala vai estar calmo. Também não significa que a solução que você encontrará para o problema, com um estado de mente calmo, funcionará: não esqueça que tudo depende de sementes que foram plantadas há muito tempo. Isso não significa, no entanto, que você não esteja semeando para o futuro – na verdade, significa que você vai ter cada vez menos situações tensas na vida.

Capítulo II

O círculo ou trabalhando a longo prazo

Vimos, no capítulo anterior que, ao observar a mente e evitar as emoções negativas, você não apenas cria uma realidade futura mais agradável como também contribui muito para o seu imediato bem-estar e para sua saúde a longo prazo, enquanto segue sua carreira na corporação. Sem mencionar o fato de que, se você lutar e finalmente derrotar todas as negatividades da sua mente, seu cotidiano no trabalho ficará muito mais prazeroso.

Gostaria de descrever, neste capítulo, outro truque que os grandes sábios tibetanos usam para manter uma saúde física e um alto grau de criatividade mental a longo prazo. É muito comum encontrar monges tibetanos que mostram um apetite intelectual e uma curiosidade sem fim e que são capazes fisicamente de aguentar muitas horas de atividade e descer escadas pulando os degraus de uma forma tal que pessoas com seus 40 anos do Ocidente já não conseguem fazer. Esse truque é chamado *tsam*.

Tsam em tibetano quer dizer "limite" ou "linha divisória", e a palavra é usada para descrever a arte de sair do seu trabalho de vez em quando – indo para um outro lugar, no sentido de desenhar um círculo à sua volta onde você pode sentar calmamente e pensar por um tempo.

Durante os quinze anos ou mais que trabalhei na Andin International, segui a prática do Círculo. Seguia rigorosamente o acordo que tinha com os donos, de ter as quartas-feiras livres; assim eu poderia ter uma certa distância do escritório para pensar e procurar inspiração. No começo pedi e concordei em não ser pago por esse dia. Depois, quando ficaram evidentes os benefícios do Círculo, meu salário voltou a ser igual àqueles que não tiravam um dia livre. Escolhi as quartas-feiras porque causava menos problema para administrar as necessidades do meu trabalho: eu sempre teria dois dias seguidos, segundas e terças ou quintas e sextas para lidar com negociações ou problemas de recursos humanos que precisassem mais que um dia para ser resolvidos.

Como medida prática, também instaurei um segundo comandante, que me deu liberdade para fazer o Círculo e usar os benefícios no meu trabalho na empresa. Isso também deu à nossa divisão um alto grau de autonomia administrativa, que foi muito útil, em especial nos momentos de grande produção. As pessoas ficaram acostumadas a serem dirigidas nos assuntos importantes por mim ou por uma segunda pessoa, e por isso havia menos tensão quando a intensidade de trabalho aumentava em 20% ou 30%.

Isso, aliás, é um procedimento muito comum no setor industrializado de diamantes e joias porque 60% de todas as vendas estão ligadas às vendas do Natal. Fabricávamos em média 8 a 10 mil anéis por semana no outono e aí diminuíamos a produção para mil ou 2 mil depois do Ano Novo. Isso significa que você precisa ser capaz de expandir e contrair radicalmente sua equipe cada mês e ter sempre um poder de liderança grande para lidar com uma divisão que pode dobrar de tamanho em questão de seis meses.

É importante não ver o dia do Círculo como apenas um dia de descanso, uma mordomia para um executivo muito ocupado – embora isso tenha me ajudado a lidar, ao evitar as duas horas de viagem para ir e vir, com o desgaste físico de me deslocar todo dia para Manhattan. O dia de Círculo era organizado e executado rigorosamente para eu obter o máximo de resultados. A ideia do Círculo é quebrar a rotina, ter mais tempo para refletir sobre os *porquês* e os *comos* em relação ao trabalho – tempo para planejar, tempo para refletir e, mais importante ainda, *tempo para ter novas ideias*, novas inpirações.

Durante o período que trabalhei na Andin entrevistei e contratei centenas de pessoas, a maioria muito bem-sucedidas. Procurava, como de costume, é claro, pelas qualidades de sempre: integridade, lealdade, espírito de grupo, consideração por outros, inteligência e honestidade. Para ser franco, não me preocupava muito com *a experiência*. Baseado na minha própria experiência, acho que a mente humana é tão poderosa que você pode ensinar qualquer pessoa no mundo a fazer qualquer trabalho rapidamente, mas leva anos para fazer uma pessoa romper com os maus hábitos e características como mentir ou desconsiderar os outros, e isso prejudica um trabalhador muito mais que a falta de prática.

Existe um truque que gostaria de dividir com vocês para contratar pessoas: é o teste do tempo livre. Descobri que a pergunta mais importante que se deve fazer para uma pessoa é o que elas fazem no seu tempo livre. A Andin é um lugar muito difícil de trabalhar, a carga horária – especialmente na época do Natal – pode ser brutal. Quanto mais horas você passa num lugar, menos horas tem para passar em outros. Existe também um limite do quanto você pode aprender estando em volta das mesmas pessoas, na mesma sala, o ano todo.

Se você não vai a lugar algum – se não vê nada de novo, não fala com ninguém –, sua criatividade vai acabar sendo prejudicada com isso. Não seria exagero dizer que poucos minutos de criatividade para inventar um novo sistema podem ser mais lucrativos para uma empresa do que semanas ou meses de horas extras que diretores fazem presos no sistema antigo. Por isso vale a pena passar algum tempo tentando descobrir que tipo de energia criativa um empregado em potencial usa normalmente no seu tempo livre fora do trabalho.

Pessoalmente, acho que a maioria das pessoas questionadas sobre o que fazem com o seu tempo livre que respondem "na maior parte do tempo eu assisto televisão" não são funcionários muito inspirados. Aqueles que leem bastante (com exceção de romances açucarados) geralmente são funcionários que pensam mais e são mais criativos. Aqueles que escrevem, especialmente poesia, têm grande imaginação e podem facilmente encontrar soluções para os problemas. Os jovens que são pais devem ser excluídos dessa pergunta porque vão responder, com toda razão, que tomam conta dos filhos – aliás, as crianças são uma das maiores fontes de inspiração. Resumindo, parece que as pessoas que dedicam grande parte do seu tempo livre ajudando aos outros – pessoas que ajudam nas igrejas, que são técnicos de futebol de times infantis ou fazem trabalho voluntário em hospitais nos fins de semana – são os empregados mais criativos e estáveis.

A ideia aqui é que, mais do que qualquer um possa imaginar, é fundamental para um executivo ter uma espécie de segunda paixão – escrever, fotografar, realizar esportes ou trabalho voluntário – para poder trazer para o trabalho energia criativa. Eu me lembro, por exemplo, que, ao voltar de uma longa sessão no Círculo (que descreverei no próximo capítulo), sentei-me em frente de uma caixa de estoque de diamantes (parecido com uma caixa de sapatos contendo alguns objetos brilhantes valendo 1 milhão de dólares) e olhei para os papéis de diamante como se olha para algo que nunca se viu.

Há séculos as pessoas guardam os diamantes nesses papéis dobrados. Existe um truque de como dobrá-los, como você pode imaginar, para que os diamantes não caiam – mas em princípio a maneira de dobrá-los não mudou muito nos últimos séculos, nem a maneira como se deve escrever do lado de fora para indicar o que ele contém. Em cima, na ponta, há a descrição geral do que está dentro do papel, como "quarto de quilate redondo". Mais ou menos no meio está a indicação da qualidade, como "naats branco, cor J". Embaixo, no canto direito, está o peso do pacote de pedras, até a centésima parte do quilate: por exemplo, "10,27 quilates". É claro que em algum lugar, na parte de dentro, há um código bem pequeno com o preço dos diamantes: como ZLD4, que quer dizer "pedir 2 mil dólares, preço de venda 1.800 dólares e não venda de maneira nenhuma por menos de 1.600 dólares".

Bem, antigamente, nas fábricas de joias, existia uma regra segundo a qual toda pessoa que pegasse uma pedra da partida teria de fazer uma marca dentro do papel, como "CM pegou três pedras para fazer amostras de anéis em 8/4". Quando as pedras do papel acabavam, alguém talvez fizesse a reposição, mas na maioria das vezes ninguém prestava muita atenção, a não ser que dessem pela falta de alguns diamantes. Então, ao olhar para essa caixa com esses papéis com uma mente refrescada pelo Círculo, que era a minha folga semanal, tive uma ideia.

A ideia ficou por umas 46 horas; quase nem dormia, continuei aperfeiçoando e adicionando novos detalhes. O conceito básico era de que o papel poderia ser pré-impresso de novo antes que fosse dobrado, com linhas especiais que obrigariam os empregados do estoque a fazer algum tipo de marca e escrever o balanço das pedras restantes automaticamente, gostando ou não. Quando as linhas eram completadas, eles eram obrigados a trocar o papel e a checar o total e o peso dos diamantes restantes até esse determinado momento. Fiz de propósito as linhas mais grossas; com isso o papel teria de ser trocado com mais frequência.

Aí tivemos uma ideia do código com cores nos papéis, e assim, em poucas semanas existia um arco-íris dos papéis das pedras flutuando pela divisão. Com isso, não havia necessidade de pegar o papel toda vez para ver a qualidade ou a forma que o diamante tinha, e as pessoas podiam facilmente se lembrar de não misturar as cores (um desastre quando você está lidando com uma variedade de pequenas diferenças de tons das pedras). Dessa forma teríamos um registro permanente com a assinatura de quem tivesse tirado pedras do inventário e um registro de reserva dos inventários, no caso de os computadores não estarem funcionando ou de se perderem os dados.

Depois resolvemos mexer no tamanho dos papéis, fazer listras de acordo com a lapidação e um monte de inovações que fizeram do nosso sistema de inventários e controle de pedras o mais sofisticado no comércio de pedras. Tem-se aí um dos poucos lugares, na indústria internacional de diamantes, em que se pode com certeza tirar um lucro maior que o do vizinho, já que o comércio de pedra bruta é controlado quase totalmente por um monopólio (não existem bons negócios) e o preço da mão de obra especializada é praticamente fixo no mundo todo.

Foi uma experiência muito recompensadora ver nos pequenos escritórios do mundo inteiro como copiaram (e melhoraram também) o sistema que inventamos. Se esse sistema de segurança do inventário conseguiu poupar uma porcentagem mínima do custo dos diamantes da Andin, estamos, então, falando de um lucro extra de alguns milhões de dólares. E tudo isso veio de um dia no Círculo, um dia longe do trabalho para ter dele uma visão mais revigorada. Sempre me surpreendeu como outras empresas tentam restringir ao máximo qualquer folga dos diretores e tem-se depois uma surpresa geral por eles estarem exaustos e sem novas ideias ou nunca estarem abertos a nenhuma novidade (além do escritório de sempre) que pudesse lhes inspirar novas ideias. Agora que você comprou a *ideia* do Círculo, vejamos como fazê-lo.

Existem algumas regras básicas para planejar o dia do Círculo. O mais importante é que o Círculo seja feito regularmente, no mesmo dia da semana ou a cada duas semanas, e esse tempo deve ser *inviolável*. Isto é, se você escolhe as quartas-feiras para o dia do Círculo, não poderá mudá-lo ou voltar a trabalhar normalmente às quartas. A razão é bem simples. A maioria das pessoas capazes no mundo das corporações é viciada em trabalho. Elas trabalham independentemente do fato de precisar ou não, e o trabalho que fazem é sempre muito maior do que podem fazer. Isso faz o dia ficar excitante – mantém a adrenalina no corpo e qualquer executivo sabe que a adrenalina pode se tornar um vício.

Na minha época, as pessoas ficavam por anos na Andin, mesmo podendo ter um salário muito melhor em outro lugar, apenas porque a empresa estava sempre crescendo e porque todo dia havia novos desafios. Você pode achar que a ideia do Círculo é boa e talvez até faça por uma ou duas quartas-feiras seguidas, mas, com certeza, no final do mês, terá uma desculpa para voltar ao escritório por causa de uma "grande" emergência; e dali para a frente o plano irá por água abaixo. Como as outras práticas e conceitos descritos neste livro, a ideia do Círculo não dá certo se não for feita com persistência. É essencial, no começo, acreditar no conceito de que – *se parar de trabalhar por um dia no meio da semana de trabalho* – retornará ao escritório com grandes ideias que irão pagar o tempo que você tirou mais de cem vezes.

Para que essas grandes ideias surjam na sua mente enquanto está no Círculo, é essencial que você esteja em *silêncio*. A primeira parte do dia no Círculo, digamos até as 2 horas da tarde, você precisa ficar sozinho, em silêncio. Sem telefone, televisão ou qualquer outro tipo de ruído que o impeça de ouvir as ideias que vão surgir na sua mente: sem rádio, música, jornais, revistas, romances, crianças, esposa, serviços de reparos ou animais de estimação. Vá para o seu canto de silêncio, o lugar de que falamos no capítulo anterior, fique por lá sozinho e em silêncio.

A maioria dos executivos muito ocupados fica um pouco desorientada quando passa um tempo como esse. A primeira reação é achar uma absurda perda de tempo: as pessoas no escritório estão se escravizando, correndo para aqui e ali, falando talvez em dois telefones ao mesmo tempo e resolvendo problemas pela empresa inteira, enquanto você fica sentado, fazendo nada. Além de tudo, você tem um grande projeto para apresentar no dia seguinte e terá pouquíssimo tempo para se preparar, a reunião é com um dos clientes mais importantes, e você está desperdiçando o pouco tempo que tem para poder se preparar.

Talvez sua esposa, amigos ou filhos, sabendo que você ficará em casa o dia inteiro, planejem coisas para você fazer: "Se você vai passar a manhã inteira da quarta-feira sentado, não vejo razão para não poder ir ao banco ou esperar pela entrega de um pacote – não levará mais que meia hora". Fale para todos que se virem! O Círculo tem de ser um espaço de silêncio e concentração absoluta: não funcionará se você começar a interrompê-lo, mesmo que seja apenas por alguns minutos. Você está usando alguns dos raros, preciosos e insubstituíveis momentos para no silêncio da sua mente encontrar respostas muito importantes para os desafios do trabalho e da sua vida. *Jamais* cometa o erro de pensar que não vale a pena. Você não só está desbloqueando uma profunda criatividade na sua mente como também tomando a iniciativa de prevenir muitos problemas de saúde que poderia ter caso não reconhecesse a importância de romper com hábitos antigos. Você não precisa ser um gênio para entender onde iria parar se continuasse vivendo como antes. Basta ler a sessão de obituários no *New York Times* e ver como muitas pessoas de negócios inteligentes e talentosas acabaram morrendo de tanto trabalhar. Pense que talvez você possa ser o próximo.

Depois de ficar por volta de uma hora e meia, mais ou menos, sentado, imóvel em silêncio, você pode fazer alguns exercícios tranquilos. Os antigos livros tibetanos dizem que, num plano bem sutil e profundo, o corpo e a mente estão interligados: quanto mais pesado e mais curvado seu corpo está, mais difícil é para a energia sutil fluir. Os exercícios que tradicionalmente as pessoas de negócios fazem nos Estados Unidos são coisas como golfe, correr ou levantar peso. Isso não é ruim; descubra um exercício que se adapte bem a você e comece a fazê-lo, porque se encontrar um exercício de que gosta é bem mais provável que continue fazendo. Lembre-se de que não estamos falando em fazer exercício só por fazer ou fazê-lo só por vaidade. Se seu corpo está saudável, a sua mente estará mais clara, e se sua mente estiver mais clara, seu negócio estará melhor, e (como veremos mais à frente) uma mente *realmente* clara pode transcender as limitações das motivações comuns dos negócios: isto é, você aprenderá a ir além do reino do fazer dinheiro sem reflexão nenhuma e mudar para o reino do fazer dinheiro de maneira mais *profunda*.

Uma observação: você pode tentar também outras formas mais originais de exercício, que terão um efeito mais profundo na sua mente do que, por exemplo, correr numa pista. Nos últimos anos conheci muitos homens de negócios que superaram a barreira "de se sentir constrangido" em fazer ioga, tai-chi ou até dança moderna. Não estou falando da versão distorcida desses exercícios, em que você brinca por algumas semanas e não aprende realmente nada. Arranje tempo e gaste o dinheiro necessário para encontrar um verdadeiro mestre numa dessas modalidades que possa lhe dar aulas particulares. Fique amigo e mantenha uma relação bem próxima com esse verdadeiro *expert*, por meses e anos. Aprenda a aplicar a mesma disciplina que você usa na condução de seus negócios também no seu corpo, para que ele tenha um bom funcionamento – e repetindo, não pela simples aparência mas sim por razões mais elevadas.

Dê também uma mexida no horário das refeições no dia do Círculo; tente, por exemplo, beber apenas líquidos até uma ou duas da tarde. Sua manhã de silêncio se tornará muito melhor, bem como seus exercícios. Antes de sua primeira refeição, sente-se calmamente por um tempo, leia algum livro que tenha alguma reflexão sobre o significado mais elevado da vida – pode ser Gandhi, Schweitzer, o Papa, o Dalai-Lama, a Bíblia, ou qualquer literatura do tipo, contanto que seja alguma coisa que fale sobre o propósito da nossa existência e não só *os meios* de vida, de como fazer dinheiro. A ideia central do Círculo é ficar em contato direto, durante esse período de silêncio, com as várias ideias que esses grandes seres têm – escapar do mundo de ideias limitado ao seu universo de trabalho e abrir a mente aos melhores pensadores do século. Ao se colocar nessa quietude, você dá oportunidade à sua mente de lhe sussurrar, e a constante leitura desses grandes mestres faz o sussurro ter um sentido ainda mais profundo.

Depois de um almoço leve, não se sinta constrangido em tirar uma soneca se você sente que precisa. Segundo os antigos livros da Índia, a quantidade de sono de que uma pessoa precisa, juntamente com coisas como alimento e concentração silenciosa, é fundamental para a subsistência física. Ao recuperar essas necessidades durante o dia do Círculo, você não apenas refrescará a mente como também revigorará o corpo, compensando os desgastes da tensão do trabalho.

No período da tarde aprenda alguma coisa na prática, como fotografia, computação ou jardinagem, mas nada relacionado com o seu trabalho. Em outras palavras, você não pode passar o tempo todo tentando aprender um programa específico de computador que quer usar no dia seguinte no trabalho, mas poderia montar um computador em casa seguindo um manual. Recomendo, novamente, fazer isso fora de casa, com alguém que é realmente bom, pois a melhor inspiração vem de seres humanos que dominam a arte do que fazem, seja flores, música ou artesanato.

O importante é estar exposto à criatividade e primazia – o verdadeiro benefício disso é aprender a *pensar* e ter a *paixão* que um mestre tem por aquilo que faz, do que tentar ser bom no que ele está lhe ensinando.

Durante a noite se esforce para sair e *ajudar* alguém de alguma forma. Pode ser um time infantil em qualquer esporte, pode ser um vizinho mais velho, pode ser sua esposa ou sua família. Existe um certo egoísmo causado pelo fato de ser o chefe da casa, alguma coisa como – se você é quem sai todo dia para trabalhar numa corporação para sustentar a família – ficar isento de ajudar nas tarefas mais simples, sejam elas relacionadas com a família, com o cuidado da casa ou especialmente com o cuidado de pessoas da comunidade. Pessoas que fazem centenas de dólares por hora num emprego corporativo sentem que levar uma pessoa idosa a um supermercado à noite – uma coisa que qualquer pessoa que recebe salário mínimo pode fazer – é uma perda de tempo e talento. É bem mais provável que se tornem membros do conselho de uma associação de caridade da vizinhança.

Isso mostra que não entendem o significado de ajudar. Praticar o Círculo uma vez por semana *significa sair da estagnação da mente limitada à corporação,* e sair disso significa fazer coisas diferentes. Estamos conscientemente tentando tirar nossa mente dos detalhes técnicos daquilo que fazemos e abrir nossas mentes a novas fontes de criatividade: silêncio, grandes pensadores da humanidade *e, talvez a coisa mais importante,* tirar nossa mente da concentração egocêntrica em que passamos a maior parte do tempo, na vida corporativa. Em outras palavras, estamos energizando nossas almas e intelectos não apenas passando um dia fora do nosso repetitivo modelo de pensamento voltado para os negócios, *mas também passando o dia longe da concentração em nós mesmos.*

Para isso não existe nada melhor que ajudar aqueles que precisam de nós em suas necessidades cotidianas. Isso foi a grande fonte de inspiração, força interior e criatividade, através da história registrada, para todos os grandes seres que passaram por este planeta. Você deveria entender esse fato, apreciá-lo, e fazer um esforço consciente *de sair de você mesmo* ao ajudar pessoalmente, de cobrar nada daqueles que precisam, por serem mais idosos, pobres, solitários ou o que quer que seja. Segundo a sabedoria do Oriente, é isto que vai lhe dar mais poder no seu universo de trabalho no dia seguinte.

No final do Círculo, quase na hora de ir para a cama, quando a casa está silenciosa, faça um pouco mais a prática do silêncio no seu canto. Esse é o momento para rever o dia e os pensamentos que teve e terminar o *Livro das seis vezes*. Tente não pensar muito sobre o trabalho e as coisas que você terá de enfrentar na manhã seguinte: o truque é deixar o silêncio e a influência criativa externa trabalhar na sua mente à noite durante suas horas de sono, sem pensar nos detalhes do próximo dia. A inspiração que você teve nesse dia surgirá no dia seguinte, quando você mais precisar; as sementes precisam da calma e do sono para poderem crescer vigorosas.

Uma última observação sobre o dia do Círculo. Pode parecer que é o tempo livre, as horas de silêncio e reflexão que vão lhe dar a criatividade dos próximos dias. Ambos sabemos, no entanto, após termos lido sobre toda sabedoria que está em *O lapidador de diamantes*, que a inspiração que "por acaso" acontecerá no dia seguinte tem causas muito específicas: as marcas que você plantou na sua mente com o silêncio claro e a proximidade com os grandes mestres e a disposição de ajudar outros com algum tipo de serviço social. Não é nada diferente do que já falamos; aliás, nada realmente produtivo acontece se não tiver a marca de alguma coisa boa que você fez no passado, forçando-o a ver o que está acontecendo. Estamos sempre no negócio de semear para o futuro.

Este círculo é chamado de Círculo Semanal. No entanto, existe outra espécie de círculo, que foi uma das minhas grandes armas secretas como vice-presidente da Andin. Chama-se Círculo da Floresta. Você pode testá-lo. Não existe nenhum método mais poderoso do que ir a fundo no futuro de sua carreira, nenhum modo mais poderoso de dar grandes saltos no seu negócio e que precisam acontecer o mais rápido possível para você conseguir atingir sua meta final.

Para o Círculo da Floresta você precisa primeiro ficar duas semanas longe do trabalho. E não estamos falando das férias normais: precisa ser um tempo a mais. Então, como será possível conseguir esse tempo?

Para você conseguir esse tempo, primeiro precisa acreditar no que vai fazer. Nós comemos, por exemplo, três vezes por dia não porque precisamos disso, mas porque queremos. Os monges na tradição budista tomam o voto de passar grande parte do dia sem comer, e em vez de se sentirem fracos ou magros, esse costume deixa a maioria dos monges nos monastérios tibetanos fortes, leves e com a mente muito ágil. Se encontramos tempo para comer três vezes por dia, se achamos comida e lugar para comer, isso simplesmente acontece. Se você acreditar no Círculo da Floresta, encontrará uma maneira de tirar um tempo livre para fazê-lo: é o poder da mente humana.

Deixe primeiro falar sobre o que é o Círculo da Floresta, para depois discutir a estratégia de como conseguir tempo livre. É importante ter certeza de que você pode parar o seu trabalho normal – de que conseguirá realmente parar num determinado dia, numa determinada hora. Se você é um executivo, a primeira vez que você fizer será muito difícil. Você chegou aonde chegou porque sabe trabalhar, e os projetos que colocou em prática exigem certa rapidez. É necessário muita sabedoria para que sejam delegados a outras pessoas, adiados por duas semanas ou concluídos graciosamente no último dia que você está no escritório. Mas quando chega a sexta-feira de tarde e é hora de ir para o Círculo da Floresta, deixe o trabalho para trás – física e mentalmente. *Jamais* caia na armadilha de trabalhar "só mais um dia" ou mesmo "só mais uma hora" para terminar aquela última parte *tão importante* no projeto. Precisa ficar claro para você, até o último momento no trabalho, a razão de fazer o Círculo da Floresta. E a razão de fazê-lo é porque, caso este seja bem-sucedido, você voltará para o trabalho com muitas ideias novas, cheio de criatividade e energia que compensarão até os projetos que foram um pouco prejudicados pela sua parada no trabalho para fazer o Círculo.

Para fazer o Círculo da Floresta você tem de encontrar um lugar totalmente isolado e quieto. Uma espécie de chalé na floresta, ou no litoral fora de temporada, um lugar onde você possa andar sem encontrar ninguém, onde ninguém baterá à sua porta por alguma razão, sem barulho de trânsito ou qualquer coisa do tipo. Quando você chegar a esse lugar, elimine toda fonte possível de estímulo: encaixote livros, revistas ou jornais, coloque televisores e rádios num armário de um modo que realmente tenha de se esforçar muito para tirá-los num momento de fraqueza, e não aceite de maneira nenhuma correio ou visitas.

Essa é a razão pela qual você faz o Círculo da Floresta dar certo: a sua mente precisa ter o mais completo silêncio, que só é possível quando se está realmente só. Planeje as coisas de uma forma que não encontre ou fale com ninguém: tenha certeza de que sua família e amigos entendem isso claramente. Desligue o telefone, ou melhor, encontre um lugar que não tenha telefone. Compre a comida necessária para duas semanas e não faça nenhuma viagem à cidade. O melhor lugar para fazer o Círculo da

Floresta é aquele sem nenhum traço de vida humana – carros, crianças ou acampamentos. Lembre-se de que não se trata de férias – e sim de uma tentativa de alcançar coisas mais elevadas dentro de si, e o resultado será muito mais forte se você estiver sozinho.

Agora você está consigo mesmo – e o que você deve fazer? Preparar um bom lugar de silêncio, como no Círculo semanal – uma parte da casa ou um quarto especial, que seja só para o seu período de silêncio e nada mais. Não é para comer lá e é melhor não ficar perto de onde irá dormir. A energia do lugar tem de ser orientada para um único objetivo, e esse objetivo é a hora de silêncio. Não precisa ser um lugar formal de meditação no chão ou do tipo. Uma cadeira confortável com espaldar alto para fazê-lo ficar com as costas retas é perfeito.

Basicamente, os planos do dia deveriam alternar entre uma hora de completo silêncio, apenas pensando em assuntos importantes da sua vida e do trabalho, depois uma hora de estudo calmo com aqueles grandes mestres que já mencionamos antes (incluindo talvez o estudo dos princípios ensinados aqui, especialmente a parte sobre problemas de negócios e suas verdadeiras soluções), depois uma hora de passeio em silêncio ou qualquer outro exercício e uma hora de refeição leve e algum descanso. É importante ingerir alimentos saudáveis e bem leves – muita salada e comida com muita proteína, evitando açúcar e carboidratos, que tendem a anular a energia criativa que você recebe do Círculo da Floresta. Se o silêncio ficar intenso demais, causando uma certa ansiedade ou um leve atordoamento, faça exercícios e coma comidas gordurosas ou oleosas como macarrão e queijo, pipoca com manteiga ou lasanha.

Depois de um dia nesse regime, você terá dúvidas sobre esse Círculo da Floresta da mesma forma que teve com o semanal – para um executivo muito ocupado, é difícil superar a sensação de estar perdendo seu tempo *porque você não está fazendo nada*. É imperativo, nesses momentos, se lembrar da razão pela qual está fazendo isso. O silêncio e a ausência do trabalho vai fazê-lo entrar em contato com sua energia criativa interior. Você nunca fez isso antes em toda sua vida adulta, nunca forçou sua mente a se voltar completamente para dentro, ao privá-la intencionalmente de qualquer estímulo exterior. O que você descobrirá é que sua mente trabalha com grandes golpes de criatividade e poder com relação aos problemas mais importantes do trabalho e da família: respostas vão sendo moldadas num plano abaixo do consciente, no silêncio, e surgirão como um raio de *insight* em cinco dias ou uma semana. Procure relaxar e confie no processo; se deu certo para milhares de homens sábios no Oriente nos últimos dois mil anos, dará certo para você também. Mas você precisa se dar uma chance.

Lembre-se de trazer um pequeno caderno de anotações para usar como diário e passar muito tempo com ele. Converse com ele, escreva todas as ideias que você teve no começo do Círculo da Floresta e esteja pronto para grandes surtos de inspiração e *insight* depois de dez ou doze dias. Também pode esperar por momentos de declínio no Círculo – fenômeno muito comum e que faz parte do processo. O lado positivo da sua mente e o lado negativo são aumentados e intensificados durante o Círculo da Floresta; por isso você ficará, alternadamente, tomado pelo carinho de sua família e com o atraso do seu fornecedor principal. Aprenda a ficar com o primeiro e a não se desequilibrar com o segundo.

Os últimos dois ou três dias do Círculo da Floresta são um momento especial para rever seu trabalho e sua vida de maneira global. Passe parte do dia escrevendo todas as grandes ideias que teve para seus projetos e então comece a planejar um novo horário diário, com uma pequena lista das possíveis resoluções da vida. Sob a influência do silêncio, sua mente trabalhará mais claramente e com mais força do que antes – mudanças no seu estilo de vida, trabalho e situação familiar acontecerão de imediato. É importante saber que esta oportunidade será uma das únicas na sua vida adulta, em que você estará trabalhando com uma completa lucidez e precisão. Você *tem* de reconhecer esse fato, confiar tanto nisso quanto confiar a "sua vida depois do Círculo" às decisões e resoluções que surgiram na sua mente durante o Círculo.

Mais tarde, na volta pelo trem expresso para a sua vida de casa e trabalho, algumas das decisões que você fez no Círculo parecerão irrealistas, até ingênuas. Não se apegue a isso. É dessa forma que a visão que nasceu no silêncio vai parecer para a mente que voltou para o mundo do barulho. O mais importante, ao voltar do Círculo, é voltar pronto para criar um novo mundo, e mundos novos não são criados sem pequenos riscos e coragem.

Uma observação final sobre todas as boas ideias que você terá do Círculo da Floresta: lembre-se de que essas ideias também, como tudo à sua volta, estão surgindo de marcas que você plantou na sua mente no passado por ser bom com os outros. Essas marcas surgem mais rápido no consciente devido ao estimulante ambiente de silêncio e introspecção e também pela paz no pensamento que você normalmente adquire quando está só na natureza. Uma coisa que pode ajudar é, uma ou duas semanas *antes* de ir à mata, esforçar-se ao máximo para tratar bem, de maneira muito gentil e atenciosa, seus companheiros de trabalho e sua família, e resolver todas as questões pessoais que estão suspensas. Porque assim você plantará as marcas certas na sua mente para o Círculo, e com certeza elas amadurecerão.

Aliás, prometemos algumas sugestões sobre como conseguir uma folga. Para ser honesto, a única maneira de ter duas semanas extras de férias seria pedir para não ser pago nesse período, ou seja, sugerir que a quantia de dinheiro equivalente a esse período seja descontada do seu salário. Isso é muito mais fácil numa companhia privada do que pública, mas em princípio a verdade é que – se está disposto de verdade a fazer o sacrifício e está determinado a ir para o Círculo da Floresta – você encontrará um meio de ir. Tenha em mente que não é só sua carreira que está em questão, mas também sua saúde, paz de espírito, felicidade e criatividade. Isso tem um valor muito maior que duas semanas de salário, e seu chefe ou diretor vai apreciar sua seriedade se você estiver disposto a ter um desconto elevado no salário em troca de um tempo livre.

Toda vez que planejar tirar um tempo para o Círculo da Floresta sugerir em troca um corte no meu salário; essa oferta, obviamente, será sempre muito bem recebida! Além de tudo, isso sempre manda para a diretoria um recado de que você acredita nos resultados do Círculo. Você também terá de obter uma permissão da sua família para ter esse tempo; de qualquer forma é muito importante planejar bem os arranjos necessários para sua saída a fim de não sobrecarregar seus companheiros de trabalho, esposa e filhos. É importante que todos entendam seus objetivos e que todos lhe deem um total apoio, pois a energia será muito melhor, e o sucesso, bem mais provável. Isso não significa, no entanto, que você não deva fazer o Círculo caso encontre alguma resistência inicial – não é só luxo ou lazer. Estamos falando de um trabalho interior que ajudará a determinar se toda a sua vida e carreira serão bem-sucedidas e trazer benefícios a todos à sua volta, mesmo que num primeiro momento não pareça. Por isso, seja forte e decidido. É para ajudar a todos. Existem alguns outros detalhes sobre o Círculo da Floresta que será melhor aprender com um professor, como em esportes, em que se aprende melhor com um técnico em carne e osso. Se você está realmente pensando em usar o Círculo semanal ou o da Floresta para subir na carreira e na vida como um foguete, veja a sessão "acompanhamento" no final do livro, e entre em contato com o pessoal do EBI para que possa ajudá-lo com uma ou duas sessões.

Capítulo 12

A *vacuidade dos problemas*

A discussão sobre como manter seu corpo e mente saudáveis enquanto faz mais dinheiro não seria completa sem a antiga técnica budista chamada "como transformar os problemas em oportunidades". Isso pode ser feito em dois níveis: o imediato e o final.

Você lembra da história que contei no capítulo 10, em que compramos 10 mil quilates de diamantes e quase a empresa faliu? A questão naquele momento era como lidar com a intensa crítica do chefe, tentar bloquear a sua própria raiva e frustração antes mesmo que ambas tivessem tomado forma nos primeiros instantes depois de levar uma bronca. O resultado imediato foi que você deixou o escritório do chefe com a mente clara, bem preparada e pronta para lidar com o problema e tentar resolvê-lo. A longo prazo o resultado alcançado foi que você parou de colocar novas marcas na sua mente para ver um chefe com raiva: sua vida no escritório ficará cada vez mais calma daqui para a frente.

Suponhamos que conseguiu sair calmo do escritório – mas o que fazer então com os 10 mil quilates de diamantes extras? Ao colocar seus pensamentos imediatamente na vacuidade ou no potencial oculto que é inerente a qualquer problema, você a curto prazo protege sua mente e a longo prazo se previne de um novo desgaste no corpo. Essa vacuidade significa que o problema será um problema somente se suas marcas o fizerem perceber isso como um problema. E o mero fato de *entender* o que é a vacuidade lhe permitirá transformar o problema numa oportunidade.

É importante nesse momento entender que esses 10 mil quilates podem ser vistos, de maneira *válida* e *correta*, como um problema ou o começo de uma nova oportunidade. Vendo como um problema, já o deixa nervoso, coloca-o numa postura mental defensiva e reprime sua criatividade. Entretanto, você pode imaginar que teve uma ideia incrível na semana passada, que para ser implementada precisava de 10 mil quilates, só que agora não consegue lembrar. Terá de adivinhar.

Uma estratégia simples que usávamos na Andin era ter de reserva o *design* de uma peça que pudesse ser feita com material bruto, que eventualmente tivéssemos comprado a mais. Não entrar em pânico nesse tipo de situação evita bloquear uma preciosa energia mental criativa (que provocaria uma demora no surgimento de uma ideia para a resolução do problema); também previne marcas mentais negativas de emergir, no decorrer dos próximos dias ou semanas, no consciente e bloquear sua percepção da oportunidade. É importante, então, ficar calmo e se concentrar na pergunta: "O que era mesmo que eu ia fazer com aqueles 10 mil quilates?". Suponhamos que todas as pedras são uma mistura de tons marrons como água suja ou um carnaval de diferentes formas e lapidações. Estas são as pedras mais difíceis de vender no mercado, costumam acabar na ponta das brocas dos poços de petróleo – isto é, até que os inovadores negociantes de diamantes indianos descobriram uma maneira mais barata de lapidá-los. Essas pedras se tornaram os famosos "corações de um quilate".

Essa peça foi a bênção dos céus para os negociantes de diamante e os fabricantes de joias que ficavam empacados com toda essa enorme quantidade de pedras misturadas; na Andin levamos o conceito ao extremo. Primeiro você joga todas as pedras (estamos falando de 1 *milhão* de diamantes pequeníssimos) numa peneira, que vão sendo empurradas em cilindros minúsculos de ferro com barras de metal o dia inteiro e forçadas dentro de uma série de pequenos buracos que – no fim – depositam todos esses microscópicos brilhantes do mesmo tamanho numa mesma pilha. Aí você faz um trabalho primoroso com balanças de diamante de alta sensibilidade para descobrir a média do peso de cada pedra da pilha (lembre-se de que estamos falando da milionésima parte de uma libra por diamante).

Você acaba tendo por volta de cinco pilhas que são desfeitas ordenadamente, com pedras de tamanho microscopicamente diferentes. Pega um pingente em ouro bruto que tem 50 pequeníssimos buracos fundidos e espalhados, na forma de taças, e o resultado é uma coleção de minúsculos brilhantes em forma de coração, com um ouro branco forte que tira o tom de água suja das pedras. Com uma calculadora você tenta descobrir que combinação de 50 pedras de uma das pilhas seria perfeita com o peso se

99,5% de quilate ou qualquer que seja o peso mínimo legal por "quilate" no momento. O resultado, no final desse dia, é uma criação de diamante original e reluzente que pode ser oferecido por um bom preço por causa da precisão no controle dos materiais: tanto do ouro como do diamante. E o resultado é que, quando a peça fez sucesso nas lojas de departamentos você transformou um erro de 10 mil quilates num grande sucesso. O resultado é fácil de imaginar. O dono pede que você tente conseguir outros 10 mil quilates do mesmo tipo, só que desta vez você talvez não consiga fazer o mesmo.

Mas a importância do exercício é muito clara. Qualquer objeto no universo é vazio. Isso significa que nenhum objeto no mundo é bom ou ruim em si mesmo; o que é bom para um nem sempre é bom para outro. Um objeto *se torna* bom ou ruim de acordo com sua percepção, e essa está sendo ditada precisamente pelas marcas boas ou ruins que você plantou na sua mente no passado. Os problemas não são problemas em si mesmos; na verdade existe alguma coisa na sua mente que faz você ver o problema como um problema. *Todo problema* pode se transformar numa oportunidade, porque nenhum problema é um problema em si mesmo.

Tente esse exercício. Na próxima vez que um problema surgir, que um concorrente lhe provocar um, finja que a empresa concorrente é uma espécie de fada madrinha que pode ver o futuro, que ama *sua* empresa, e que está tentando fazer você ter um grande sucesso. Para que isso aconteça, ela vê a necessidade de lhe empurrar numa direção diferente da que você estava indo. Para ir nessa nova direção, ela precisa bloquear seu progresso na direção antiga. Em vez de ficar preocupado e nervoso porque aquilo que esperava acontecer não está acontecendo, deixe-se levar por esse novo caminho – tente ver essa nova estrada por onde ela está fazendo você ir, em vez de ficar olhando para trás, desejando estar no caminho antigo.

Essa maneira de olhar a situação é realista? Talvez sim, talvez não. Não interessa muito. O resultado final é o mesmo, em ambos os casos. Ficar nervoso e preocupado põe marcas negativas na sua mente, e a energia mental que é usada ao ficar nervoso implica ter menos energia para soluções criativas. Só deixa as coisas piores. Concentrar-se em descobrir a oportunidade oculta no problema revigora a sua mente e planta marcas positivas – marcas que farão você ver sucesso no futuro. Por isso faz muito sentido ir em frente e *ver* as coisas dessa maneira.

No começo deste capítulo falamos de dois níveis que podemos ter para transformar um problema em oportunidade. Segundo a antiga sabedoria do Tibete, o pior que pode acontecer é tudo ir bem o tempo todo. Porque, se isso acontecer, nunca questionaremos as coisas boas que estão nos acontecendo. Você nunca vê pessoas desesperadas, arrancando os cabelos e chorando, dizendo "por que isso foi acontecer comigo?" se uma coisa muito boa lhes aconteceu. Precisamos ter problemas para podermos refletir de onde eles estão vindo.

Não existe nada mais triste, não existe nada que possa vir a ser um problema maior, do que uma empresa ou um executivo que está satisfeito, que teve sucesso constante, por muito tempo. As coisas sempre mudam, e a satisfação consigo mesmo não é o tipo da coisa que faz as pessoas se entregarem à profunda e difícil procura da razão pela qual tudo acontece. Não é apenas uma questão de nobreza de sentimentos dizer que os problemas em si mesmos são a nossa grande oportunidade. A dor nos força a tentar descobrir o que realmente rege o mundo à nossa volta e nos leva a descobrir também as leis do potencial oculto e das marcas, que é o melhor desafio que pode nos acontecer.

Terceiro Objetivo

*Poder olhar para trás e saber
que valeu a pena*

Capítulo 13

Shirley

A nossa viagem através da sabedoria existente em *O lapidador de diamantes* nos levou até aqui a duas importantes áreas. Uma é o mundo do potencial oculto e das marcas mentais – o pano de fundo da nossa realidade, que se parece com uma tela vazia na qual nossas percepções projetam imagens dos êxitos e derrotas nos negócios e na vida pessoal. Essas imagens são consequências diretas de como nos comportamos com os outros no passado. Resumindo, já sabemos agora de que forma o dinheiro realmente vem e aprendemos um método infalível para consegui-lo.

O dinheiro em si não significa nada se não pudermos aproveitá-lo. Aprendemos também, neste livro, a manter o corpo e a mente saudáveis tanto no escritório como fora dele – como seguir uma carreira, ano após ano, com vigor e criatividade. Entretanto, devemos, no final, falar sobre o inevitável. Independentemente do sucesso em fazer dinheiro e da perseverança em manter o coração claro para poder aproveitar esse dinheiro da melhor maneira, chegará o momento em que seu negócio e também sua vida irão acabar. Na tradição budista, para um homem de negócios ser verdadeiramente bem-sucedido não basta apenas fazer muito dinheiro ou fazer muito dinheiro e saber aproveitá-lo bem. Na verdade, o fim de tudo é tão importante quanto o começo e o meio, e você precisa ser capaz de chegar ao fim, o fim inevitável, e olhar para sua vida nos negócios e dizer com muita honestidade que valeu a pena – que as intensas horas e os anos de esforço tiveram um significado real.

Você só vai se decidir a levar a sério essa intenção de ver seu negócio ter um significado ou benefício real se for capaz de ver a sua vida e carreira sob a perspectiva do final inevitável. Não vai conseguir tomar a iniciativa de fazer sua vida ter um significado maior se não for capaz de se ver nas suas horas finais e se não for capaz de se colocar nessa situação futura e praticar o hábito de olhar para trás e fazer um balanço de sua vida. Neste capítulo vou falar sobre Shirley.

Para começarmos a falar sobre Shirley temos de voltar para *O lapidador de diamantes*. No término desse antigo livro existe um verso chamado "Verso da Impermanência", que talvez seja o verso mais famoso do livro, considerado tão importante no Budismo que os monges são obrigados a recitá-lo na lua cheia e na lua nova, não podendo deixar de fazê-lo nem uma vez sequer. Aqui está o verso:

> Aprenda a ver que tudo o que
> acontece em função das causas
> É como uma estrela,
> Um problema nos seus olhos,
> Uma lamparina, uma ilusão,
> O orvalho ou uma bolha;
> Um sonho ou um raio,
> Ou então uma nuvem.

Choney Lama nos dá uma explicação sobre esse verso, e novamente as palavras em negrito são do texto original. Você vai notar que ele considera o verso não somente um ensinamento sobre a impermanência como também uma forte referência ao conceito do potencial oculto nas coisas ou a vacuidade.

Vamos apresentar o resumo da conclusão, que mostra como **tudo o que acontece em função das causas** não apenas tem uma natureza própria como também é impermanente. Tudo isso está incluído no verso sobre a "estrela, um problema nos seus olhos, uma lamparina" e o resto. Podemos dar como exemplo as cinco partes de uma pessoa – o corpo físico e o restante – ou qualquer outro objeto. Tudo isso pode ser explicado com as seguintes metáforas.

Estrelas aparecem à noite e depois, pela manhã, desaparecem. As partes de uma pessoa e as outras coisas que acontecem em função das causas também são assim. Se a mente de uma pessoa está repleta da escuridão da ignorância, as estrelas ou essas partes parecem existir num sentido absoluto. Suponhamos, no entanto, que o Sol se levanta – o Sol da sabedoria que tem a percepção de que nada existe em si e por si. Então esses objetos não parecem existir num sentido absoluto ou inerente. Nesse sentido deveríamos ver essas coisas **como uma estrela**.

Vamos supor que nossos olhos não vêem bem porque estão com um **problema** – com partículas de poeira ou algo semelhante. Aquilo que você está tentando ver parece diferente do que realmente é; na verdade, você a está vendo de forma diferente. O mesmo acontece com o olho da mente quando está impedido de ver pelo problema da ignorância. As situações que acontecem em função das causas aparecem na mente de maneira diferente do que são.

A chama da **lamparina** de manteiga, sustentada por um fino pavio, treme, e a luz rapidamente morre. Coisas que vêm de causas, cada uma delas sustentada por vários motivos e condições, também passam por um contínuo processo de nascer e se extinguir rapidamente.

Uma ilusão é algo que parece diferente do que realmente é. Situações que acontecem em função das causas também parecem existir em si e por si, num estado de mente equivocado.

O orvalho desaparece rápido; com as situações que vêm de causas acontece o mesmo – elas desaparecem muito rapidamente, sem durar nem um instante sequer a mais na sua existência.

Bolhas surgem por acaso, porque a água não está em repouso, ou algo assim, e então estouram e desaparecem imediatamente. Coisas que vêm de causas fazem a mesma coisa: quando várias condições aparecem ao mesmo tempo, elas surgem e morrem de repente.

Sonhos são um exemplo da percepção errônea causada pelo sono. Tudo o que acontece em função das causas também é mal compreendido – parece existir verdadeiramente, para a mente que está afetada pela ignorância (do potencial oculto).

Raios faíscam e morrem rápido. Coisas que vêm de causas também levantam e morrem muito rápido, dependendo de determinadas condições para ser realizadas.

Nuvens se juntam e desaparecem no céu, dependendo dos desejos dos seres serpentes e de outros seres. Situações que acontecem em função de causas são a mesma coisa; dependendo da influência das marcas, que podem ser as mesmas ou não para vários membros de um grupo, elas levantam e desaparecem.

Todas essas metáforas significam que nenhum objeto que acontece em função das causas tem uma existência em si ou por si mesma.

A explicação dada aqui se aplica a coisas que acontecem em função de causas como um todo. Uma explicação mais específica, citada abaixo, é tirada do sutra pelo mestre Nagarjuna:

> *Seu corpo físico é uma bolha que se forma,*
> *E seus sentimentos se parecem com a espuma das ondas.*
> *Discriminação é apenas miragem,*
> *E os outros fatores como junco vazio*
> *Estar desperto é semelhante a uma ilusão –*
> *Assim o Primo do Sol falou.*

(Essas são as cinco partes de uma pessoa mencionadas anteriormente; o "Primo do Sol" é outro nome de Buddha.)

Mestre Kamalashila relaciona essas três últimas metáforas aos três tempos (o passado, o presente e o futuro); isso é um pouco diferente da explicacão anterior, mas uma não contradiz a outra.

Para ser breve, o Senhor Buddha está nos dizendo que deveríamos "ver que toda e qualquer coisa que acontece em função das causas é impermanente, é vazia de uma natureza própria, exatamente como os nove exemplos dados antes". Deveríamos também considerar esses versos como uma indicação da falta de uma natureza inerente nas pessoas e da falta de tal natureza nas coisas.

Este último verso se refere primeiramente à impermanência de uma pessoa – ao fato de que, como indivíduos, precisamos chegar ao fim de nossas carreiras e ao final de nossas vidas. Num nível mais profundo (que não é nosso objetivo aqui), isso também pode ser explicado em termos de marcas e potencial oculto. Isto é, há marcas em nossa mente que criam percepções do mundo à nossa volta e também de nossos corpos e mentes.

Essas marcas são como qualquer outra forma de energia – como qualquer outra coisa que é colocada em movimento por circunstâncias e condições.

Para ser breve, *o fato de as coisas serem colocadas em movimento*, o fato de que as marcas impelem o surgimento de coisas como o mundo à nossa volta ou até mesmo nossos corpos e mentes, implica necessariamente que essas precisam, num determinado ponto, parar, deixar de existir, **devido ao simples fato de que elas começaram**. Segundo o Budismo, para fazer qualquer coisa terminar precisamos das mesmas coisas que foram usadas para fazê-la começar. No momento em que você bate numa bola de beisebol com um bastão sabe que, de alguma forma, a bola irá parar em algum lugar. Sua carreira nos negócios terá um fim porque você começou um primeiro trabalho. Sua vida acabará porque você nasceu, e essa é a única razão para isso. Tentar fazer com que sua vida pessoal e sua vida nos negócios terminem com um significado maior dependerá da sua convicção de que ambas, algum dia, vão terminar.

No dia em que entrei na Andin para o meu primeiro trabalho de verdade conheci Shirley; não foi difícil porque naquele tempo ela era a única funcionária. Eu tinha acabado de estudar e fazer meditação por oito anos, com concentração num ponto só, num pequeno monastério junto com meu Lama; o barulho e o mau cheiro da cidade de Nova York me deixavam nauseados, chegando todo dia de manhã, de uma viagem de ônibus que durava quase duas horas, mas ver como Shirley passava o seu dia já contrabalanceava tudo. Ela era jamaicana, forte e orgulhosa, tinha um esvoaçante cabelo preto e um sorriso do tamanho da sala, e havia crescido no Arizona; nunca tinha conhecido ninguém das ilhas e fiquei fascinado quando vi aquele raio de sol vivo andando pelos corredores, cantando belas músicas com um adorável sotaque britânico. Shirley e seu marido Ted rapidamente se tornaram minha família; nós dois sofremos juntos com os donos Ofer e Aya, no começo da Andin, que dobrava e triplicava as vendas quase todo ano, até atingir o atual volume de mais de 100 milhões por ano; tanto eu como Shirley dirigíamos divisões muito grandes da empresa: ela, a distribuição e eu, os diamantes.

O bom humor e o amor inabalável que demonstrava por todos à sua volta ficaram legendários: podíamos trabalhar até uma ou duas da manhã e não importava, ela estava sempre alegre, do mesmo jeito de quando havia começado o dia. Sempre alegre, cantando, mesmo sob a imensa pressão de dirigir quase cem empregados, empacotando e despachando mais de 10 mil peças por dia, com prazos de entrega quase impossíveis. Era sempre a primeira a chegar e a última a sair e morreria, se fosse necessário, pelo seu pessoal. Esse e outros traços de sua personalidade fizeram com que todos que trabalharam tivessem por ela uma incrível lealdade e amor. A força interior que brilhava em seus olhos e sua profunda convicção na vida cristã fizeram com que se tornasse uma fortaleza para todos nós.

Eu me lembro quando o primeiro problema começou. Alguma coisa não andava bem com Shirley, pessoas comentavam, e perguntavam se gostaríamos de visitá-la no hospital. Esse é um daqueles grandes choques que se tem quando alguém que você pensa ser invencível prova ser frágil: o sentimento que tive quando minha mãe teve um grande caroço no seio ou quando meu pai desmaiou enquanto estava caçando e começou a rolar montanha abaixo, com um adolescente tentando impedir que aquele imenso corpo caísse num precipício. Aconteceu que Shirley fora acometida de um caso bem grave de diabetes, e tudo estaria bem se ela tivesse um ritmo mais calmo, comesse bem e regularmente, e tomasse todos os dias os comprimidos na hora certa.

Precisamos entender que a companhia estava crescendo muito no mercado, éramos invencíveis, girando ao redor de um mundo que parecia não saber fazer nada certo. Shirley e eu chegamos a lidar com milhões e milhões de dólares por hora. Nossos salários cresceram tanto quanto nosso trabalho e quadro de funcionários – transformamo-nos em pequenos deuses no reino dos escritórios, discutindo o futuro de uma pessoa ou com a sala repleta de pessoas no almoço, como se fossem bonecos e soldadinhos de chumbo que nos pertenciam e que se moviam para onde quiséssemos. Andin se transformou numa amante de paixão que nos consumia, a companhia exigiu demais e nos fez executar tarefas que estavam acima de nossas capacidades, para nos recompensar com um dinheiro jamais sonhado. Shirley começou a trabalhar cada vez mais, até cada vez mais tarde, fascinada, como todos nós.

Nada era mais importante que o trabalho. Vez por outra ela pulava uma das refeições, e depois passou a fazer isso frequentemente. Algumas vezes se lembrava de tomar seu remédio, outras não, e estas foram ficando cada vez mais frequentes, mas a entrega do J. C. Penney tinha de sair sem a perda de um minuto sequer. As horas e o desgaste no seu corpo começaram a afetar sua saúde, mas ela recusou a diminuir o ritmo de trabalho. Acho que uma das lições mais importantes que aprendi sobre o trabalho nas corporações aconteceu nessa época: os verdadeiros bons trabalhadores continuarão a se esforçar ao máximo até prejudicar sua saúde; é preciso muita sabedoria e autocontrole da parte da diretoria para saber quando forçar as pessoas a diminuir o ritmo de trabalho, mesmo que todo o processo sofra com isso.

Chegou um momento em que Shirley não estava em condições para dirigir um grande número de pessoas, mas por um genuíno afeto os donos da empresa criaram um trabalho para ela – um departamento de clientes – para que continuasse a trabalhar num ritmo mais apropriado. Foi então que saiu da companhia e mudou-se para New Hampshire, para começar a descansar e iniciar um tratamento caríssimo de diálise nos rins. A Andin continuou a crescer e ficou difícil manter contato; meus dias seguiam a mil quilômetros por hora, algumas vezes três ou quatro telefonemas ao mesmo tempo, pedras voando pela divisão, não mais em pequenos envelopes mas em sacos de lixo e caixas – não mais em centenas, mas em milhares e dezenas de milhares. Os dias de Shirley, no entanto, estavam indo num ritmo cada vez mais lento.

Na última vez que falei com ela, liguei por coincidência no momento em que ela estava acabando de retornar do hospital, depois de ter tido as duas pernas amputadas. Ela estava, como sempre, incrivelmente alegre e carinhosa, falando mais sobre mim do que sobre ela mesma, e pela primeira vez imaginando o que aconteceria consigo. Logo depois ela morreu.

A notícia da sua morte, o fato de que aquela mulher, com quem passamos anos lado a lado, dividindo cada dor e alegria durante a maioria de nossas horas despertas, não existia mais e nunca mais estaria conosco, nos fez olhar pela primeira vez para trás, na nossa vida na empresa, com os olhos de uma pessoa que atingiu um ponto de virada irreversível. Era inevitável que, pela primeira vez, começássemos a refletir sobre se tudo aquilo valia a pena. Era divertido, era mais que divertido, era absorvente; mas a ilusão de grandeza e importância perdeu imediatamente o brilho quando confrontada com o fato da morte, presente em nós com a partida permanente de Shirley. A avidez da guerra pelo dinheiro nunca mais seria a mesma. Agora era uma coisa realmente séria. Agora era uma coisa permanente. Estávamos consumindo nossa vida real aqui, e no final iríamos acabar sem vida. Ninguém poderia continuar a ignorar o fato de que – independentemente do crescimento da empresa no mercado, da autoridade e do dinheiro que estávamos acumulando em nossos empregos na Andin, enquanto ela crescia – tudo não passaria de um vago sonho depois que nos aposentássemos. Fomos forçados a nos perguntar pela razão de lá estar.

A maneira budista de abordar os negócios ensina que devemos entrar no escritório toda manhã com a seguinte pergunta: "Se vou morrer hoje à noite, é essa a maneira que gostaria de passar meu último dia?". Essa pergunta não é para você se deprimir ou cultivar uma espécie de pensamento mórbido. É bastante prática, libertadora e muito boa para grandes negócios, dos quais você vai poder se orgulhar quando o final inevitável da sua carreira chegar e olhar para trás.

Existe nos monastérios tibetanos uma prática chamada "Meditação da Morte". A ideia que você tem ao ouvir essa frase é provavelmente deitar-se no chão frio de uma calçada qualquer e tentar imaginar um monte de tubos no nariz, parentes chorando ao seu lado, monitores para o coração se apagando com um som de *bip*. Mas não é assim. Para simplificar, você apenas acorda de manhã e fica na cama, deitado, sem abrir os olhos. E você diz para si mesmo: "Eu vou morrer hoje à noite. Qual seria a melhor coisa a fazer com esse tempo que me resta?".

Rapidamente surgirão muitos pensamentos na sua mente. Poderia ser um dia surpresa sem ir ao trabalho e, já que irá morrer nesse mesmo dia à noite, por que não tentar alguma coisa que sempre quis fazer e que não tinha muito sentido ou que talvez seja até um pouco perigosa? Imagino que você queira viver intensamente esse dia ou talvez cantar num karaokê ou sinta vontade comprar um dos ingressos mais caros da Broadway (supondo que haja uma matinê).

A prática da Meditação da Morte deve ser feita regularmente, por um bom período para surtir efeito. Um resultado que você vai ver surgir bem rápido é simplificar a sua vida: cortar as coisas que possui ou faz que lhe atrapalham. Isso é o começo de uma nova liberdade, física e mental. Quantos pares de sapatos tenho? Onde estão aquelas fotografias das nossas férias de anos atrás, aquelas que não olhamos mais? A sua mente, ao ouvir esse tipo de perguntas, começa a visualizar todos os diferentes sapatos que você tem: ela vai ao armário e olha pelo menos aqueles que você usa mais frequentemente. Depois vai para as gavetas ou os armários e vê uma pilha de fotos em envelopes, procura por algumas e dá uma olhada.

Tudo isso prova que, em algum nível, em algum plano, você mantém um arquivo de todas as coisas que possui. O que significa que parte do espaço mental da sua mente está tomada por detalhes como esses; lembre-se de que a mente é como a memória de um computador – tem um espaço limitado. Você sabe como os computadores começam a se comportar quando estão com a memória cheia: os programas começam a não funcionar, tudo fica muito mais lento e começa a falhar. E sabe como é gostoso usar um computador novo com bastante espaço na memória – tudo funciona rápido. A ideia da Meditação da Morte é passar de um estado para outro. Uma maneira rápida e prática de conseguir isso é começar a jogar fora coisas que você não usa ou de que não precisa. Isso pode chegar a 75% de tudo. Uma boa regra básica é se perguntar: "Usei isso nos últimos seis meses?". Se não usou, jogue fora.

Ao praticar a meditação por um tempo, você começa a fazer com o seu horário a mesma coisa que fez com os objetos. Se vai realmente morrer essa noite, você se sentaria e leria todo o jornal de domingo ou a maioria das revistas que você assinou? Ficaria passando desesperadamente por todos os canais para achar alguma coisa que despertasse um mínimo de atenção? Sairia para passar umas duas horas almoçando ou jantando, fazendo fofocas de outros diretores? Decida-se, então: *Se não farei isso no dia em que morrer, então não farei agora.* Porque pode muito bem ser hoje o dia que vou morrer.

Em algum momento desse processo você vai começar a examinar sua própria carreira. Se eu vou morrer hoje à noite, é esse realmente o trabalho que quero fazer? Existe alguma outra coisa que você preferiria estar fazendo, só que está com medo de tentar, porque não tem certeza se pode fazer dinheiro com isso ou por que você está com um pouco de preguiça em mudar? A vida é realmente curta, e o seu tempo de trabalho é muito limitado – os seus anos de máxima energia, saúde e capacidade mental. Talvez fosse válido ganhar menos dinheiro e trabalhar o dia todo numa atividade que você sinta ser realmente importante. No final da evolução da Meditação da Morte, essa maneira de pensar desabrocha numa atração instintiva por tudo da vida humana que é realmente de grande beleza e significado. Você precisa, por meio de um processo de reflexão interior e meditação, se forçar a pensar para a frente, em como será o provável final da sua carreira e vida. Provavelmente já guardou uma boa quantidade de dinheiro. Tem o necessário para viver confortavelmente e sustentar a todos de sua família. Quanto à sua ocupação, você está num lugar que, apesar de sua energia e, até certo ponto, sua capacidade mental estar um pouco abaixo do seu máximo, tem uma experiência tão grande que o torna capaz de começar qualquer espécie de tarefa com muito êxito.

Esse é o ponto, mentalmente, em que as pessoas bem-sucedidas em negócios começam a se sentir atraídas pela filantropia. Isso acontece não porque elas não têm mais nada para fazer; na verdade, essas pessoas adquiriram uma espécie de sabedoria que indica atividades com mais significado para se fazer com o dinheiro, poder e experiência que acumularam. Estão no ponto que acabamos de comentar: estão revendo suas profissões com a perspectiva do final de carreira e começaram o inevitável processo de se perguntar: "Valeu a pena?".

A ideia aqui é antecipar onde você vai estar daqui a alguns anos e tomar algumas decisões agora, que lhe permitirão olhar para trás com total alegria e satisfação. Sabendo que você será capaz de fazer isso, vai tornar não só o objetivo mas a viagem inteira – sua carreira toda – infinitamente mais divertida e interessante. Por isso tente a Meditação da Morte agora; acho que isso irá levá-lo a um estado mental que vamos descrever no próximo capítulo – que chamamos "trocando de lugar com os outros".

Você tem de passar por esse processo de ir mentalmente adiante na vida para poder revê-la e ter a satisfação de verificar que você fez coisas muito importantes e significativas, não só com sua profissão mas também com seu negócio. Companhias não são diferentes das pessoas: elas nascem, têm sua vida e então começam a diminuir o ritmo e morrem, o que é a verdadeira natureza de todas as coisas. Você tem de avaliar seu negócio da mesma maneira que fez com a sua vida – deve ir até sua morte e então olhar para trás.

E negócios realmente morrem – um empresário que reconheça esse fato, mesmo durante o ápice do sucesso, tem durante o tempo todo muito mais poder nos negócios. Essa atitude mantém sua cabeça clara e suas prioridades da vida de maneira objetiva. O próprio Buddha olhou claramente para o fim de seu trabalho – o fim do Budismo – e frequentemente falou sobre esse fim, para manter a sua clareza e a dos seus seguidores. *O lapidador de diamantes* inclui boa parte dessas palestras; o diálogo começa com uma pergunta para Buddha feita por Subhuti, o deus da sabedoria disfarçado de monge comum:

> **Ó Conquistador, o que acontecerá no futuro, nos dias dos últimos quinhentos, quando o santo ensinamento de Buddha estiver chegando próximo de sua destruição final? Como algum desses tempos poderia ver acuradamente o significado de explicações dadas em antigos livros como esse?**

E o Conquistador responde:

> **Ó Subhuti, você não deveria ter perguntado nunca o que acaba de perguntar: "O que vai acontecer no futuro, nos dias dos últimos quinhentos, quando o santo ensinamento de Buddha estiver chegando próximo da destruição final? Como poderia algum desses tempos ver acuradamente o significado da explicação dada por antigos livros como esse?**

A questão é saber se haverá **alguém no futuro** que acredite, ou que tenha interesse em **livros antigos como este** – livros antigos que **explicam** a natureza da realidade do corpo, do corpo físico, de um Buddha. Para levantar essa questão, Subhuti faz a pergunta que começa com **"ó Conquistador, o que acontecerá no futuro, nos dias dos últimos quinhentos anos, quando o santo ensinamento de Buddha estiver chegando próximo de sua destruição final?"**.

Como resposta, o Conquistador diz: **"Ó Subhuti, você não deveria ter perguntado o que acaba de perguntar"**. O que ele quer dizer é que Subhuti não deveria jamais ter as incertezas de se preocupar se haverá alguém desse tipo no futuro, pois, caso ele não tivesse essa dúvida, não teria feito essa pergunta.

E novamente Buddha fala:

> Ó Subhuti, no futuro, nos dias dos últimos quinhentos, quando o santo ensinamento de Buddha estiver se aproximando da destruição final, virão alguns santos guerreiros que são grandes seres, que possuem moralidade, que possuem grandes qualidades e que possuem sabedoria.
>
> E esses santos guerreiros que são grandes seres, ó Subhuti, não serão os que renderam honras a um único Buddha, ou que juntaram tesouros de virtudes com um único Buddha. Em vez disso, ó Subhuti, esses serão os que renderam honras a centenas de milhares de Buddhas, e que juntaram tesouros de virtudes com muitas centenas de milhares de Buddhas. Esses são os santos guerreiros, os grandes seres, que então virão.

Ó Subhuti, diz o texto, **no futuro**, mesmo **quando o sagrado Dharma estiver se aproximando da destruição final, virão santos guerreiros que são grandes seres. Eles possuirão** a extraordinária forma de treinamento da **moralidade; eles possuirão aquela grande qualidade** que consiste da extraordinária forma do treinamento de concentração; **e possuirão** a extraordinária forma de treinamento da **sabedoria**.

E esses santos guerreiros que são grandes seres não serão os que renderam honras ou juntaram tesouros de virtudes com um único **Buddha**, mas **em vez disso eles serão os que renderam honras e juntaram tesouros de virtudes com centenas de milhares de Buddhas**. Este fato, diz o Conquistador, é algo que eu percebo nesse momento.

Mestre Kamalashila explica a expressão **"dias dos últimos quinhentos"** da seguinte maneira:

"Quinhentos" é uma referência ao grupo dos quinhentos; é uma referência à conhecida frase de que "os ensinamentos do Conquistador permanecerão cinco vezes quinhentos anos".

Como tal, "cinco vezes quinhentos" é uma referência a quanto tempo os ensinamentos permanecerão no mundo: 2.500 anos.

Sobre a questão em si de quanto tempo os ensinamentos sobreviverão no mundo, vemos tanto centenas de comentários diferentes em vários livros antigos quanto comentários a esses livros. Eles falam que os ensinamentos do Capaz (Buddha) durarão mil anos ou 2.500 ou 5 mil anos. No entanto, quando levamos em conta a intenção deles, essas várias afirmações não se contradizem.

A razão da falta de contradição é que alguns desses trabalhos têm como intenção se referir à duração de tempo em que pessoas estarão atingindo objetivos, ou ainda praticando. Outros estão se referindo à duração de tempo que os registros desses ensinamentos permanecerão no nosso mundo. Outros, finalmente, parecem se referir aos ensinamentos na Terra do Realizado (Índia).

Existem muitos exemplos de tipos de santos guerreiros mencionados no texto. Na Terra do Realizado existiram as "Seis Joias do Mundo de Dzambu" e outros como eles. No Tibete, seres elevados como Sakya Pandita ou Buton Rimpoche ou os Três Senhores – o pai, Dje Tsongkhapa, e seus filhos espirituais.

É impressionante para nós, ocidentais, ler uma passagem do fundador desta religião prevendo o seu desaparecimento do mundo 2 mil anos mais tarde. A constante tendência em todas as nossas instituições – negócios, política, família e indivíduos – é acreditar, no fundo de nossos corações, que tudo que vai bem num determinado tempo continuará a sê-lo. O Budismo, no entanto, diz que todas as coisas são dirigidas pelas nossas marcas, pelas percepções que são forçadas em nós pelas marcas. E que as marcas são como árvores – as sementes são plantadas, os brotos aparecem, as árvores crescem e florescem e inevitavelmente morrem quando a energia da semente se exaure. Partindo do princípio de que nossa realidade e nós mesmos somos percepções impelidas pelo poder das sementes mentais que agem exatamente como sementes das plantas, então os indivíduos, e nosso mundo também, precisam inevitavelmente chegar a um fim.

Mesmo quando estamos no auge de nossas carreiras, mesmo quando nossa companhia faz um grande estouro de vendas no mercado, precisamos manter essa sabedoria. Para seguirmos nossa vida e conduzir nossos negócios com a mais clara perspectiva de tudo, precisamos viajar mentalmente adiante, até o dia de nossa aposentadoria, até o dia de nossa morte, até o dia da morte de nossa companhia, olhar para trás e ver o que fizemos. Valeu a pena? Teve um significado maior? Essa foi a melhor maneira de passar uma curta e preciosa vida humana?

No próximo capítulo vamos examinar várias maneiras de se assegurar que houve um significado. E não se preocupe, porque a ideia é que você seja capaz de obter as várias maneiras ao mesmo tempo – o objetivo é, primeiro, fazer muito dinheiro; segundo, ter muita saúde física e mental para poder aproveitar o dinheiro e, terceiro, o dinheiro de uma forma que você possa olhar para trás e ficar orgulhoso. E, por coincidência, a melhor maneira de usar o dinheiro é também a melhor maneira de dirigir uma grande companhia, sua família e sua vida.

CAPÍTULO 14

*O melhor instrumento para
administrar empresas*

Acho que não existe um único executivo nos Estados Unidos que não tenha um sentimento muito claro da diferença entre o que tem valor e o que não tem. Podemos, de vez em quando, ficar muito envolvidos com nossas posses ou com alguns relacionamentos que são totalmente descartáveis, mas pela própria natureza dessas questões acabamos nos cansando delas – qualquer pessoa que tenha um pouco mais de discernimento acaba reconhecendo sua completa insignificância. Os antigos livros budistas dizem que todas as pessoas no fundo são impelidas a descobrir o que realmente é fundamental para elas e que jamais seremos felizes se não entendermos isso. *O lapidador de diamantes* é bem claro no que é importante.

Comecemos, então, com o texto-raiz:

Subhuti, essa é a maneira como aqueles já bastante avançados no caminho do santo guerreiro devem pensar ao sentir o desejo de atingir iluminação:

Eu levarei ao Nirvana todos os seres viventes, cada um dos seres em todos os planos da espécie vivente: aqueles que foram formados dentro de ovos, aqueles que nasceram no útero, aqueles que nasceram no calor e na umidade, aqueles que nasceram milagrosamente, aqueles que têm forma física, aqueles que não têm nenhuma, aqueles com conceitos, aqueles sem nenhum conceito e aqueles que não têm nem conceitos nem não conceitos.

Não importa quantos seres viventes houver, ou em que reinos estiverem – qualquer um chamado de "ser vivo" –, eu levarei todos eles ao estado de Nirvana, para a esfera além da dor, onde não sobrará nenhuma parte da pessoa.

E, mesmo se eu conseguir levar esse número infinito de seres vivos para o total Nirvana, não haverá nenhum ser vivo que será levado ao Nirvana total.

A ideia que está por trás dessa passagem é bem clara, mas muitas das expressões usadas não o são. Vamos ver como a explicação de Choney Lama pode nos ajudar, e depois como isso pode ser usado na administração das corporações:

O que o texto-raiz está querendo dizer é: "**Subhuti, é assim que aqueles que entraram no caminho do santo guerreiro precisam pensar no começo, ao sentir o desejo de alcançar a iluminação:**

Não interessa em que reino estão, e quantos seres vivos há, todos atingirão o infinito, e serão incontáveis. Se alguém classificasse por tipo de nascimento **cada um dos seres de toda espécie**

viva, haveria quatro: **aqueles nascidos dos ovos, os nascidos do útero, os que nasceram no calor e na umidade e os que nasceram milagrosamente.**

Por outro lado, também existem os seres vivos sencientes no reino do desejo e no reino das formas: **os que têm forma física.** Também existe o reino dos seres sem formas: **aqueles que não têm** forma física.

Existem "**aqueles com conceitos**", significando os seres que vivem em todos os planos com a exceção daqueles conhecidos como o "grande resultado" e o "auge da existência". Existem "aqueles com **não** conceitos", que se referem ao grupo de seres que residem no plano do grande resultado. Além desses, existem os seres que nasceram no plano do auge da existência: **aqueles sem nenhum** tipo de **conceito** grosseiro, mas que, por outro lado, também **não** estão sem **conceito** sutil.

A questão, em suma, é que estou falando de **todos** os seres vivos: **todos aqueles denominados "seres vivos". Todos estes eu levarei para o total Nirvana, para a esfera além da dor**, onde não se permanece em nenhum dos extremos – e **onde nenhum dos** dois tipos de obstáculos e nenhum dos sofridos conjuntos das **partes da pessoa serão deixados.**

Para resumir, esses santos guerreiros desenvolvem o desejo com o intuito de poder levar todos esses diferentes seres vivos para o estado de Nirvana, onde não vão ficar em nenhum dos extremos; levando-os para o corpo do Dharma, o Corpo da Essência de Buddha.

O texto está se referindo a alguém que sentiu o desejo pela primeira vez, ou alguém que já foi capaz de desenvolvê-lo. O primeiro está praticando a emoção da grande compaixão, desenvolvendo o desejo de proteger todos os seres de tudo que possam estar sentindo em um dos três diferentes reinos do sofrimento. Isso deixa a pessoa pronta para a primeira experiência de uma mente que deseja levar toda a espécie senciente para o absoluto Nirvana. O segundo, que já desenvolveu esse desejo, está novamente concentrando sua mente na sua missão e por isso aumentando a intensidade de seu desejo.

Não se preocupe com a parte sobre os diferentes tipos de seres nesse trecho. Segundo os antigos livros de Budismo, existem reinos e criaturas espalhadas pelo universo dos quais não temos a mínima ideia. A questão mais importante é que Buddha é descrito como pessoa que deseja levar toda criatura viva, onde ela estiver no universo, à felicidade absoluta: o Nirvana mais elevado. Esse desejo específico é reconhecido no Budismo como a fonte de toda felicidade – então, o que isso tem que ver com gerenciamento de negócios? E aquela última parte, em que Buddha fala "mesmo que eu consiga levar todo ser vivo à felicidade completa, ninguém irá para lá"?

Lembre-se de que falamos aqui de dar um significado à vida – nos seus negócios e na sua vida pessoal. No último capítulo tratamos da morte e do fim: o fim de sua carreira, o fim de sua empresa e, finalmente, o fim de sua vida. A morte é um fato da vida e vamos agora, ao final, julgar a vida retroativamente. Você precisa ser capaz de olhar para trás e dizer que fez dinheiro e que foi divertido fazê-lo e gastá-lo, mas que não parou por aí, pois, enquanto estava fazendo esse dinheiro, e mesmo mais tarde quando parou de fazê-lo, você também ajudou a mudar o mundo.

Isso talvez seja o grande segredo dos antigos livros budistas: um simples método diário de dar um significado à vida e à carreira, de uma forma que estas não sejam apenas uma gradual erosão do poder, riqueza e vitalidade na velhice e na morte. Acontece que esse é também o melhor instrumento de administração de todos os tempos. Na divisão de diamantes da Andin tivemos, como é típico, mais de dez diferentes nacionalidades trabalhando no mesmo andar: *experts* em rubis e safiras da Tailândia, o pessoal do topázio do Sri Lanka, classificadores da Índia, especialistas em pérolas da China, selecionadores de pedras preciosas de Porto Rico e da República Dominicana, compradores de diamantes de Israel, cravadores de pedras do Vietnã e do Camboja, controladores de qualidade e compradores de pedras de cor de Barbados, coordenadores de compras das Guianas e outros. Você pode imaginar essa mistura de sons: dez diferentes línguas sendo faladas ao mesmo tempo, o cheiro de dez tipos diferentes de comidas exóticas emanando dos microondas no almoço, dez diferentes regras de etiqueta para ser respeitadas simultaneamente: nunca aponte o dedo para um tailandês, jamais ofereça um alimento que tenha algum ingrediente que cresce debaixo da terra a um gujarati, não esqueça de oferecer algum objeto em ouro para a noiva num casamento cantonês.

No entanto, a divisão era dirigida como se fosse uma única pessoa, e uma coisa que honestamente posso dizer é que foi um prazer trabalhar com cada uma das pessoas, apesar das imensas diferenças culturais (a coisa mais frustrante era que *nenhuma* das típicas piadas americanas era engraçada para *todos* e, como ninguém havia crescido nos Estados Unidos, se não podia fazer nenhuma referência a antigos programas de televisão ou músicas), e, apesar das evidentes e não comentadas diferenças entre nós, conseguimos, com um profundo sentimento de amor e respeito, fazer a divisão funcionar como uma máquina bem lubrificada. A *ausência de problemas pessoais que poderiam ter acontecido mas que na verdade jamais aconteceram* foi em grande parte a responsável direta por isso.

Eu acho que muito do que consegui foi porque a filosofia da divisão, desde o primeiro dia, era na sua essência a prática budista de "colocar-se no lugar do outro". Se você realmente quer que seu negócio ou seu departamento seja bem-sucedido, sugiro que faça essa prática; é bem simples, extremamente poderosa e não custa nada. É uma atitude que começa do alto, começa com você e depois se espalha pela equipe inteira. Não precisa de lembretes, de comunicados ou reuniões.

Quando Buddha está falando sobre o desejo pela iluminação, está falando na essência da prática de trocar de lugar com outros. Essa prática tem três partes e na terceira está a resposta à pergunta sobre o que Buddha quis dizer quando falou "ninguém chega lá quando todo mundo estiver chegando lá". Esse ensinamento tem mais de 2.500 anos e vamos apresentá-la a vocês na sua maneira clássica, mas com um exemplo atual, da nossa realidade.

Gosto de chamar a primeira parte de Método *Djampa*. Djampa é um tímido jovem monge tibetano que vive num pequeno monastério mongol em Nova Jérsei, onde realizei grande parte do meu treinamento. Ele é o cozinheiro, o jardineiro, aquele que toma conta dos Lamas mais idosos e faz constantemente muitas outras tarefas altruístas em silêncio. Ele faz o Método Djampa com todo visitante que aparece na pequena cozinha, próximo dos aposentos do abade. Ele abre a porta com um grande sorriso que cobre seu rosto como um raio de sol, e já está aplicando o método. E qual é esse método?

Djampa foi treinado no nosso monastério de Sera Me, que foi transferido para a Índia, depois da invasão do Tibete. Ele foi treinado por dois grandes Lamas chamados Lama Gueshe Lotar e Gueshe Tupten Tenzin. Quando você chega lá, ele o faz sentar numa cadeira na mesa da cozinha e começa a arrumar as coisas em volta do fogão e da geladeira com a intenção de preparar alguma coisa para você bebericar e beliscar, enquanto explica a razão de estar visitando o monastério. Enquanto Djampa passeia pela cozinha, observa os movimentos dos seus olhos e do seu corpo. Seus olhos, passeando pela cozinha, pousam na chaleira do fogão ou hesitam na geladeira quando Djampa tenta abri-la? Isto é, você gostaria de alguma bebida quente ou gelada? Há um prato com bolo na mesa da cozinha, um prato com biscoito um pouco mais à frente, e a sopa quente está sempre no fogão – em quais dessas coisas seus olhos pousam mais frequentemente?

Em poucos minutos Djampa já descobriu tudo: ele sabe se você quer chá quente ou café, quente ou frio, com leite ou açúcar ou nenhum dos dois, biscoitos, *cream crackers* ou macarrão e muitos outros detalhes sobre o que você gosta ou não. Na próxima vez que aparecer por lá, encontrará sua bebida favorita na mesa antes que diga alguma coisa, porque ele vai lembrar – faz questão de lembrar. E isso acontece porque ele *realmente quer lhe oferecer o que você quer receber.*

Resumindo, o Método Djampa consiste em aprender a ser um bom observador daquilo que os outros precisam ou gostam. Isto é, para que você possa oferecer às pessoas o que elas mais desejam. Isso pode parecer um pouco ingênuo, mas o simples exercício de empregar um pouco do seu tempo para *se educar sobre o que os outros gostam e querem* tem um efeito profundo no mundo dos negócios. A essência do mundo dos negócios e a essência da vida corporativa levam os executivos a se concentrar nos assuntos de maior urgência para eles – espera-se deles um modo de pensar individualista e eles são recompensados individualmente. Quando foi a última vez que você e *outro* vice-presidente ganharam um bônus de final de ano para ser dividido entre os dois por terem feito um bom trabalho juntos? Essa concentração no próximo com que nos concentremos em nós mesmos, e deixemos de prestar atenção nos outros.

No Método Djampa, a primeira parte, colocar-se no lugar do outro, nos tira dessa concentração centrada em nós mesmos ao começar o processo de se importar com os outros. Isso tem muitos benefícios imediatos no movimento do trabalho e nas finanças. Também planta uma das mais poderosas e lucrativas marcas possíveis na mente. É assim que esse método deve ser aplicado numa corporação.

Ao andar em volta do seu departamento, olhe as pessoas que trabalham para você. Fazemos questão de ser *experts* na direção do planejamento financeiro dos negócios, nos importantes regulamentos para a segurança no trabalho, na situação dos fornecedores que nos abastecem com serviços e materiais que desesperadamente precisamos para colocar nossos produtos no mercado. A ideia aqui é a de você se treinar conscientemente para ser um *expert* em outra atividade, isto é: em saber do que as pessoas à sua volta gostam e não gostam. Estamos falando aqui de *tudo*, de todos os detalhes que os fazem felizes: como eles tomam o café, de que tipo de almofada gostam em suas cadeiras, qual tipo de caneta apreciam, quantos filhos têm, como se chamam e o que estão fazendo, quando foram as últimas férias, aonde foram e se gostaram ou não.

Você começa a memorizar esses detalhes de cada uma das pessoas próximas. Se você tem que fazer anotações, faça. Acho o computador portátil muito útil para isso: você pode olhar no computador, de novo, no caminho para casa e revisar tudo o que descobriu. Esse exercício inevitavelmente leva a uma melhora no seu comportamento com as outras pessoas, mesmo que seja para oferecer o adoçante em vez do açúcar na próxima vez que vocês estiverem juntos tomando café. No fundo, as pessoas realmente notam essa mudança, porque de certa forma somos todos um pouco como o cachorro da casa – ele sabe quando uma pessoa entra na sala, se ela gosta de cachorros ou não, e reage da mesma forma antes mesmo que alguma palavra seja dita.

As pessoas têm um instinto que as faz perceber se você não se importa muito com o que elas gostam ou necessitam, e elas também têm o instinto de perceber se você se importa com o que elas gostam ou necessitam. Pode parecer um pouco artificial no começo tentar descobrir o que gostam ou precisam tão abruptamente, mas isso faz parte do processo – é bem artificial no começo. Depois se torna natural; isso porque foi você que no início começou fazendo tudo artificialmente!

É verdade que a maioria dos funcionários adoraria que você lhes desse seis semanas de férias ou dobrasse os salários. Não é desse tipo de mudanças que estamos falando. Não estamos sugerindo que você faça grandes mudanças financeiras ou de recursos humanos. Apenas olhe e observe calmamente, e, dentro de suas possibilidades, procure dar àqueles à sua volta o que mais gostam. Inevitavelmente as pessoas começarão a mudar e a fazer o mesmo por você. Imagine como as pessoas se sentirão em cada setor se todo mundo começar a fazer o mesmo.

Houve um momento, na minha carreira na Andin, em que descobri, claramente, a razão para estar sendo pago com uma quantia incrivelmente alta: eu conseguia fazer as pessoas trabalharem juntas. Descobri que o meu papel era o de ser árbitro entre duas ou mais pessoas que trabalhavam para mim; que a parte mais importante do meu trabalho era o almoço, quando quase sempre levava para almoçar dois supervisores que não se davam bem. Esse tipo de animosidade acaba prejudicando a companhia de uma forma silenciosa mas constante: o supervisor A não engole muito o supervisor B, e só fala com a pessoa em questão se for absolutamente necessário. Um importante assunto vem à tona e pode ser resolvido facilmente no começo da semana, na segunda-feira, mas acaba se transformando num desastre na sexta.

O supervisor A sabe sobre o assunto na segunda, mas não diz nada para o supervisor B, que o poderia ter resolvido. Não é o tipo de assunto que deveria ser ou que seria levantado na reunião de setor na segunda-feira, mas é o tipo da coisa que o supervisor A e B teriam mencionado se tivessem o costume de tomar cafezinho juntos ou bater papo de vez em quando. O que estou dizendo é que um pouco de boa vontade entre as pessoas da equipe vale mais que o dinheiro que você sonha ter. E o Método Djampa é o primeiro passo.

Resumindo, sem comunicados ou decisões políticas na companhia – você começa a fazer o método, e os outros o seguirão. Eu me lembro de quando Sua Santidade o Dalai-Lama visitou meu estado natal do Arizona para realizar algumas palestras, e um dos meus amigos do colegial teve a oportunidade de perguntar-lhe qual seria a melhor maneira de ensinar as crianças a levar uma vida baseada na ética. "Nessa idade", disse Sua Santidade, "não importa muito o que você fala para elas fazerem. Eles vão olhá-los e imitá-los, vão fazer o que vocês fazem e vocês terão de enfrentar a tarefa mais difícil de todas: de vocês mesmos terem um comportamento ético." Você deve começar a observar as pessoas que trabalham para você, uma espécie positiva de observar, para ver o que elas gostam, o que elas acham importante em sua vida, e começar a ajudá-las a obter isso.

A segunda parte da prática de se colocar no lugar dos outros é se imaginar com sua mente no corpo deles e depois abrir os olhos e olhar para você e ver o que você (eles) querem de você (você). Se acha isso confuso, tente imaginar como é difícil traduzir um livro antigo sobre esse assunto do sânscrito ou de tibetano!

Essa parte, chamada Trocando de Corpo, é um pouco mais profunda e mais difícil do que apenas olhar as pessoas à sua volta para ver o que elas gostam e o que não gostam. Eu me lembro de ter tentado isso com um jovem da Guiana que acabara de entrar na divisão; ele havia sido recomendado por um amigo da sua mãe que havia trabalhado para nós (as pessoas que trabalham com pedras preciosas precisam sempre ser recomendadas por alguém, porque não há como evitar que saiam do escritório com centenas de pedras, de uma hora para outra. Por essa razão, têm de ter uma história em que seja possível seguir o seu rastro). Conversei com ele no primeiro dia e coloquei na sua frente um monte bastante grande de pequeníssimos diamantes e pedi que contasse de cem em cem ou de mil em mil alguns dos pedidos de anéis. No final do dia fiquei sabendo um pouco mais sobre ele: era cordial com as pessoas, aprendia rapidamente, era quieto, humilde e rápido como um foguete. Ao ir embora aprendi mais uma coisa. Olhei para seu rosto e vi uma mistura de encantamento pelo lugar e um tremor de desespero ao pensar em ter de passar os próximos anos de sua vida sentado numa pequena cadeira contando pedras o tempo inteiro. Aí fiz o tal do Trocando de Corpo: me coloquei no corpo dele e olhei para meu rosto e me perguntei o que eu (eu) gostaria de dizer para mim (ele). Então disse: "Apareça na minha sala de manhã e vamos ver o que podemos fazer para encontrar alguma coisa mais interessante para você". Senti uma certa timidez nos meus olhos e um grande sorriso surgir no meu rosto.

Daquele momento em diante foi um colocar constante da minha mente no seu corpo, conseguimos para ele (eu) algo que eu (ele) sempre tínhamos sonhado – uma chance de aprender informática. Nós o colocamos sob a orientação de nosso *expert* em informática e, depois de ele ter demonstrado determinação, o ajudamos numa série de cursos superiores. Cursos noturnos no comércio de diamantes geralmente não são bem recebidos: durante o período de Natal, todo o mundo trabalha até tarde e, mesmo fora das festas de Natal, ninguém deseja funcionários cansados fazendo confusão nos delicados sistemas de inventário ou pilhas de diamantes. Porém, toda vez que eu o via sabia que era o que eu (ele) queria quando olhava para meu (meu) rosto, e sentia o sentimento de satisfação e realização que dava. Encontramos uma maneira de contornar sua (minha) ausência nos dias que ele tinha aula. Ele se tornou o melhor programador que tivemos e, mais importante ainda, um funcionário que sabia que havíamos feito o que era melhor para ele, mesmo que isso tenha prejudicado um pouco a companhia. Criamos uma pessoa que daria o máximo de si quando viesse um momento de loucura, que procuraria sempre ajudar a companhia e as pessoas em volta.

Não existe preço para esse tipo de pessoa, espalhando-se pelo seu departamento, constantemente tomando iniciativas para facilitar os problemas com pedidos, sistemas ou pessoas, antes mesmo que você o saiba. E quando o trabalho do dia acabar, quando finalmente chegar ao final da sua carreira e olhar para trás, serão as vendas que fez ou dos projetos que completou ou do balanço financeiro que recordará. E, sim, olhando para o rosto de um jovem olhando para o seu próprio rosto e saber que você lhe deu algo precioso para toda a vida. E, se continuar nesse tipo de pensamento, de se colocar no corpo de um funcionário e olhar para você pedindo ajuda, encontrará uma profunda satisfação crescendo dentro de si, um tipo de alegria que surge somente em ocasiões muito especiais e raras, e, quanto mais mantiver essa maneira de pensar, mais frequentemente esse sentimento aparecerá. Isso é um sinal também de que seu trabalho está tendo um verdadeiro significado. É importante ainda enfatizar que esse tipo de pensamento não só é correto como também é o mais lucrativo para seu departamento e sua empresa. Ela começa a se organizar por si mesma e a ser conduzida por pessoas que são responsáveis, porque você se preocupa com elas da mesma forma que se preocupa consigo mesmo. Isso é dinheiro e felicidade. E você pode ter ambas as coisas ao mesmo tempo.

Você está pronto para a última parte? Esta precisa de alguma prática e é importante entender o fato de que você tem de trabalhar bem os dois níveis anteriores antes de tentar este último. Mas não pense que o esforço não vale a pena. É a evolução final da prática de se colocar no lugar do outro e, segundo os antigos livros de Budismo, a evolução final do coração e da mente humana. É difícil fazer e é difícil pensar em fazê-lo. Mas nada no mundo vai ajudá-lo mais a ser um executivo bem-sucedido e uma pessoa bem-sucedida do que essa prática.

Chamamos esta terceira parte de o Truque da Corda. Você pode fazer com qualquer um dos seus funcionários: apenas fique em frente da mesa de uma pessoa. Imagine que você tem esse imenso laço tipo Roy Rogers na mão e que o joga no chão, rodeando os dois. O laço faz um círculo em volta dos dois. Imagine que os dois são uma só pessoa. Nas duas primeiras partes você fez coisas bem radicais, como aprender a observar e pensar como as pessoas que estão à sua volta realmente são – até chegamos a trocar de corpo com o outro e nos olharmos para ver o que nós (eles) mais queremos de nós (nós). Mas havia ainda a distinção entre "você" e "eu". Era uma questão de "eu" achar "você" ou "eu" tentando me ver no "seu" corpo. Na terceira parte, a prática de trocar você por outros tem um plano mais radical: você é o funcionário e ele é você: vocês formam uma só pessoa.

Nesta parte, sua mente rompeu completamente com o modelo egocêntrico de muitos executivos, o modelo egocêntrico tão incentivado pelo nosso sistema de recompensa das corporações. Não é uma questão de saber se vou ganhar um bônus e menos ainda uma questão de quem vai ganhar um bônus – a questão se torna como fazer para *nós* conseguirmos *nosso* bônus. Nesse ponto você já está tanto na mente daqueles que trabalham para você que na verdade está tomando conta do seu bem-estar e do deles como uma coisa só. É como se você tivesse se tornado um irmão siamês de outra pessoa: você tem duas bocas, duas cabeças para alimentar, dois conjuntos de pernas, quatro pares de sapatos para comprar quando for a uma loja (talvez um par de sapatos sofisticados e um par de sapatos de salto alto); agora são quatro orelhas que você tem para escutar o chefão gritar se um de vocês dois esquecerem de encomendar aquele diamante meio-quilate lapidação princesa.

Se você é um típico homem de negócios americano, essa maneira de pensar foi um pouco longe demais. As implicações disso são enormes, e dois problemas surgem de pronto em sua mente. A primeira é que o processo de trocar de lugar com outros nesta altura se tornou uma coisa totalmente artificial – quero dizer, como você poderia *na verdade* ser outra pessoa? Ou, mais precisamente, como vocês dois poderiam se tornar uma única pessoa? Isso é passível de acontecer, e o truque para que aconteça está oculto naquilo que Buddha disse no começo do capítulo: a afirmação de que "no dia que eu levar todos os seres à felicidade total, não haverá um só ser que terá a felicidade total".

Para entendermos isso, voltaremos à nossa discussão sobre como fazer dinheiro, vamos voltar a razão pela qual tudo que acontece para você acontece dessa maneira. Dissemos muitas vezes que as coisas à sua volta são neutras, como telas vazias: o potencial oculto das coisas. Um chefe aos brados no trabalho parece desagradável para você, mas talvez agradável para a outra pessoa que se senta do seu lado, e nisso está a sua "vacuidade," ou seu potencial – que significa que ele é basicamente neutro, e posso achá-lo agradável ou desagradável, interpretar os sons e as formas que chegam a mim como boas ou ruins, e isso tudo não está vindo dele. É resultado das marcas da minha própria mente, marcas que plantei no meu subconsciente no passado por ter agido de maneira positiva ou negativa com relação aos outros. E essas marcas estão agora flutuando no meu consciente, e *colorindo*, na verdade criando, a maneira como eu vejo a minha realidade (o chefe que berra sendo apenas uma pequena parte do meu mundo).

Esqueça o chefe brigão por um momento – voltemos à pessoa que está ouvindo a bronca, voltemos para mim. Se tudo sobre o potencial oculto das coisas e sobre as marcas que plantei na minha mente, para ver o que eu vejo, é verdade, então *eu sou igual ao chefe que berra*. Isto é, *a maneira como eu me vejo* é impelida pelos mesmos tipos de causas que me impelem a ver da maneira como vejo o chefe gritando. *Eu me vejo* da maneira como me vejo devido às marcas na minha mente surgindo no meu consciente, brotando e determinando o que devo ver. O ponto importante aqui é entender que elas não só determinam *como* você se vê, mas também o simples *fato* de você se ver. Isto é, a maneira como você se define, estabelecendo os limites entre você e as outras pessoas e coisas, tal se devendo exclusivamente aos hábitos antigos e às marcas na sua mente. Você está acostumado a se ver como uma pessoa cujo limite do corpo é a própria superfície da pele, e sendo assim, planta marcas que farão você se ver mais tarde da mesma maneira. Os limites de "você" são da maneira que são, não porque sejam naturais mas porque é assim que você está acostumado a vê-los.

Já falamos um pouco sobre isso antes. Com alguma reflexão, todos poderão verificar que o espaço onde o "eu" termina e o "eles" começa é uma questão nebulosa. Quando uma mãe tem um filho, o "eu" de repente se alonga até um outro pequeno corpo: se alguém machuca essa criança, você pode contar que essa mulher específica reagirá com o mesmo sentimento que reagiria caso fosse seu próprio corpo que tivesse sofrido essa agressão. Pessoas que têm diabetes agem ao contrário: seus pés criam feridas, e essas feridas viram gangrena, e os médicos afirmam que, caso suas pernas não sejam amputadas, elas irão morrer.

No momento em que você decide que é melhor perder as pernas do que a vida, você na verdade *encurtou* sua definição ou delineou o "eu" num espaço menor que o anterior. Isso prova que você tem o poder de expandir ou contrair o "eu" em espaços maiores ou menores; por isso não é impossível fazer o truque da corda e laçar uma outra pessoa, até que vocês se tornem uma única. São as marcas do passado, seu *hábito e escolha* em pensar que o seu limite é o limite de sua pele ou o limite de *sua barriga*, que o impedem de fazer outra pessoa se tornar você. Imagine, apenas por um momento, o que aconteceria se no mundo inteiro todos pensassem e agissem como se todas as pessoas fossem elas mesmas. Nós conseguiríamos levar todo mundo a uma felicidade total, e ninguém atingiria a total felicidade – porque "todos" seriam apenas um de nós: nós.

Isso nos traz à nossa segunda objeção, a segunda hesitação que você deve ter com relação a essa proposta. Suponhamos que eu faça o Truque da Corda, suponhamos que eu assuma os limites do "eu" e estenda esse limite até outra pessoa ou até várias outras pessoas. Onde eu desenho essa linha? Onde é o limite? A vida já é dura, parece quase impossível conseguir suprir com êxito todas as necessidades de apenas uma pessoa com um só corpo e uma só mente – isto é, eu mesmo. Se tomar conta de mim mesmo, tentar fazer com que meu corpo e mente não se deteriore e evitar que minha própria mente não tenha uma crise emocional a cada dois dias, o trabalho em si já é imenso. Como eu poderia tomar conta de uma ou mais pessoas como se elas fossem "eu" mesmo? Onde encontraria essa força?

Por ironia, *a força viria do próprio ato de se expandir até incluir outros*, isto é, a habilidade de conseguir física e emocionalmente cuidar de muitas pessoas como se fossem todas "eu" vem *da verdadeira decisão de fazer isso*. Se a ideia de que o potencial oculto e as marcas criam nossa própria realidade é verdadeira, não pode então existir melhor forma de *criar riqueza* do que *compartilhar isso com todos*. Simplificando, se a única maneira para eu poder ver dinheiro é plantar uma marca dando um centavo, então a melhor maneira de garantir que todos à sua volta tenham dinheiro, *como se todos fôssemos uma única pessoa*, me traria quase que infinitos recursos. Resumindo, imagine um mundo onde todos considerassem os outros uma responsabilidade deles, como se todo mundo fosse "eu". E não existe razão para que não seja assim.

Qualquer pessoa inteligente que esteja lendo essas linhas neste instante sentirá que estamos no rumo certo. A verdadeira felicidade e a verdadeira alegria estão em superar a tendência de *não* pensar nos outros, em ampliar a ideia de incluir todos os seus funcionários e todo mundo próximo a você, e de trabalhar não para o bem de outros, mas como se os "outros" não existissem. Você sabe, no fundo do seu coração, que seria bom começar agora, e sabe que, se passar a sua vida e carreira agindo dessa forma, com o propósito de trabalhar para bem-estar das pessoas próximas como se fossem você mesmo, poderá olhar para trás com orgulho, porque esse é o verdadeiro significado da vida humana. Essa é a riqueza absoluta.

CAPÍTULO 15

A *verdadeira fonte de riqueza ou a economia infinita*

Se você pensar no conceito de economia como um todo, e em particular no sistema econômico capitalista, socialista e comunista, tudo se reduzirá à noção de como dividir os recursos e as riquezas. Com quanto eu fico e com quanto você fica e quais regras devem ser usadas para dividir o que temos. E se pensar um pouco mais além, perceberá que o nosso sistema parte exatamente dessas duas mesmas premissas – que existe um "eu" e um "você" separados para "dividir" tudo o que existe e que *precisamos* descobrir um sistema para dividi-las, porque *essas coisas são limitadas*. Como já foi demonstrado aqui, você poderá jogar fora agora mesmo essas duas premissas. Como? Voltemos a *O lapidador de diamantes* para mais uma vez refletir sobre as palavras de Buddha:

E por que então? Pense, ó Subhuti, nas montanhas de mérito reunidas por um santo guerreiro que pratica o ato de dar sem ficar. Esse mérito, ó Subhuti, não é algo que se poderia medir facilmente.

Para sermos ajudados, passemos, como de costume, às explicações de Lama Choney sobre essas palavras. Temos de admitir que uma pessoa pode juntar grande quantidade de mérito, pelo ato de dar e atitudes semelhantes, mesmo estando ainda presa às correntes do apego, à ideia de que as coisas têm uma qualidade inerente própria.

Mas suponha que uma pessoa se liberte dessas correntes e pratique esse mesmo ato de dar e outras coisas semelhantes. Seu mérito com certeza será muito maior que antes. É para enfatizar esse mesmo ponto que Buddha diz: **E por que então? Pense, ó Subhuti, nas montanhas de mérito reunidas por qualquer santo guerreiro que pratica o ato de dar sem estar. Esse mérito não é algo** cujo limite **você possa facilmente medir**; aliás, seria bem difícil medir.

E Buddha continua:

Ó Subhuti, o que você acha? Seria fácil medir todo o espaço do universo a leste de nós?

E Subhuti responde:

Ó Conquistador, não seria.

O Conquistador fala de novo:

E seria então fácil medir todo o espaço do universo no lado sul, ou no lado norte, acima ou abaixo, ou em alguma direção no meio? Seria fácil medir todo o espaço do universo, nas dez direções partindo de onde estamos agora?

E Subhuti responde:

Ó Conquistador, não seria.

Finalmente, o Conquistador diz:

Então, ó Subhuti, não seria fácil medir as montanhas de mérito reunidas por um santo guerreiro que pratica o ato de dar sem ficar.

Algumas dessas ideias são bastante óbvias, mas pelo menos uma não é tão óbvia. Primeiro, Buddha está tentando nos mostrar a ideia de que o "mérito" ou bondade ou o poder de algumas marcas podem ser ilimitados. Em segundo lugar, está dizendo que, para que esse poder *seja* ilimitado, nós, "guerreiros homens de negócios", temos de praticar o ato de "dar sem ficar". Mas que história é essa de "dar sem ficar", e o que quer dizer esse "santo guerreiro"? A resposta para ambas as questões é a base do que chamamos "a Economia Infinita".

Vamos começar com "dar sem ficar". Isso é realmente o encerramento de todas as ideias de que falamos até agora. Qualquer pessoa de valor iria admitir a verdade da aparente casualidade das estratégias de negócios: algumas vezes um procedimento financeiro tradicional não dá certo e algumas vezes é a única maneira de dar certo; às vezes ter uma atitude correndo um certo risco financeiro é um sucesso e algumas vezes é um desastre. O mesmo acontece com homens de negócio espertos e com os não tão espertos: alguns espertos são bem-sucedidos, outros não; alguns não tão espertos se dão mal, outros não tão espertos se dão bem. Nenhum dos métodos usuais, se formos realmente honestos, podem ser infalíveis ou imprevisíveis. Para um estado de mente budista isso é, antes de tudo, o indício definitivo de que *não encontramos a real causa para a riqueza*: nós realmente não sabemos como ela é criada.

Se você pensar cuidadosamente, verá que também acontece na própria distribuição da riqueza entre as pessoas no nosso mundo. A riqueza vem e vai da mesma forma como as pessoas chegam ao poder e depois morrem; vem e vai da mesma forma como países e impérios crescem e caem; a riqueza cresce e espalha pelo mundo inteiro uma grande prosperidade e depois diminui em tempos de depressão e guerras. Invenções individuais – como a penicilina, a pólvora ou o computador – podem efetivamente, a curto prazo, aumentar ou diminuir o bem-estar, "a absoluta riqueza", da população inteira do mundo. O que estou tentando dizer é que: a *quantidade* de riqueza à nossa volta não é um fato constante. Ela varia. Isso levanta dúvidas no conceito que diz que há uma quantidade limitada de riqueza, uma quantidade limitada de recursos no mundo e, por isso, devemos encontrar uma boa maneira de dividir aquilo que está disponível. Talvez exista uma outra possibilidade. Talvez se descobríssemos a verdadeira causa da riqueza pudéssemos, então, aumentar toda a quantidade de riqueza no mundo: isto é, talvez todos pudessem ter o suficiente ou mais que o suficiente.

Acho que conseguimos provar muito bem que um chefe aos brados é uma situação criada pela nossa percepção. Vamos repassar essa lógica mais uma vez. Falando de maneira estritamente científica, um chefe que berra é apenas uma coleção de cores (na maior parte vermelha), formas (na maior parte ondas até você), decibéis (alto na maior parte), vogais e consoantes (*a*, *b*, *c* correndo num fluxo constante). Sua mente, sob a influência das marcas que plantou há muito tempo, foi inspirada a interpretar essas formas e sons como desagradáveis, como um chefe gritando.

Lembre-se também de que a pessoa sentada a seu lado (que talvez nem goste muito de você), que talvez seja a esposa do chefe, vê esse mesmo conjunto de formas e sons como algo agradável, correto. O "desagradável" ou o "agradável", então, não pode ser algo que *pertença* ao chefe; precisa ser algo que está vindo de outro lugar, porque senão todos iríamos achar o chefe ou agradável ou desagradável. A única opção é que *a qualidade de algo ser agradável ou desagradável está sendo imposta em nossas mentes*. Também é óbvio que isso não é algo que faríamos *voluntariamente*. É verdade que o chefe que berra talvez seja uma percepção orquestrada por nossa mente, mas parece que não temos nenhum poder de ligar ou desligar essa percepção. Porque são as marcas que estão chegando no nosso consciente, vindas do inconsciente, que estão nos forçando a ter essa percepção.

É evidente, que tanto faz se o chefe briguento vive por aí completamente na dele ou se ele é resultado de um conjunto de percepções da minha parte, pois não afeta em nada a realidade da sua existência. Quero dizer que, em ambos os casos, se ele estiver bravo comigo, acabará cortando o meu bônus de fim de ano, e não importa muito se o fato de ele estar com raiva de mim é uma qualidade que se origina nele ou se é algo que estou alimentando na minha mente. Se, baseado na noção de que é apenas minha percepção, eu tentar mudar o que está acontecendo no momento, não mudará muita coisa, porque a ação já está acontecendo de fato. Na verdade, o que ajuda, e muito, é decidir como reagirei ao fato de esse chefe estar gritando, isto é, quero ver esse chefe berrando para mim de novo? Por que o que faria isso acontecer de novo com certeza seria eu fazer o mesmo tipo de coisa que ele faz comigo agora. A única coisa que pode criar a percepção de um chefe gritando é uma marca de um chefe gritando, e a única coisa que pode plantar uma marca como essa na minha mente é – você já sabe, *gritar de volta para o seu chefe*! Mas o que isso, então, tem que ver com economia?

Se essa teoria está correta (e está), eu poderia evitar ter *futuros chefes brigando comigo*, se entendesse o que está acontecendo e deixasse, assim, de gritar de volta. E um dia no futuro ele virá à minha sala e *ambos, eu e a pessoa que está sentada ao meu lado* (lembre-se de alguém sentado ao meu lado que não simpatiza comigo e adorou ver o chefe brigando comigo), vamos achá-lo uma pessoa agradável. Se você pensar com atenção sobre isso, entenderá tudo: a riqueza na sala, a quantidade de felicidade ou bem-estar, acabou de se dobrar sem ser à custa de ninguém. Não fiquei feliz à custa do meu companheiro de escritório. Agora existem duas vezes mais felicidade do que havia antes. O dinheiro acontece da mesma forma.

Quando você *doa* alguma coisa para outra pessoa, quando ajuda outro ser vivo com suas mãos, seu tempo ou suas posses, uma marca é, então, plantada em sua mente; o ato é *sempre* gravado quando se tem consciência do ato, e a consciência está o tempo todo ligada e gravando tudo. A marca fica no subconsciente se fortalecendo, reunindo força como qualquer planta ou árvore. Num determinado momento ela vai para a frente da fila na sua consciência, e tinge, ou melhor, cria as impressões da sua realidade, e até de você mesmo.

As negociações e decisões nos negócios são como uma tela em branco: *não importa muito se você as vê dando certo ou não*, se elas têm sucesso ou não. Elas são determinadas não por fatores externos como o clima dos negócios, inteligência ou o risco que você decidiu tomar, mas somente pela percepção da negociação ou decisão que foi impressa em você pelas suas marcas na mente. Existem evidências que explicam, de maneira bem clara, por que os fatores externos não determinam o êxito de suas negociações ou decisões. Por exemplo, o fato de que algumas estratégias não funcionam – ou (se você pensar seriamente) o simples fato de que alguns novos produtos são um grande sucesso e outros mais antigos já não o são. Por que as pessoas, de repente, decidem que a cena de uma revista em quadrinhos de Andy Warhol é valiosa, ou uma pintura de Picasso, que qualquer criança poderia fazer, não tem preço que pague? Por que algumas músicas ou *shows* de TV são um sucesso enquanto outros mais sérios ou até mais bobos fracassam incrivelmente? Existe algo importante aqui. O êxito, no fundo, não é decidido da maneira que pensávamos que fosse.

Agora, se todas essas teorias estão certas, a razão para que qualquer empreendimento (brilhante *ou* estúpido*)* seja um sucesso e faça dinheiro deve-se apenas às boas marcas que o criador tem em sua mente: aqueles que têm sucesso conseguem se ver fazendo dinheiro porque, em algum momento no passado, plantaram na mente uma marca para se ver fazendo dinheiro. E essa marca específica só pode ser plantada se você se vir dando tudo o que é possível para os outros. Como já vimos, esse doar começa, e deve começar, de uma maneira limitada: pequenas gentilezas para pessoas no seu departamento ou para sua própria família, cuidando deles atentamente para saber o que precisam e querem.

Aí o doar aumenta para um nível maior, digamos, para todo o departamento da sua empresa, os presentes passam a ser proporcionalmente maiores – financeiramente e também doando seu próprio tempo e ajuda emocional e profissional, e ajudando as pessoas com *ideias*. Nesse ponto o seu doar é impelido para a profunda prática de se colocar no corpo de outras pessoas para ver o que elas esperam de você. No auge, a generosidade atinge um nível em que você examinará seriamente toda a sua condição financeira, seus recursos e habilidades emocionais e profissionais, e os da sua empresa, além de organizar um bom plano para trazer felicidade para sua família, companhia, comunidade e até para o mundo – porque você conscientemente fez um reajuste nos limites do "eu" para incluir todos os "eles", e está agora tomando conta de um "eu" muito maior.

Lembre-se de que este último passo só será bem-sucedido – e de fato você não poderá se assegurar do sucesso financeiro e pessoal absoluto descrito neste livro – se você não se empenhar em entender bem o princípio do potencial oculto e das marcas que atuam nele. Somente assim apreciará verdadeiramente como essa riqueza infinita pode ser criada com o doar, e somente assim reconhecerá verdadeiramente como o "eu" precisa se estender de forma correta além desse seu atual limitado "eu".

Suponha que uma pessoa compreendeu o que foi dito e usou para alcançar um sucesso financeiro. Imagine que esse indivíduo ensine outra pessoa, que use essa informação para alcançar um sucesso financeiro também. Eles são como as duas pessoas que estão ouvindo e olhando para um chefe maravilhoso que costumava berrar. Agora existem *duas* pessoas ricas onde costumava existir uma só. E *como a riqueza* é o resultado de uma marca, e como a negociação ou decisão em si é neutra ou vazia ou o potencial de repente se tornou sucesso, então podemos dizer que *a nova riqueza ocorre sem ser à custa da riqueza pré-existente*, isto é, há duas vezes mais riqueza agora, *em termos absolutos*, do que antes. Suponha então que essa segunda pessoa ensine uma terceira... você já pegou a ideia.

No fundo podemos dizer que *o fato de algumas pessoas serem ricas agora e outras não* é uma evidência de que – se nós entendermos como essa situação em si acontece – *todo o mundo poderia ser rico*. Ou melhor, a riqueza pode ser ilimitada no mundo porque a riqueza é limitada agora. Você pode descartar a ideia de dividir os recursos limitados; aliás, pode descartar a ideia da pobreza em si. A riqueza é uma percepção (e portanto uma realidade) impressa em qualquer um que tenha sido verdadeiramente generoso no passado. Portanto, ela é acessível a todas as pessoas.

A mente deformada pelas suposições e, para ser franco, fantasias da história da humanidade, que foi passada de pai para filho em boa-fé sem interrupções, cria um obstáculo à possibilidade de que cada ser vivo possa ter uma riqueza além do suficiente. Se isso é uma coisa que jamais aconteceu no registro de nossa história, segundo essa perspectiva, não poderia acontecer agora. Já ouvimos esse argumento; se não era verdade antes, não será verdade agora também. Cuidado, Colombo, você pode cair no precipício, porque o mundo é reto. Um pedaço de ferro jamais poderia voar no céu ou flutuar pela mesma razão. É praticamente impossível que todas as pessoas no mundo possam ter o mesmo acesso à informação, por meio de cabos feitos de vidro ou transmitida de um lugar muito além do lugar onde os pássaros podem voar. De onde todas essas coisas vêm? Elas não alteraram a *quantia absoluta de riqueza* no mundo? De onde a nova riqueza realmente vem? Agora você já sabe.

Finalmente, apenas umas notas no mecanismo da Economia Infinita, e então terminamos e você pode largar este livro e começar a tentar. O processo de *criar uma nova riqueza* trabalha infinitamente melhor se você entender como ele funciona; isto é, você deveria ler este livro repetidas vezes até realmente ter uma ideia clara do potencial oculto e das marcas – como funcionam juntos. Doar, tendo o conhecimento desses princípios, é o que Buddha quis dizer quando falou "de doar sem ficar" na ignorância de como as coisas funcionam. Os antigos livros de sabedoria registram que, para se atirar nesse tipo de coisa com toda a energia necessária, para realmente colocar em prática este aprendizado, você *precisa* começar com a firme convicção de que ele funciona. Segundo os livros, você só pode acreditar realmente se descobrir, para sua própria satisfação, que isto *deveria* funcionar. E só falta agora mais um detalhe.

Lembra-se do "santo guerreiro"? Talvez não lhe surpreenda muito saber que ele é simplesmente apenas alguém que passou pelos três níveis da prática de trocar de lugar com outros que descrevemos no último capítulo. Faz sentido, não faz? A única pessoa que poderia realmente doar o suficiente para os outros, e plantar as marcas na sua mente para ver uma grande quantidade de riqueza surgir no seu caminho mais tarde, seria a pessoa que não fez muita distinção entre si mesma e os outros. A pessoa que teve a oportunidade de ser verdadeiramente generosa com os outros é uma pessoa que descobriu o maior segredo da vida – a maior fonte de felicidade para um indivíduo é descobrir que trabalhar para um único "eu", para uma única boca e uma única barriga é profundamente chato, desinteressante e contrário aos propósitos dos seres humanos.

É muito *divertido*, é uma alegria inexplorada e infinita, poder se abrir e incluir outros corpos e depois tomar conta deles. E, se todas essas coisas sobre o potencial oculto e as marcas são realmente verdadeiras, a melhor maneira de cuidar deles seria ensiná-los a se tornar ricos também, a aproveitar a riqueza e a fazer a riqueza mais significativa. Se você realmente pensar nisso, o próprio ato de repartir riqueza dessa maneira – a proliferação sem limites do conhecimento de como criar riqueza – é a mais profunda forma de plantar sementes na nossa mente para ter uma riqueza nunca imaginada.

Isso nos remete à questão das formas de riqueza além do imaginado, como andar num jardim para buscar uma única flor e sair carregado de tesouros dos quais não tinha a mínima ideia de encontrar quando entrou. Mas esse assunto fica para mais tarde.

O Próximo Passo

Como você já deve ter percebido, muitas informações contidas neste pequeno livro fazem parte de uma sabedoria que foi passada através dos séculos, oralmente, de mestre para estudante, no interior dos monastérios budistas do Tibete e da Índia. E isso tem uma razão de ser. Colocar em prática todas as instruções aqui apresentadas – especialmente o Círculo Semanal e o da Floresta – não é o tipo de aprendizado que você pode fazer sozinho, sem a ajuda de um mestre. Será preciso alguém para verificar o seu conhecimento, o seu progresso e realizar a correção sutil de rumo que só pode partir de um instrutor ao seu lado, da mesma maneira que o volante mantém o carro na direção certa, mas precisa da ajuda de uma mão fazendo constantes e pequenas correções da esquerda para a direita e vice-versa.

Existe um pequeno e crescente grupo de homens de negócios que usaram os métodos descritos neste livro para atingir as suas próprias metas. Para ser franco, gostaríamos de compartilhar nosso conhecimento com você, porque esse tipo de conhecimento precisa ser compartilhado. Se esse sistema realmente funciona – e a experiência da Andin International, que cresceu de um empréstimo de 50 mil dólares numa operação anual para mais de 100 milhões em vendas por ano é uma indicação de que funciona –, cada vez mais prosperidade para cada vez mais pessoas resultaria em mais e mais pessoas realmente entendendo como fazer funcionar.

Gostaríamos de visitá-lo e ensiná-lo. Organizamos um instituto chamado EBI ou Iluminado Instituto de Negócios, onde realizamos seminários em todo o mundo, o ano inteiro. Nosso escritório central fica em Manhattan e estamos construindo um centro de conferências chamado EBI Conference Center and Business School na Diamond Mountain, um lugar amplo e bonito perto de Tucson, Arizona. Esse é um lugar onde você pode se hospedar por uma semana ou um fim de semana e realizar atividades como andar a cavalo, jogar golfe ou caminhar nas montanhas, aprender alguns truques de como se manter saudável na vida empresarial com regimes especiais e exercícios, e, o mais importante, ter uma dose concentrada de filosofia dos negócios d'*O lapidador de diamantes*. Você poderá nos contatar por e-mail ou no endereço a seguir para se informar sobre nossos seminários ou sobre como podemos ajudá-lo a organizar seu próprio seminário ou como assistir aos cursos no Centro de Conferências. Adoraríamos trabalhar com você.

The Enlightened Business Institute
P.O. Box 1810
NYC, NY 10156-0610
www.enlightenedbusiness.com

Obras na área de Budismo publicadas pela Editora Gaia:

A cura definitiva – O poder da compaixão (no prelo)
Lama Zopa Rinpoche

A essência do sutra do coração
Sua Santidade o Dalai Lama

Autocura tântrica I – Proposta de mestee tibetano
Lama Gangchen Rinpoche

Autocura tântrica II – Autocura tântrica do corpo e da mente, um método para transformarmos este mundo em Shambala
Lama Gangchen Rinpoche

Autocura tântrica III – Guia para o supermercado dos bons pensamentos
Lama Gangchen Rinpoche

Coragem para seguir em frente
Lama Gangchen Rinpoche

Dzogchen – A essência do coração da Grande Perfeição
Sua Santidade o Dalai Lama

Iluminação cotidiana – Como ser um guerreiro espiritual no dia a dia
Venerável Yeshe Chödron

Introdução ao Tantra – A transformação do desejo
Lama Yeshe

Mania de sofrer – Reflexões inspiradas na Psicologia do Budismo Tibetano
Bel Cesar

Mente em conforto e sossego – A visão da Iluminação na Grande Perfeição
Sua Santidade o Dalai Lama

Morte, estado intermediário e renascimento no Budismo Tibetano
Lati Rinpochw e Jeffrey Hopkins

O caminho para a iluminação
Sua Santidade o Dalai Lama

O lapidador de diamantes – Estratégias de Buddha para gerenciar seus negócios e sua vida
Gueshe Michael Roach

O livro das emoções – Reflexões inspiradas na Psicologia do Budismo Tibetano
Bel Cesar

Oráculo I – Lung Ten – 108 predições de Lama Gangchen Rinpoche e outros mestres do Budismo Tibetano
Bel Cesar

Viagem interior do Tibete – Acompanhando os mestres do Budismo Tibetano Lama Gangchen Rinpoche e Lama Michel Rinpoche
Bel Cesar

GRÁFICA PAYM
Tel. (11) 4392-3344
paym@terra.com.br